Comentarios de los lectores de *La Ligera Ventaja*

Como instructor de un curso de administración para una maestría en NYU, impuse *La Ligera Ventaja* como lectura obligatoria. Sirve como base para todos los otros cursos porque creo que la filosofía es clave para entender el éxito.
—David G. Rosenthal, miembro de la Junta Asesora, miembro del Comité de Planes de Estudio; instructor adjunto, presidente ejecutivo de Shepard Communications Group, Inc.

La Ligera Ventaja es el libro que pone efectivamente en funcionamiento a todos los otros libros sobre desarrollo personal. ¡Este es el secreto VERDADERO!
—Jesse Macpherson, Los Angeles, CA

La Ligera Ventaja fue la única influencia y la más formativa de mi carrera, salud y felicidad. Lo he releído tantas veces que mi ejemplar está totalmente destrozado.
—Reed Herreid, Minneapolis, MN

La Ligera Ventaja me liberó de la presión que me había impuesto a mí mismo por no mantener el avance alcanzado. Por ejemplo, todos los años que pasé tratando de adelgazar y mantenerme. Siempre era una montaña rusa, un sube y baja, sin estabilidad alguna. Pero luego apareció *La Ligera Ventaja*, y puso todo en perspectiva. Sé que puedo aspirar a cualquier cosa y saber que, sin duda, tendré éxito gracias a *La Ligera Ventaja*.
—Jimmy Williams, Austin, TX

Una singular perspectiva sobre cómo los pequeños cambios o actos realizados reiteradamente pueden cambiar su vida personal, familiar y laboral. Una estrategia sorprendente y sencilla que todos pueden aplicar si están dispuestos a hacerlo.
—Pierre Rattini, North Myrtle Beach, SC

Había leído antes libros de autoayuda y me brindaron muy poco beneficio, por lo que al principio pensé que este libro no sería muy diferente. Qué equivocada estaba. Este libro me dio el poder de desear tener cierto fracaso en mi vida, y me hizo ver la importancia que rodea al centavo. Antes de leerlo, pensé que ser común, tener mala salud y sobrepeso era la vida que se suponía que tenía que vivir. Qué equivocada estaba. Este libro me conmovió de manera jamás imaginada. Ojalá lo hubiera tenido a los 17 años.
—Tyra Snider, Canon City, CO

Ha creado un sentimiento de calma y paz para nosotros, sabiendo que estamos en este recorrido de la ligera ventaja hacia la grandeza. *La Ligera Ventaja* nos enseñó el principio de ser pacientes con nosotros mismos, de aspirar a mejorar el uno por ciento a la vez. Nos enseñó que los resultados positivos y negativos no suceden de la noche a la mañana, sino que se cultivan a través de disciplinas diarias sencillas.
—*Haas y Tahera Khaku, Anaheim Hills, CA, coautores, Power of Mentorship for the 21st Century*

La Ligera Ventaja es el mejor libro sobre desarrollo personal que he leído.
—*Michael Clouse, Seattle, WA*

Este libro es un tesoro y lo utilizo en todos los aspectos de mi vida: laboral, personal y de ocio.
—*Shenna Shotwell, Creedmoor, NC*

La Ligera Ventaja es una filosofía de vida que debe enseñarse en cuanto los niños puedan dar sus primeros pasos. Ojalá alguien me lo hubiera enseñado cuando era pequeña.
—*Jane Lehman, Lexington, MI*

Yo aplico esta filosofía durante todo el día. Me he convertido en una persona mejor en todo sentido. Soy capaz de corregir mis actitudes negativas. Soy un mejor ejemplo para mis hijos, mi salud está mejorando, estoy más conectado espiritualmente, mis relaciones están mejorando y mi negocio está prosperando. Es imprescindible tenerlo y leerlo.
—*Pedro Garcia, Middletown, NY*

Al igual que mucha gente, me frustro cuando no veo resultados rápidos. Con la mentalidad de *La Ligera Ventaja*, fui capaz de adelgazar 25 libras en menos de tres meses. También convencí a mi padre, de 69 años, quien adelgazó 20 libras en menos de tres meses. Mi padre y yo somos testimonio vivo de que *La Ligera Ventaja* surte efecto.
—*Christopher Mangano, Boynton Beach, FL*

Considero que este libro es uno de los mejores "libros de dietas" que he leído, y son muchos los que he leído en los últimos años. No es la fuerza de voluntad lo que me está ayudando a adelgazar, sino *La Ligera Ventaja*. ¡Qué sorprendente revelación ha sido eso!
—*Carol Chandler, Denver, CO*

Antes de leer *La Ligera Ventaja*, jamás entendía por qué mis esfuerzos parecían un poco desfasados. *La Ligera Ventaja* me mostró cómo conseguir la última ventaja que necesitaba.
—*Lynda Cromar, Aurora, CO*

La Ligera Ventaja ha tenido un profundo efecto en mi vida. Después de que me lo recomendaron cuatro personas distintas en cuatro ocasiones diferentes, en un mismo mes, finalmente lo compré. Fue el primer libro que no era de ficción que recuerdo no haber querido terminar porque me encantó lo que estaba aprendiendo.
—*Laura Jo Richins, Mesa, AZ*

Nací y me crié en Albania. Hace 13 años vine a los Estados Unidos, tenía 18 años y llegué sin nada más que con un sueño. No hablaba inglés, no tenía dinero ni conexiones. Nunca terminé la universidad y trabajaba de chofer de entrega de pizzas. Un amigo me dio el libro *La Ligera Ventaja* y al implementar sus sencillos principios, hoy estoy viviendo el "sueño americano".
 —*Andi Duli, Oklahoma City, OK*

La Ligera Ventaja es un verdadero obsequio para el planeta.
 —*Mark Skovron, Tampa Bay, FL*

Estaba en quiebra, me habían quitado el coche, dependía de Medicaid y estaba pidiendo cupones de alimentos. Después de implementar los principios de *La Ligera Ventaja*, he ganado más de un millón de dólares y me ha ayudado en cada aspecto de mi vida.
 —*Darin Kidd, Appomattox, VA*

Leer *La Ligera Ventaja* es quizás una de las cosas más reveladoras que uno puede hacer. Es un concepto tan sencillo que uno se da cuenta que ha pasado por alto cada día de su vida. Fácil de hacer, fácil de no hacer. De repente, nos sorprende la cantidad de cosas que no hemos estado haciendo. Los ejemplos de Jeff Olson son inteligibles y muestran verdaderamente cómo *La Ligera Ventaja* afecta al mundo.
 —*Julie Jonak, Houston, TX*

He leído varios libros de desarrollo personal a lo largo de los años, y por mucho, este es uno de los mejores. Al aplicar los principios de *La Ligera Ventaja*, adelgacé 35 libras en solo tres meses, y sigo progresando bien. También los estoy aplicando a mi trabajo, aspiraciones de tiempo parcial y a cada aspecto de mi vida. Dejé de enfocarme tanto en las metas y ahora me concentro más en las pequeñas cosas que hago cada día, ya que esas son las que sí puedo controlar. Por lo tanto, ¡mi vida está mejor encaminada de lo que estaba antes!
 —*Richard Green, Franklin, TN*

Este es un libro muy sencillo y fácil de seguir, puede guiar cualquier situación a cualquier nivel de éxito que se desee lograr.
 —*Alex Serrano, Las Vegas, NV*

Durante el curso del año pasado, al poner en práctica los conceptos de *La Ligera Ventaja*, dejé de consumir tabaco y adelgacé 25 libras con dieta y ejercicio.
 —*Bob Sutton, Ft. Collins, CO*

Seguir los principios delineados por Jeff Olson en La Ligera Ventaja me ha ayudado a convertirme en millonario más de una vez. Jeff, gracias por refinar los procesos en un formato fácil de entender y viable.
 —*Rex LeGalley, Albuquerque, NM*

Los principios de *La Ligera Ventaja se aplican a todo...* Mi esposa y yo los usamos para mejorar nuestra salud y hemos adelgazado más de 100 libras entre los dos.
 —*BJ Baker, West Manchester, OH*

Mi vida era una cadena de errores de criterio hasta que me encontré con este magnífico libro. La filosofía de la ligera ventaja es un camino de vida seguro. Me encuentro desechando viejos hábitos negativos y reemplazándolos con nuevos hábitos positivos. El resultado es una vida exitosa. Era muy arriesgado en mis decisiones diarias y en el posicionamiento de mi familia. Mi hijo notó un enorme cambio en mi personalidad y percepción de la vida. Ya he dejado de gastar dinero caprichosamente y mis prioridades son las que corresponden.
 —Simon Ponce, Irvine, CA

Como estudioso del avance personal durante los últimos 40 años, considero que esta obra es una de las claves fundamentales de la aplicación de literalmente todos los otros recursos en esta área de la vida que reviste increíble importancia.
 —Stephen McBroom, Floyd, VA

La Ligera Ventaja da ese empujón extra para propulsarlo más allá de su lista de deseos y alcanzar su más alto potencial. Soy capaz de aplicar las herramientas de *La Ligera Ventaja* para equilibrar mi trabajo de tiempo completo mientras curso una licenciatura.
 —Mark Roberts, Redmond, WA

La Ligera Ventaja es un libro fenomenal. Crea conciencia de las normas no escritas por las que nos regimos y de las que no teníamos conocimiento. Una LECTURA OBLIGATORIA para TODOS, desde el alumno hasta el ejecutivo. ¿Se pregunta por qué no puede aprobar un curso? ¡*La Ligera Ventaja*! ¿Intentó esas dietas pero no puede adelgazar? ¡*La Ligera Ventaja*! ¿Tiene un plan de ahorros, pero su cuenta bancaria se rehúsa a crecer? ¡*La Ligera Ventaja*! Cuando se aplica correctamente, *La Ligera Ventaja* le mostrará cómo reencaminar las cosas en su vida. Ahora tendrá conciencia de lo que está haciendo y estará armado del conocimiento para corregir las cosas importantes de su vida, desde las relaciones hasta conseguir ese ascenso ejecutivo. Esos principios me han ayudado definitivamente en la vida. ¡Le deseo éxito!
 —Leonard Taylor, Las Vegas, NV

Antes de leer *La Ligera Ventaja*, mi modo de pensar en la vida no era el acertado. Era un alumno universitario sin dinero con el conformismo de las masas. Este libro cambió la dirección de mi vida drásticamente al orientarme como un mentor hacia un nuevo rumbo lleno de una filosofía positiva y disciplinada.
 —Tim Walter, San Diego, CA

Después de aplicar la ligera ventaja, mi vida comenzó a cambiar para mejor y me encontré aprovechando los poderes de terminación e impulso todos los días. Fue asombroso ver resultados en mi negocio, mi salud y mi vida personal.
 —Carl Coffin, Goose Creek, SC

Estaba en busca de muchas respuestas en mi vida cuando, de repente, me crucé con esta información magnífica y veraz. Amplió mi visión y levantó el velo de mis ojos.
 —Michael Huerta, San Jacinto, CA

En mi calidad de exitoso asesor en liderazgo, recomiendo dos libros a todos mis clientes. ¡*La Ligera Ventaja* es uno de ellos!
 —Dennis Antoine, Coral Springs, FL

La Ligera Ventaja me animó en esos días en que sentía que no estaba avanzando a tranquilizarme y a saber que realizar incluso el acto más pequeño tendría su recompensa a largo plazo.
—*Susan Mix, Santa Clara, CA*

¡Qué obra maestra increíble! *La Ligera Ventaja* me desafía a diario en mi trabajo y en mi vida. Es una lectura obligatoria y de aplicación rigurosa en cada área.
—*Dra. Vanessa R. Booker, Glendale, AZ*

Los principios de *La Ligera Ventaja* tienen un poder tan grande de animar e inspirar que son el catalizador de la acción. Me brindan el impulso para alcanzar mis metas diarias en la vida.
—*Antoinette Mims, New York, NY*

Durante más de 20 años he leído libros de desarrollo personal, y puedo afirmar que éste es el que los plasmó a todos porque es muy fácil de leer y entender, y muy poderoso en su simplicidad.
—*Mike Bishop, Wilsonville, OR*

La Ligera Ventaja ha sido una constante filosófica en mi vida, y en la vida de las personas de las que soy mentor. He comenzado un negocio y he mejorado mi estado físico. La anécdota más memorable que uso es: "Lo que usted hace importa. Lo que hace hoy importa. Lo que hace todos los días importa."
—*David Mack, Sacramento, CA*

¡ME ENCANTA ESTE LIBRO! Habiéndome desempeñado como atleta profesional y director técnico durante más de 25 años, y consultor de bienestar, recomiendo enfáticamente *La Ligera Ventaja* a todos. Si desea tener éxito con su salud, finanzas y relaciones, adopte este libro y forje un nuevo modo de pensar y, así, un nuevo futuro para sí mismo. ¡*La Ligera Ventaja* es un potenciador! Aquellos que lo lean, se sentirán identificados con sus filosofías y pensamientos.
—*Lucy Del Sarto, Olathe, KS*

La Ligera Ventaja me sirve como manera eterna de compartir los principios bajo los que debemos vivir para triunfar en la vida. He dado a conocer los conceptos de este libro literalmente a miles de personas.
—*Ryan Chamberlin, Belleview, FL*

Por mi trabajo de oficial de policía, considero que la mentalidad de *La Ligera Ventaja* debería ser parte del sistema educativo estadounidense.
—*Bobby Garcia, Tucson, AZ*

Este libro me brindó la visión de ver más allá de mis circunstancias actuales y concentrarme en mis resultados deseados.
—*Steven Joseph, St. Louis, MO*

La Ligera Ventaja condensa en un solo libro, que es fácil de entender, los años de estudios del desarrollo personal. Jeff Olson hizo una magnífica labor de comunicar cómo cualquier persona en cualquier profesión, puede mejorar su productividad, relaciones personales y vida familiar. ¡FANTÁSTICO!
—*Brian Kennedy, Jacksonville, NC*

Recomendaría *La Ligera Ventaja* a todos los que buscan entender por qué no han podido concretar sus metas. Entenderán que no se trata de las palabras sofisticadas que se comentan en los programas televisivos, sino de las cosas pequeñas que el Sr. Olson escribe en su libro: cosas que tienen mucho sentido y son fáciles de hacer. Disfruto este libro y planeo convertirlo en parte de mi rutina diaria. Tengo la intención de brindar a mi familia y a mí mismo una vida con la ligera ventaja. Gracias, Sr. Olson.
    —*Glenn Watkins, Cibolo, TX*

Me valgo de la filosofía de la ligera ventaja todos los días en mi vida personal y, en especial, en mi vida laboral. Realizar las actividades diarias acumuladas, con el tiempo, me ha conducido al tipo de éxito con el que la gente solo puede soñar. Como madre soltera con tres hijos, los principios de este libro son los que me llevaron a ganar más de un millón de dólares en unos pocos años y me permitieron alcanzar niveles de éxito en los negocios y en la vida. *La Ligera Ventaja* ayudará a todos.
    —*Christa Aufdemberg, Orange County, CA*

La Ligera Ventaja nos dio a mi familia y a mí el secreto para lograr una vida exitosa y abundante. Practicar las filosofías básicas de dominar lo rutinario ocasionó un cambio completo de paradigma en mi mundo. Existe una diferencia de un grado entre el agua caliente y el agua hirviendo, y este libro me ha proporcionado los grados necesarios para pasar de bueno a maravilloso. *La Ligera Ventaja* es un recurso perpetuo en mi arsenal para el desarrollo personal.
    —*Ken Hills, Syracuse, NY*

Considero que *La Ligera Ventaja* es un libro extraordinario. Es inusualmente distinto de otros libros de autoayuda, ya que se concentra en las centenas de pequeñas decisiones diarias y semanales que se acumulan para concretar las enormes metas que uno desea en la vida. Mi problema era tener sueños ambiciosos y que me exigía mucho a mí mismo. Pero al expresar un deseo enorme para el mes siguiente y fracasar mes tras mes logró envolverme en una renuencia general. En cambio, después de leer *La Ligera Ventaja*, me resultó más fácil concentrarme en el cronograma diario y en el avance día a día.
    —*Timothy Sharpe, Redmond, WA*

He aplicado los principios de *La Ligera Ventaja* para mejorar mi estado físico. Lo he aplicado para pagar mis deudas, acumular mis ahorros e inversiones y mejorar la relación con mis hijos.
    —*Stan Snow, North Yarmouth, ME*

Me crucé con *La Ligera Ventaja* y captó mi atención instantáneamente. Soy actriz y vivo en Nueva York, por lo que es fácil sentirse abrumada por todo lo que conlleva esta profesión competitiva. *La Ligera Ventaja* me ayudó a entender que las pequeñas decisiones que tomo en cada momento y en cada día tienen un impacto enorme en mi vida. Al vivir en una sociedad con tanto énfasis en el éxito, considero que *La Ligera Ventaja* redefinió qué significa el éxito para mí. Me ayuda a dar el próximo paso hacia adelante en mi vida diaria y a hacer bien lo siguiente. En última instancia, esto conduce a una vida muy exitosa y gratificante. Atribuyo gran parte de mi éxito a los principios sencillos delineados en este libro.
    —*Cara Cooley, Spokane, WA*

LA
LIGERA
VENTAJA

Octava edición aniversario

JEFF OLSON
con John David Mann

SUCCESS

Si adquirió este libro sin tapa, es posible que sea un objeto robado y denunciado a la editorial como "no vendido y destruido". En ese caso, ni el autor ni la editorial recibieron remuneración alguna por este "libro despojado".

El objetivo de esta publicación es proporcionar información general sobre el asunto tratado. No obstante, las leyes y metodologías suelen variar de un estado al otro y están sujetas a cambio. Dado que cada situación fáctica es diferente, los consejos específicos deben adaptarse a las circunstancias particulares. Por ese motivo, se aconseja al lector consultar con su propio asesor con respecto a su situación particular.

Al preparar esta obra, el autor y la editorial han adoptado precauciones razonables y consideran que los hechos presentados en ella son precisos a la fecha en que se escribió. No obstante, ni el autor ni la editorial asumen responsabilidad alguna por errores u omisiones. El autor y la editorial específicamente se eximen de toda responsabilidad que surja de utilizar o aplicar la información de este libro, y el objetivo de ésta no es constituir asesoramiento jurídico, financiero o de otra índole profesional en relación con las situaciones individuales.

Publicado por SUCCESS
Lake Dallas, Texas
www.success.com

Copyright ©2005-2013 Jeff Olson

Reservados todos los derechos de ley.

No está permitida la reproducción de este libro, su tratamiento informático ni la transmisión de ninguna otra forma o por cualquier medio, ya sea electrónico, mecánico, por fotocopia, por registro u otros métodos, sin el permiso previo y por escrito de los titulares del copyright.

Distribuido por SUCCESS

Para averiguar sobre pedidos o descuentos especiales por compras al por mayor, contactarse con SUCCESS en 200 Swisher Road, Lake Dallas, TX 75065, 866.SUCCESS (782.2377).

Composición de Tim Kuck
Diseño de tapa de Greenleaf Book Group LLC

Datos de catalogación de publicaciones

ISBN 13: 978-1-935944-09-6

Impreso en los Estados Unidos de América

    15 16 17 18 10 9 8 7 6 5 4

8ª edición aniversario

Índice

Prólogo xi

Parte I: CÓMO FUNCIONA LA LIGERA VENTAJA

   1. El holgazán y el millonario 1
   2. El primer ingrediente 15
   3. La elección 29
   4. Domine lo rutinario 47
   5. Vaya despacio para ir rápido 63
   6. No se deje engañar por el salto cuántico 81
   7. El secreto de la felicidad 93
   8. La onda expansiva 111
   9. Pero debe comenzar con un centavo 127

Parte II: VIVIR LA LIGERA VENTAJA

   10. Dos caminos de vida 141
   11. Dominando la ligera ventaja 159
   12. Invierta en sí mismo 175
   13. Aprenda de los mentores 191
   14. Use sus aliados de la ligera ventaja 205
   15. Cultive los hábitos de la ligera ventaja 217
   16. Tres pasos hacia sus sueños 237
   17. Vivir la ligera ventaja 253
   18. A dónde ir desde aquí 269

Una invitación personal............................ 273
Libros capaces de cambiar la vida.................. 275
Agradecimientos 277
Acerca del autor................................... 279

Prólogo

Cuando se publicó la primera edición de *La Ligera Ventaja* en el año 2005, no tenía ni idea de la popularidad de la que gozaría. Esta obra no estuvo acompañada por una campaña en los medios de difusión, colocación especial en librerías ni anuncios de prensa. Simplemente lo publicamos. Se promovió de boca en boca, de persona a persona y pronto se propagó como un incendio forestal. Para cuando nos dimos cuenta, cientos de miles de personas lo habían leído y se lo habían contado a otros. Claramente, estas páginas habían tocado una fibra sensible entre la gente.

Desde entonces recibimos miles de cartas personales y correos electrónicos de lectores, de todas las edades y estratos sociales, para informarnos cómo *La Ligera Ventaja* les conmovió en la vida. A nuestro criterio, ahora era nuestra responsabilidad asegurarnos de que esta obra siguiera teniendo la mayor relevancia y disponibilidad posible.

En el 2008 contribuimos a producir una adaptación del libro dirigida a adolescentes. Titulada *SUCCESS for Teens: Real Teens Talk about Using the Slight Edge (ÉXITO para adolescentes: Charlas de adolescentes reales sobre cómo usan La Ligera Ventaja)*, la obra presentó el material fundamental de la ligera ventaja en un formato más fácil para adolescentes, acompañado de docenas de anécdotas de adolescentes de la vida real relatando sus experiencias al aplicar los principios en su vida. Gracias a las gestiones de la Fundación SUCCESS, la obra se ha puesto en manos de casi dos millones de adolescentes.

La edición revisada y ampliada de la obra original se produjo en el 2011, con algunos principios adicionales que elaboré durante el curso de las charlas dictadas sobre la ligera ventaja y con material nuevo creado por mi hija, Amber Olson Rourke, además de muchas experiencias personales de lectores de *La Ligera Ventaja*.

Como se avecina el décimo aniversario en el 2015, empezamos a planear una edición conmemorativa que incorporara algunos conceptos nuevos y críticos en función de observaciones y experiencias que habían aflorado con *La Ligera Ventaja* en los años desde su publicación. Pronto nos dimos cuenta de que no podíamos esperar hasta el 2015, ya que habían sucedido muchas cosas en el ínterin.

Es por eso que decidimos lanzarnos e incluir la Décima Edición Aniversario en la *Octava* Edición Aniversario que ahora tiene en sus manos.

Esta edición abarca una nueva redacción y reorganización completa del material original. Por ejemplo, el análisis que gira en torno al gráfico de la "montaña rusa" que aparece en el capítulo 1 (El holgazán y el millonario) presenta un entendimiento en evolución sobre el origen y el por qué del éxito y el fracaso que no aparecía en ediciones anteriores por el simple motivo de que todavía no lo había expresado. Los "siete hábitos de la ligera ventaja", en el capítulo 15, surgen a partir de ideas que aparecieron primero en la edición del 2011 y las lleva a su conclusión lógica. Las constantes experiencias en el ámbito de los negocios dieron lugar a varias anécdotas ilustrativas nuevas, como también a las vivencias formativas de principios de mi carrera que hasta ahora no había compartido.

Probablemente el cambio más significativo de esta edición sea el añadido de dos capítulos nuevos (El secreto de la felicidad y La onda expansiva), los cuales propulsan el concepto de la ligera ventaja a nuevas dimensiones y con un alcance más extenso. Estos capítulos exploran el efecto de la ligera ventaja sobre dos aspectos críticos de la vida: la felicidad cotidiana y el impacto a largo plazo. Además, las observaciones de esos dos capítulos se reflejan en el resto de la obra también.

Espero que lo disfrute.

Parte I
CÓMO FUNCIONA LA LIGERA VENTAJA

1. El holgazán y el millonario

> "La única persona en la cual estás destinada a convertirte es la persona que tú decides ser."
> —*Ralph Waldo Emerson (atrib.)*

Deseo contarle sobre dos amigos que conozco desde que era niño; amigos de mi viejo barrio de Nuevo México. Estos dos personajes se criaron juntos, fueron juntos a la escuela, se graduaron juntos y vivían juntos en la universidad. Ambos eran agradables y yo me llevaba bien con ellos. Tuvieron infancias idénticas y para cuando llegaron a la escuela secundaria, ambos tenían fama de hacer diabluras. Aun así, ambos tenían suficiente ímpetu y ambición para compensar los puntos en contra. Al compararlos en general, en cuanto a sus habilidades y potencial, diría que estaban a la par. En efecto, eran casi idénticos en todos los aspectos.

En todos, salvo en uno: el rumbo distinto que siguieron y adonde los condujo.

El primer muchacho nunca terminó la universidad, se mudó de Nuevo México a Daytona Beach, Florida, la capital eterna de las vacaciones de primavera, vivía en la playa, levantaba pesas, perseguía mujeres y se dejó crecer el pelo rubio muy largo y rizado. La gente lo empezó a llamar "Gorgeous George", la famosa estrella de WWE, quien popularizó la lucha libre en los Estados Unidos. Mi amigo era bastante conocido dentro del marco de la filosofía que más vale ser cabeza de ratón que cola de león. Pero era un holgazán, quien sobrevivía cortando el césped de los campos de golf y sudando al sol mientras acarreaba las bolsas de palos de golf de los ricos. Sintiéndose frustrado y desdichado, con el tiempo se fue de Daytona Beach y regresó a Nuevo México, donde comenzó su propio negocio. ¿Y qué sucedió? El negocio fracasó y "Gorgeous George" perdió todo.

Y luego estaba mi otro amigo, el compañero de "Gorgeous George". De adulto, vivió una vida de ensueño. Se graduó de la universidad con honores, continuó con una maestría en administración de empresas graduándose entre los mejores alumnos, fue contratado por una enorme firma tecnológica, tuvo una carrera brillante y pasó a crear una serie de emprendimientos comerciales, uno más exitoso que el otro. Hoy en día su vida es rica en todo sentido. Tiene una hija hermosa e increíble, miles de amigos en todo el mundo, dirige una exitosa compañía que ha batido todos los récords y es inconmensurablemente dichoso. Aun así, sigue en contacto con su amigo de la infancia, el holgazán.

En efecto, se mantienen *muy* en contacto.

Con frecuencia pienso en estos dos hombres porque sé que podría haber sido cualquiera de ellos. A decir verdad, lo *era*. Porque esta es parte de la anécdota que no les conté: la razón por la que esos muchachos vivieron juntos todos esos años, y la razón por la que todavía están en constante contacto hoy en día es que son la misma y única persona.

Yo soy ellos dos.

¿Ese muchacho que nunca terminó la universidad, que se convirtió en un holgazán frustrado y que con el tiempo se lanzó a un negocio donde le fue mal también? Ese era yo.

¿El graduado universitario y excelente alumno que creó un negocio exitoso tras otro, que se convirtió en millonario con una familia fabulosa, amigos en todo el mundo y una vida rica de felicidad y gratificación? Ese era yo.

He tenido la dicha de gozar de mucho éxito en mi vida. Pero por cierto que no comencé así. Comencé como "Gorgeous George", el que nunca terminó la universidad y cortaba el césped de los campos de golf. Le diré un secreto: soy la misma persona hoy que era antes. No es que no haya cambiado mucho por mis experiencias; todos cambiamos. Lo que quiero decir es que, en lo más profundo de mi alma, no soy realmente distinto de lo que era entonces. No es como si hubiera pasado por una transformación relámpago de la noche a la mañana. No escalé hasta la cima de una montaña, no viví un acontecimiento iluminador, no tuve una experiencia cercana a la muerte que me reveló la verdad de la hermandad universal. (Aunque pasé por unos fracasos bastante terribles que, en su momento, *sentí* como experiencias cercanas a la muerte.)

No cambié quién *era* yo sino que cambié lo que *hacía*.

No cambié quién soy, porque sea lo que sea que digan los gurús o terapeutas, yo no creo que alguien pueda hacerlo realmente. Es decir, somos quienes somos. El joven que se convirtió en un holgazán frustrado, nunca fue más que una persona normal: normal en su desempeño escolar, normal en los deportes, normal en sus habilidades sociales. El hombre increíblemente afortunado y profundamente dichoso que soy hoy en día, todavía es ese joven normal, ni más ni menos, y lo digo sin una pizca de falsa modestia. El único motivo por el que logré la transformación es que, en algún momento del trayecto, tuve la buena suerte de entrar en contacto con la ligera ventaja.

Cómo llegué de allá a aquí, y cómo *usted* puede avanzar de donde está a donde desea estar, es de lo que se trata este libro.

Mi día de disgusto

La transición de holgazán a millonario no sucedió de la noche a la mañana. Fue un proceso con altibajos; largo, lento y en ocasiones doloroso porque, francamente, no tenía idea de lo que estaba haciendo. Todavía no contaba con la clave que usted tiene con este libro: no sabía qué era la ligera ventaja.

Vivía ese proceso por ensayo y error. Muchos errores.

Nací y me crié en Albuquerque. Mi padre falleció cuando mi hermano, mi hermana y yo éramos pequeños, y mi madre se las arregló de alguna forma para mantener la familia. Era una madre estupenda y con una presencia cariñosa y constante en nuestra vida. Pero aun así, fue una manera dura de crecer; como un niño sin padre y de cabello rubio en un vecindario hispano donde no era uno más. No sabía qué hacer con esa situación y canalicé mi energía en diabluras y mala conducta. Unos años antes de que falleciera mi padre, cuando yo estaba en tercer grado, mis maestros le habían informado a mi madre que tenía un coeficiente intelectual bajo. Ahí comencé a demostrar que tenían razón y al poco tiempo me había ganado la fama de ser la piel de Judas. Mientras mi madre trabajaba incansablemente año tras año, yo avanzaba penosamente en mis estudios.

Para cuando cumplí los dieciocho años, les quedaba claro a todos los que me conocían que yo no tendría un gran futuro.

A fuerza de súplicas entré en la Universidad de Nuevo México.

Allí afiancé mi trayectoria académica anterior y me las ingenié para pasar de un promedio C a D. Sin embargo, aprendí algo. Aprendí que cuando llegaban las vacaciones de primavera, todos los estudiantes viajaban a Daytona Beach durante una semana para estar de juerga. Yo decidí ganarles, dejé mis estudios y me mudé allí.

En Daytona Beach me dediqué a mi primera profesión: holgazán de cabello largo rizado. Para mantenerme, o mejor dicho, para apenas sobrevivir, acepté un trabajo en el Orlando Country Club cortando el césped del campo de golf.

Un día, mientras cortaba el césped bajo el abrasador sol de Florida, me detuve a mirar los acaudalados socios del club que jugaban golf en el césped suave como porcelana que acababa de cortar para ellos. Al observarlos bulliciosos de actividad en sus veloces carritos de golf, ostentando sus atildadas vestimentas y elegantes bolsos llenos de costosos palos de golf, sentí que me estallaba una pregunta candente:

¿Por qué es que ellos están allí montados en sus carritos y yo estoy acá trabajando? ¡No entiendo!

¿Cómo es que ellos están allí jugando y yo aquí cortando? Vamos, yo era tan bueno como esa gente. ¿Por qué ellos tenían una vida diez veces o veinte veces mejor que la mía? ¿*Eran* veinte veces mejor que yo? ¿Eran veinte veces más inteligentes o trabajaban veinte veces más duro? No creí que fuera así. Sentí que algo estaba pasando que debía entender, algo que debería ser claro como el cristal, pero que para mí era tan claro como el lodo.

Todo parecía muy… injusto.

Por algún motivo, como sucede en la vida de tantas personas, me hallé de frente a una encrucijada en el camino, a un punto que ahora llamo mi *día de disgusto*: ese momento de impacto con el que a veces nos topamos en la vida cuando nos damos en la cara contra las circunstancias y, sin tener idea de qué o cómo, tomamos la decisión de cambiar.

En ese instante, sofocado por el calor ardiente de Florida, llegué a ese momento de decisión. De repente supe que ya estaba harto de dónde estaba y de lo que era. Algo me hizo clic; me cayó el veinte y supe que jamás podría regresar adonde había estado tan solo momentos antes. Supe que para que las cosas cambiaran, yo tenía que *hacer* algo diferente.

Había encontrado una pieza del rompecabezas. Solo una pieza y ni siquiera lo suficiente para hallar mi camino al éxito genuino y duradero. Pero lo suficiente como para comenzar el recorrido de la búsqueda.

El Supertriunfador

Después de la epifanía de ese día de disgusto, me marché del campo de golf, cargué mi estéreo y mi ropa (todas mis pertenencias entraban en el asiento trasero con suficiente lugar para un pasajero) en mi coche Dodge Dart 1964, con motor Slant de seis cilindros y emprendí el camino a Albuquerque. El coche se recalentaba tanto que me llevó seis días llegar a Texas. Fue el viaje más largo de mi vida, no solo por el coche desastroso, sino por la distancia que viajé en mi corazón y mi alma. Cuando llegué a Nuevo México, me había propuesto dejar por siempre la mediocridad y comenzar a habitar el mundo del gran triunfador. Me iba a dedicar de lleno, con los ocho cilindros (bueno, por el momento con los *seis* cilindros) y hacer lo que fuera necesario para progresar en la vida.

Como ya mencioné, toda mi vida no fui nada más que una persona normal en todo lo que había hecho: calificaciones normales, deportista normal, habilidades sociales normales. Sabía que la única manera de convertirme en alguien sería trabajando arduamente y siendo más insistente. Para siquiera tener una mera probabilidad de entrar en el equipo, iba a tener que trabajar con más intensidad en los entrenamientos. Si quería impresionar a alguien en el mundo social, iba a tener que dedicarme más. Si quería sacarme mejores calificaciones, iba a tener que estudiar más que nadie. Y así lo hice. Ese semestre, por primera vez en la vida, me saqué A en todas las materias. De ahí me gradué en una maestría en administración de empresas entre los mejores de mi clase, y el resto, como se dice, pasó a la historia.

Salvo que no fue así. Yo no lo sabía aún, pero no es suficiente trabajar arduamente. Si lo fuera, entonces todos los que trabajan duro ya hubieran conseguido lo que se propusieron. Simplemente mire a su alrededor y verá que la cosa no es así. El mundo está repleto de personas que se matan trabajando y que, aun así, las circunstancias los aplastan.

Yo estaba a punto de descubrir esa triste realidad.

Recién graduado de la universidad, conseguí un trabajo en el Aeropuerto Internacional de Albuquerque, donde seguí dando lo mejor de mí mismo y trabajando como loco. En lo que pareció ser un tiempo muy corto, me había convertido en uno de los administradores de aeropuertos más jóvenes del país. Mi trayectoria empresarial era tan cotizada que la firma tecnológica de Dallas, Texas Instruments, me buscó y me contrató. Ahí trabajé durante los próximos cinco años y ascendí a nivel gerencial como gerente de la división de sistemas de inteligencia de la compañía. Pero la realidad empresarial americana no era lo que yo quería. Había demasiados tejemanejes políticos, que yo odiaba, y no sentía que había hallado el sitio donde pertenecía plenamente. Claramente estaba en una vorágine de supertriunfadores, ¿no es cierto? Para ser franco, sentía que podía lograr cualquier cosa que me propusiera. Como si hubiera aprendido las palabras mágicas y hubiera hallado la fórmula secreta.

Entonces decidí abrirme camino por mí mismo e intentar en el ámbito empresarial.

Nuevamente me mudé a Albuquerque y fundé una compañía de energía solar. No sabía nada de la energía solar; apenas sabía si el sol salía por el este o por el oeste. (Parece ser que sale por el este.) Pero con cuatrocientas compañías solares en el estado, Nuevo México era la capital de esta industria incipiente y, sea por ignorancia o no, parecía claro el camino a seguir.

Al principio daba la impresión de que, en efecto, había tomado una decisión sabia. En dos años, mi compañía era una de las principales en el país y, en poco tiempo, nos convertimos en una de las empresas de energía solar más importantes de Estados Unidos.

Yo estaba contentísimo. En la cima del mundo.

Lo que todavía no sabía era que nada siempre permanece igual. Todo está en constante movimiento. Siempre. Todo cambia. Y eso fue lo que sucedió a continuación. Los tiempos cambiaron. Las leyes impositivas cambiaron. Nuestro sector sufrió un duro golpe. Antes de que me hubiera dado cuenta de lo que estaba pasando, mi compañía se derrumbó y perdí todo, volví a cero y peor, ya que debía más dinero de lo que jamás podría volver a ganar.

No podía creerlo. Mis triunfos extraordinarios se habían hecho polvo frente a mis ojos. Mi vida de millonario se había evaporado, dejándome nuevamente en el mundo de los holgazanes: el hombre sin nada.

Hasta me quitaron el coche.

Mi noche de desesperación

La noche que remolcaron mi coche, me sentí abatido e incrédulo. Años antes, como alumno universitario fracasado, había tenido mi día de disgusto. Acababa de acontecer lo inevitable y, como empresario fracasado, había llegado a mi *noche de desesperación*.

No podía entender qué me había sucedido. Después de vivir como un fracaso toda mi vida, un día me desperté y recobré el sentido, retomé mis estudios universitarios, trabajé con enorme dedicación, entré como uno de los peores y me gradué entre los mejores, trabajé para una empresa importante durante cinco años y *ahí* alcancé la cima, fundé mi propia compañía y en menos de cinco años también *ahí* llegué a la cima. Me había construido a mí mismo de fracasado a exitoso. Y ahora, después de catorce largos años, de un camino hacia arriba, ¿de alguna forma había llegado *otra vez al fondo*?

Estaba más quebrado de lo que había estado cuando era "Gorgeous George" pavoneándome en la playa en mis shorts vaqueros.

Doce años de sangre, sudor y lágrimas, ¿para qué? Simplemente no podía comprenderlo. No podía ver la justicia y ni siquiera la lógica de todo esto. Me sentía nuevamente como un adolescente, confundido y enojado con un mundo en que nada tenía sentido. ¿Era la vida inherentemente injusta, sin pies ni cabeza? ¿Tenía sentido alguno siquiera esforzarse?

Fue ahí que comencé a examinar con más atención lo que había sucedido en mi vida.

En esta ocasión, no fue epifanía alguna. Esta vez, no fue como ese momento en el campo de golf de Orlando. No había ningún interruptor que pudiera encender en mi vida; ninguna resolución para mejorar las cosas. Ya lo había hecho y miren adónde me llevó.

No, esta vez necesitaba sentarme y comenzar cuidadosa, metódica y sistemáticamente a ordenar las piezas mezcladas de mi vida destrozada. Debía haber cierta lógica y tenía que encontrarla.

Veamos...

Había abandonado mis estudios universitarios, había sido un holgazán y un total fracaso financiero. También había sido un alumno excelente, un importante gerente empresarial, un empresario triunfador en un sector industrial de avanzada y un éxito financiero rotundo. Y todos ellos habían sido la misma persona. ¿Entonces cuál era la diferencia? No tenía sentido alguno.

¿O sí?

Cuanto más lo examinaba, más me parecía que esta montaña rusa no era cuestión de mala suerte ni de una casualidad de las circunstancias. No podía ser. Había algo que *yo estaba haciendo* que no estaba dando resultado. Pero por otro lado, obviamente hubo momentos en que lo que *yo estaba haciendo* había funcionado perfectamente.

¿Entonces cuál era la diferencia?

Por primera vez comencé a ver que, a lo largo de los años de mi carrera, había pasado por una secuencia de experiencias que contenían los secretos del éxito y también del fracaso. Comencé a ver que las semillas del holgazán y del millonario yacían en los actos sencillos que yo adoptaba todos los días.

Escapando la maldición de la montaña rusa

Hasta ese momento, yo sabía que era una persona normal. Si hubiera seguido aceptando que así era la simple realidad, entonces nada hubiera cambiado a mi favor en mi vida. El cambio en mi vida se empezó a gestar cuando dejé de dar por sentado que, por ser una persona normal, eso significaba que estaba destinado a resultados meramente normales.

Fue entonces que comencé a cuestionarme si eso era verdad. Empecé a hacer un análisis sistemático de mi vida y a observar muy atentamente mis acciones y mis resultados.

Esto es lo que vi:

Cuando la gente se ve amenazada por el fracaso, hace lo que sea necesario para movilizarse, dar marcha a las cosas, algo, cualquier cosa, lo que sea para comenzar a trepar hacia el punto de supervivencia. Y luego, cuando llegan al punto en que pueden mantener la cabeza a flote, empiezan a hundirse otra vez. A medida que se acercan a la línea del fracaso que pueden preveer, piensan: "¡Ay, voy rumbo al fracaso!" y hacen todo lo posible para revertir la trayectoria y empezar a subir de nuevo, y el ciclo se repite.

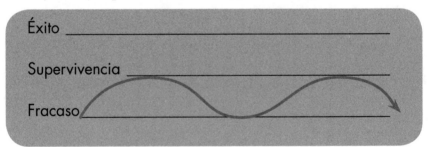

Yo había estado haciendo eso. Y eso es lo que hacen muchas personas, viven sus vidas enteras así, oscilando entre el fracaso y la supervivencia, aspirando al éxito y quizás incluso *alcanzando* el nivel de éxito, pero luego invariablemente regresan y empiezan a descender otra vez. Lo hacemos con nuestras finanzas, nuestra salud, nuestras relaciones y nuestra vida en general.

¿Por qué?

Bueno, podría decirse que es porque nos saboteamos por distintos motivos. Nuestro padre era cruel con nosotros y ahora somos crueles con nosotros mismos. Estamos en conflicto porque la sociedad nos transmite mensajes confusos. Caímos en un patrón de autosabotaje porque, por algún motivo, no sentimos que merecemos el éxito. ¿Sabe? Quizás algunas de estas cosas sean ciertas para su situación. Bueno, podrían ser todas verdad. No tengo ni la menor idea y, para ser sincero, realmente no me importa. Porque *nada de eso importa*. La verdad es que, por más factores que existan o no existan, el único motivo por el que seguimos esta montaña rusa de casi éxito y casi fracaso, esta curva de mediocridad, esta maldición de lo normal, es que nos falta un punto único.

Y ese fue el punto con el que me encontré por casualidad.

Al comenzar a examinar mis triunfos y mis fracasos, me di cuenta gradualmente de que las mismas actividades que me habían rescatado del fracaso, que me habían llevado de la línea del fracaso a la línea de la supervivencia, también me rescataban de lo normal y me llevaban de la línea de supervivencia a la línea del éxito *con solo seguir haciéndolas*.

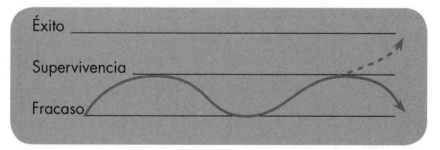

Y ese era exactamente el asunto: eso era precisamente lo que yo *no estaba* haciendo.

Una vez que superaba un poco la supervivencia y comenzaba a sacar la cabeza a flote en las aguas del éxito, sin darme cuenta o sin pensarlo, dejaba de hacer las cosas que me habían llevado hasta ese punto. Naturalmente, me volvía a hundir, a descender hacia la supervivencia y más allá, tocando fondo en la línea del fracaso. Y eso lo hice todas las veces.

Todas las veces.

Esa es la única razón por la que nuestra vida sigue esa montaña rusa. Es así de sencillo. En cuanto nos alejamos del fracaso y pasamos la línea de supervivencia, dejamos de hacer las cosas que nos trajeron hasta ese momento.

¿Sabe qué significa eso? Significa que *usted ya sabe* cómo hacer todo lo necesario para lograr un éxito extravagante. Así es como ha sobrevivido hasta este momento. Y si puede sobrevivir, entonces puede triunfar. No necesita hacer algo brillante e imposible. No necesita adquirir habilidades endemoniadamente difíciles ni crear una idea innovadora a nivel de genio intelectual. Todo lo que debe hacer es seguir haciendo todo lo que le ayudó a llegar hasta este punto.

Qué es exactamente lo que el 99.9% de las personas *no* hacen.

Qué son esas cosas, por qué la mayoría de la gente no las hace y cómo puede vivir una vida enormemente feliz y exitosa haciéndolas, es de lo que se trata este libro.

Comencé a darme cuenta de que en esa montaña rusa se hallaba oculto el secreto del éxito profundo: si solo lográramos seguir haciendo las cosas que nos levantaron del fracaso a la supervivencia en primer lugar, *las cosas que ya sabemos cómo hacer y que ya estábamos haciendo*, podrían con el tiempo llevarnos por todo el trayecto al éxito.

¿Qué son esas cosas exactamente? ¿Cuáles son las acciones que nos mueven hacia arriba en la curva, y cuáles son las acciones que nos empujan hacia abajo? Le diré lo que son, en una sola palabra.

Simples.

Las cosas que lo sacan del fracaso y hacia la supervivencia y el éxito son *simples*. Tan simples, en efecto, que es fácil pasarlas por alto. *Extremadamente* fácil pasarlas por alto. Es fácil no verlas porque cuando se las observa, parecen insignificantes. No son cosas grandes ni arrolladoras que demandan un enorme esfuerzo. No son heroicas ni dramáticas. Mayormente son cosas pequeñas que usted hace todos los días y que nadie ni siquiera nota. Son cosas que son tan simples de hacer y, sin embargo, la gente exitosa las *hace* mientras que la gente que no triunfa solo las mira y no pone manos a la obra.

Cosas como sacar unos dólares al cobrar el salario y ponerlos en una caja de ahorros, y dejarlos allí. O hacer unos minutos de ejercicio todos los días sin omitirlo. Quizá leer todos los días diez páginas de un libro inspirador, educativo y capaz de cambiarle la vida. Podría dedicar unos minutos para decirle a alguien cuánto lo aprecia, y hacerlo constantemente, todos los días, durante meses y años. Las pequeñas cosas que parecen insignificantes en el actuar, pero que cuando se acumulan con el tiempo rinden resultados muy grandes.

Podríamos llamarlas "pequeñas virtudes" o "hábitos del éxito". Yo las llamo *disciplinas diarias simples*. Actos productivos simples, repetidos sistemáticamente a lo largo del tiempo.

Esa, en pocas palabras, es la ligera ventaja.

¿Holgazán o millonario?

El motivo por el que le estoy contando la anécdota del holgazán y el millonario es que no solo se trata de la historia de mi vida.

Es la historia de su vida también.

Usted tiene adentro suyo a un holgazán y a un millonario, con el potencial de fracasar y el potencial de triunfar. Todos los sabemos. ¿Cuál es la diferencia que decide cómo terminan las cosas? De hecho, es usted. La verdad es que usted tiene el control completo sobre la dirección en la que va encaminada el resto de su vida.

Desde esa noche de desesperación, desarrollé varios negocios exitosos y gané más dinero que de lo que jamás me hubiera imaginado cuando era gerente de una compañía o empresario de energía solar. También viví mis relaciones personales con una dicha y gratificación que no sabía que fueran posibles. Al escribir estas palabras, gozo de mejor salud, siento más energía y me siento más vivo hoy de lo que estaba hace diez años. Soy más feliz hoy, tengo mejores relaciones personales y una vida profesional más grata de lo que tenía hace diez años. (Y hace diez años, ¡ya las cosas me estaban yendo muy bien!) En efecto, mi vida de hoy es mejor de lo que era hace diez años en todos los aspectos. Y eso mismo espero poder decir dentro de diez años.

Desde ya, podría perderlo todo mañana. Me sucedió antes y sé que sobreviviré. Pero hay algo que no puedo perder y con eso solo podría comenzar de cero y construirlo todo nuevamente y hacerlo en tiempo récord. Ese algo es la ligera ventaja.

Un detalle más: cuando digo "millonario" no estoy hablando solamente del dinero o del éxito financiero. Esa palabra la empleo como rótulo del *éxito*, pero es solo un rótulo, una metáfora, al igual que "holgazán" es una metáfora. Cuando digo *millonario*, me refiero a alguien con una sonrisa millonaria, con un millón de amigos, que un millón de dólares (o mil millones o billones) de alegría, amor, satisfacción, gratificación, excelentes relaciones personales, curiosidad y fascinación, pasión y entusiasmo, emoción y logro… una *vida* que vale una fortuna en su vida.

Deseo esa vida para *usted*.

Relatos personales de los lectores de *La Ligera Ventaja*

Cuando *La Ligera Ventaja* se publicó por primera vez, lo envié a algunos amigos que me habían pedido ejemplares y me imaginé que ahí quedaría el asunto. Luego empecé a recibir llamados de ellos para decirme cuánto lo habían aprovechado. Como, al fin de cuentas eran amigos, no tomé muy seriamente sus comentarios. Pero luego empecé a escuchar a gente a quienes *ellos* le habían dado el libro; gente que yo no conocía.

Las cosas comenzaron a tomar vuelo a partir de entonces. En poco tiempo, cientos de personas comentaban cómo los principios simples de *La Ligera Ventaja* habían afectado e incluso cambiado su vida. A medida que los cientos se convirtieron en miles, se nos ocurrió que compartir algunas de esas historias aquí en estas páginas, contribuiría a que este mensaje cobrara vida de manera diferente y le ayudara a aplicarlo en *su* vida también.

A partir del siguiente capítulo, y al final de cada uno de ellos, compartiremos una o dos historias de los lectores de *La Ligera Ventaja* sobre la forma en que ésta tuvo un impacto en su vida.

Puntos esenciales del Capítulo 1

↗ Las mismas actividades que nos llevan del fracaso a la supervivencia también nos llevan de la supervivencia al éxito, si tan solo las siguiéramos haciendo.

↗ Usted *ya sabe* cómo hacer todo lo necesario para lograr un éxito extravagante. Todo lo que debe hacer es seguir haciendo todo lo que le ayudó a llegar hasta este punto.

↗ Usted tiene el control completo sobre la dirección en la que va encaminada el resto de su vida.

↗ Hay un holgazán y un millonario adentro de cada uno de nosotros. ¿Cuál es la diferencia que decide cómo terminan las cosas? *Usted*.

2. El primer ingrediente

> "Haga las cosas y tendrá el poder."
> —*Ralph Waldo Emerson,* Ensayo sobre la compensación

Déjeme contarle lo que realmente sucedió a partir del día *después* de esa noche de desesperación, después de que se derrumbó mi compañía de energía y se llevaron remolcado mi coche último modelo. Me había quedado sin recursos, sin ahorros ni capital; no tenía nada para empezar de nuevo. La única opción que tenía era ir a trabajar para alguien. Entonces hice algo que "Gorgeous George" cortando el césped del campo de golf en sus shorts vaqueros jamás soñó que haría algún día.

Decidí dedicarme a las ventas.

Debe entenderme, yo *odiaba* las ventas. Cuando recién me inicié en mi carrera laboral, era lo último que deseaba hacer. Al empezar mi trabajo en Texas Instruments, mi intención era trabajar para ascender al nivel gerencial. La compañía tenía otras ideas. Me explicaron que si yo quería llegar a la gerencia, debía comenzar en ventas.

Quedé horrorizado. No sabía absolutamente nada sobre ventas, y la idea misma me aterraba. No poseía un don especial para vender. No tenía paciencia. Y no tengo el arte innato de convencer con persuasión y elocuencia. Pero querían ventas y tuve que aceptarlo. Con el tiempo, me acostumbré.

Y luego sucedió algo irónico: con el correr del tiempo, las ventas me cambiaron la vida.

No el proceso mismo de ventas. Sino la *capacitación* que ello implicaba. En el transcurso de asistir a toda clase de cursos, talleres y estudiar materiales de capacitación en ventas, me expuse a una inmensa cantidad de información valiosa. Pero ni siquiera fue la información misma lo que me cambió la vida. Irónicamente, era aquello que con el tiempo me di cuenta de que *faltaba* en esa capacitación e información, aquello que era mucho más valioso incluso que toda esa información invaluable.

Es lo que llamo *el primer ingrediente*.

Después de esa noche de desesperación, sin recursos propios, fui a trabajar para una compañía de marketing directo. Logré armar un plantel de ventas de buen tamaño y luego pasé a fundar otro par de negocios exitosos, en uno de los cuales finalmente me nombraron Presidente Ejecutivo (CEO). En función de esa experiencia, comencé una compañía de capacitación en desarrollo personal llamada The People's Network (TPN). En TPN produjimos casi mil programas televisivos sobre toda clase de temas, desde finanzas hasta relaciones personales, y tuvimos la oportunidad de trabajar con algunos de los autores, pensadores y líderes del conocimiento más importantes de nuestro tiempo. Dada la posición en la que yo estaba, me hallé en el epicentro del movimiento del desarrollo personal, y tuve ocasión de relacionarme con figuras legendarias como Jan Miller, la famosa agente literaria de autores de desarrollo personal; Dick Snyder, en ese momento CEO de Simon & Schuster, la editorial más importante en temas de desarrollo personal; Jimmy Bowen, el productor de música y Oprah Winfrey.

En esos años produjimos y ofrecimos uno de los mejores materiales informativos jamás disponibles sobre cómo triunfar. Miles de personas utilizaron esa información para mejorar su vida un poco o mucho. Sin embargo, para muchas otras personas —*tantas* otras— esa información de oro, invalorable e increíblemente sagaz parecía tener poco efecto o no tener efecto alguno.

Era desconcertante.

Yo había aprendido mucho y me había beneficiado mucho de todo eso. Esas enseñanzas eran capaces de alterar la vida. Aun así, veía a todas estas personas que con ansias lo absorbían todo, pero que en realidad no sacaban mucho provecho de ello.

En el transcurso de esa experiencia, llegué a una conclusión aleccionadora. Todos los temas de los que hablaban esos grandes maestros *surtían efecto*, pero no *estaban surtiendo efecto*. La gente trataba de seguir las enseñanzas, pero cuando el salto mayúsculo que buscaba no sucedía en los primeros treinta, sesenta o noventa días, se daba por vencida.

No importa cuánta información haya, no importa cuán buena sea la información, si la persona que la consume carece del catalizador adecuado, el catalizador que le permita *aplicar* esa información efectivamente, entonces el éxito le seguirá siendo esquivo.

Es como comer la mejor comida del mundo sin la capacidad intestinal de digerirla o absorberla. Puede tratarse de información fantástica, increíblemente precisa con magnífica clarividencia y una trayectoria de éxito comprobado, pero pasará por su organismo dejándolo tan débil y hambriento como lo estaba antes de comerla. Lo he visto cientos de miles de veces.

No era por falta de persistencia ni por falta de deseo. Si alguna vez le dijeron: "Lo conseguirás si solo lo *deseas* con toda tu alma", estoy aquí para librarlo de ese atolladero. Con tan solo querer algo no significa necesariamente que lo conseguirá, ni siquiera cuando combina ese deseo con un intenso esfuerzo y trabajo realmente arduo. Usted puede desear todo lo que quiera e *intentarlo* hasta quedar exhausto.

Pero aun así no va a suceder; no va a ser posible sin el primer ingrediente.

Por qué no son efectivas las dietas

En las últimas décadas, trabajé con miles de personas de todas las profesiones y condiciones sociales, desde médicos y abogados hasta conductores de autobuses y peones. Todos ellos tuvieron exactamente la misma oportunidad. Algunos de ellos se convirtieron en millonarios y muchos otros lograron ganarse la vida con solidez y satisfacción. Pero la mayoría, ante exactamente las mismas oportunidades, no ha llegado a ningún sitio.

¿Por qué? No se trata de buena o mala suerte. No se trata del momento perfecto ni del destino. Tampoco se trata de tener inteligencia, habilidad o talento.

En esos mismos años, yo ascendí a la cima con una variedad de compañías distintas con productos diferentes (que prácticamente desconocía cuando comencé) y en diversos países con idiomas variados (que no hablaba y todavía no hablo). Y usted sabe que no se debió a mi don natural con las ventas (que no lo tengo).

La verdad es que no ha habido nada brillante en lo que he logrado. En realidad, es casi lo opuesto. En todos los casos, hice exactamente lo mismo todas las veces, utilizando estrategias ridículamente simples compuestas por listas ridículamente simples de actos ridículamente simples. Las estrategias que utilicé (dicho sea de paso, ninguna de ellas fue inventada ni ingeniada por mí) son tan simples que si usted y yo nos reuniéramos en una sala durante veinte minutos, podría mostrarle exactamente lo que hice para crear cuatro organizaciones multimillonarias diferentes y separadas; le enseñaría a hacer exactamente lo mismo. En veinte minutos.

Lo más probable es que a usted no le surta efecto.

¿Por qué no? Porque el asunto no es *cómo hacerlo*. Porque si no cambiamos fundamentalmente su manera de pensar, habrá reordenado todo lo que le dije para el momento en que salgamos del salón. Lo habrá reinventado para el momento que se acueste a dormir esa noche y, por la mañana, ni siquiera lo reconocerá como la misma información.

Es el mismo motivo por el cual las dietas no funcionan. El mismo motivo por el que asociarse a un gimnasio no le cambia mágicamente el estado físico. Porque una dieta sin la ligera ventaja, asociarse al gimnasio sin la ligera ventaja, un plan de negocios sólidos e inteligentemente diseñado sin la ligera ventaja, es como una planta sin agua.

Todo el mundo pide a gritos la fórmula, el secreto, el camino para mejorar su vida. Tal como lo descubriera durante mis años en TPN, hoy en día hay más información contundente y práctica sobre cómo hacer todas esas cosas de lo que jamás se ofreciera antes. Pero no es así como funciona. Si usted es una de las millones de personas en busca de respuestas uniformizadas a las preguntas trascendentales de la vida, le aconsejo abandonar la búsqueda ya mismo. El asunto no es *cómo hacerlo*.

Si la respuesta fuera "cómo hacerlo", ya estaría hecho. Lo más importante es la manera en que las hace. Si la respuesta fuera el acceso a la información acertada, todos seríamos ricos, sanos, felices y nos sentiríamos realizados. La mayoría de nosotros no se considera nada de eso.

¿Por qué no? Porque la respuesta es sólo la respuesta; no significa en realidad hacer las cosas. No es *aplicar* la respuesta, *vivir* la respuesta. Es solo información.

No es que los libros prácticos no sean valiosos; lo son. En efecto, hay libros maravillosos que incluso le recomendaré al final de este libro. Es que, simplemente, lo que usted necesita no es otro libro práctico. Ninguno de nosotros lo necesita. Ya tenemos suficientes de esos y quizás más que suficientes. Porque lo que usted necesita para transformar su vida no es más información. Además, todos somos tan diferentes que mis libros prácticos pueden darme resultado a mí, pero quizás no sean los más beneficiosos para usted. A pesar de que preferiríamos cuantificar un método preciso, específico y sistemático para abordar la vida, el amor y la felicidad, debemos aceptar la realidad de que no hay un método universal de talle único para todos.

Sin embargo, *hay* un ingrediente secreto.

Un ingrediente que, una vez que lo capte, le hará hallar esas respuestas, aplicarlas, vivirlas y concretar los resultados que desea. Un ingrediente secreto que le permitirá concretar un éxito duradero en todos los aspectos de la vida que escoja.

El ingrediente faltante

Llegó la hora de correr la cortina y compartir el secreto.

¿Listo?

Aquí viene.

Llegó el momento.

El ingrediente secreto es *su filosofía*.

Bien, antes de que reaccione, no estoy hablando de algo esotérico e intelectual. Ni de un complejo, intrincado o vertiginoso sistema de ideas. No hay largas listas de puntos que recordar, con acrónimos ocurrentes que tenga que memorizar. Y definitivamente no estoy hablando de algún tipo de autohipnosis ni de invocar lo imposible por arte de magia a través de un poder místico de atracción ni de algún conjuro o tramoya.

Lo más importante de todo es que este ingrediente *no es difícil de hacer*.

Cuando digo "su filosofía", solo me refiero a cambiar la forma de pensar sobre las cosas cotidianas simples. Una vez que lo haga, dará los pasos que necesita dar para conducirlo a cómo hacer las cosas que necesita hacer.

Permítame explicarlo de esta forma. Si usted *no* cambia la manera de pensar sobre estas cosas diarias simples, no habrá información práctica perfecta que le dé resultado ni le ofrezca soluciones verdaderas. Porque la clave no es la *información práctica* sino la manera en que la *ejecuta*. La razón por la que las dietas, los cursos de autoayuda y los programas para adelgazar y otros de naturaleza práctica no surten efecto para la mayoría de la gente, es la misma razón por la que la mayoría de los libros y cursos prácticos no rinden resultados para la mayoría de la gente. No es que las acciones estén mal. Es que la gente no sigue haciéndolas.

No es suficiente concentrarse en las acciones, en qué hacer y en cómo hacerlo, porque es *la actitud detrás de las acciones* lo que mantiene esas acciones en su lugar.

"Muy bien, ¿entonces todo lo que necesito es modificar mi actitud?"

Lamentablemente, no. No es tan simple.

El problema es el siguiente. Usted puede modificar su actitud adquiriendo inspiración, escuchando a un gran orador, leyendo una historia inspiradora o prestando atención a su mejor amigo cuando le habla para infundirle ánimo. Incluso cuando *usted* se habla *a sí mismo* para levantar la moral. Cualquiera de esos actos, lo propulsará en la dirección acertada. Hasta ahí, todo bien. Pero el problema es que esto no va a durar. ¿Recuerda el diagrama de la montaña rusa?

Quizás se inspire con una historia que le levanta el ánimo o con un discurso inspirador, pero no podrá congelar ese sentimiento ni mantener aglutinadas las emociones del momento. Las emociones cambian como el viento y usted no podrá detenerlas. Nadie puede. Se siguen moviendo; es por eso que se llaman e-*mociones*, que significa acción y efecto de mover, y no acción y efecto de inmovilizar. Usted no puede dictar cómo se siente. No importa cuánto se obligue a sí mismo que debe sentirse positivo sobre este paso práctico o aquel otro, ¿qué pasa si realmente no se siente así? Hoy en día siente gran entusiasmo de mejorar su estado físico. Se siente motivado para correr veinte minutos en la caminadora. ¡Fantástico! ¿Pero qué pasa si mañana no siente ganas de hacerlo?

Para hallar el camino al éxito, debe retroceder un paso más. Significa el entendimiento detrás de las actitudes que respaldan las acciones.

Es la filosofía. Ese es el ingrediente faltante, el ingrediente secreto.

El *primer* ingrediente.

Sí, por cierto, debe conocer las acciones prácticas triunfadoras y debe poseer las actitudes triunfadoras, pero lo que genera todo eso y lo que le mantiene en su lugar es su filosofía. Su filosofía es lo que usted sabe, cómo le mantiene y cómo afecta lo que usted hace. De qué forma usted piensa en las cosas sencillas de todos los días. De eso se trata este libro.

SU **FILOSOFÍA** crea SU **ACTITUD** crea SUS **ACCIONES** SUS **RESULTADOS** crea SU **VIDA**

Una filosofía positiva se convierte en una actitud positiva, la cual se convierte en acciones positivas, mismas que se convierten en resultados positivos, y estos en un estilo de vida positivo. Una *vida* positiva. Y una filosofía negativa se convierte en una actitud negativa, la cual, se convierte en acciones negativas, mismas que se convierten en resultados negativos, y estos en un estilo de vida negativo.

La sabiduría de la vida

No es preciso que curse una maestría universitaria, que aprenda griego ni que lea libros voluminosos con párrafos sumamente largos escritos por autores alemanes del siglo XIX para cambiar su filosofía. La filosofía de vida es algo tan simple y tan básico que un niño de seis años puede entenderlo.

Este es un ejemplo de una filosofía de vida, tomado de Ralph Waldo Emerson en su obra *Essay on Compensation (Ensayo sobre la compensación)*:

Haga las cosas y tendrá el poder.

Profundamente simple e igualmente poderoso. El tipo de sabiduría que se puede aplicar realmente en la vida cotidiana. La compañía de artículos deportivos Nike expresó ese mismo concepto con menos palabras: *Just do it* (Hágalo). Pero me gusta más la versión de Emerson, y la utilizaremos más adelante cuando hablemos de aplicar la ligera ventaja en su vida.

Existen dos clases prevalentes de actitudes: la impulsada por la creencia de que el mundo está en deuda con usted y la actitud impulsada por el valor. La actitud impulsada por el valor dice: "¿Qué puedo hacer para ayudarle?" La actitud impulsada por la creencia de que el mundo está en deuda con usted dice: "¿Qué ha hecho por mí últimamente?" "Págueme más y luego tal vez trabaje más arduamente." La actitud impulsada por el valor dice: "Trabajaré más arduamente y luego espero que me pague más."

¿Cuál de esas actitudes está impulsada por la filosofía de Emerson "haga las cosas y tendrá el poder"?

Su filosofía es *lo que usted sabe, cómo lo mantiene y cómo afecta lo que usted hace.* Es posible analizar las acciones de alguien y, mediante las actitudes detrás de esas acciones, rastrear hasta llegar al origen: la filosofía detrás de las actitudes. Muéstreme lo que hace un hombre, y le mostraré su filosofía.

Este es otro ejemplo de una filosofía de vida, la de Thomas J. Watson, fundador de IBM:

*La fórmula del éxito es bastante simple:
Duplique su índice de fracasos.*

En esta época no se enseña lo suficiente que la clave del éxito es duplicar el índice de fracasos. Por el contrario, se nos enseña evitar el fracaso como si fuera la peste. Probablemente escuchó la expresión: "El fracaso no es una opción". ¿De veras? Bien, esta es la realidad: *más vale* que el fracaso sea una opción porque, aunque no lo considere como opción, ¡va a suceder! Si vive su vida con la filosofía de que "el fracaso no es una opción", entonces nunca tendrá buenas oportunidades de aprender.

Si el jugador de béisbol Babe Ruth hubiera vivido según la filosofía de que *el fracaso no es una opción*, jamás nos hubiéramos enterado de quién era. ¿Por qué? Porque Babe Ruth no sólo estableció el récord mundial de *home runs*, sino que también era el primero en la liga en *strikeouts*.

Michael Jordan, considerado por muchos como uno de los más grandes jugadores de básquetbol de la historia (al ganar seis títulos de la NBA con los Bulls de Chicago), no fue elegido para el equipo de básquetbol en su segundo año de la escuela secundaria porque consideraron que no era lo suficientemente alto. En los próximos dos años creció cuatro pulgadas, perfeccionó sus habilidades y pasó a jugar muy bien.

Durante el curso de su carrera, Abraham Lincoln tuvo una sorprendente trayectoria de elecciones perdidas y de fracasos como funcionario público. Para el desgarbado abogado de Illinois, el fracaso no solo era una opción sino prácticamente su especialidad. Si no lo hubiera sido, jamás hubiera llegado a la Casa Blanca y quién sabe cómo sería Estados Unidos hoy en día. O si siquiera existiera este país.

Es difícil imaginar cómo sería nuestra vida hoy si Thomas Edison hubiera observado la filosofía de que el *fracaso no es una opción*. En sus esfuerzos por descubrir un filamento estable para hacer funcionar su invento de la bombilla eléctrica, intentó miles de versiones, las cuales fracasaron por completo. Su comentario pasó a la historia: "No he fracasado. Simplemente he descubierto diez mil maneras que no funcionan."

La gente exitosa *fracasa* todo el camino hasta la cima.

Por qué los ganadores de la lotería pierden

Su filosofía es su visión de la vida, algo que va más allá de los sentimientos y las actitudes. Su filosofía empuja sus actitudes y sus sentimientos, lo cual impulsa sus acciones.

En general, la gente está buscando en el sitio equivocado. Buscan una oportunidad enorme, ese descubrimiento afortunado, el "salto cuántico" asombroso del que todos siguen hablando. Yo lo llamo la filosofía de los dados y la ruleta, y no creo que jamás lo encuentren. He visto una inmensa cantidad de éxitos notables y de casos colosales de fracaso muy de cerca y, en mi experiencia, ninguno de ellos sucede con saltos cuánticos ni con golpes decisivos, sea con o sin suerte.

Suceden a través de la ligera ventaja.

Probablemente haya escuchado historias de ganadores de la lotería que perdieron todo. No son mitos urbanos, sino que realmente sucedieron. La profundidad a la que cae la gente después de ganar una lotería cuantiosa es desgarradora e inconcebible. Y no son solo los ganadores de la lotería. También habrá escuchado historias de famosas estrellas del cine, de la música o de los deportes que ganaron increíbles fortunas, literalmente cientos de millones de dólares, y de alguna manera se las ingeniaron para terminar en bancarrota y endeudados. Cuando escuchó esos relatos, probablemente pensó lo mismo que yo: "Bueno, no sé cómo hicieron *eso*, pero si *yo* ganara esa cantidad de dinero, ¡me aseguraría de no despilfarrarla de esa forma!"

Pero déjeme hacerle una pregunta difícil: ¿está seguro? Como persona que llegó a la cima y luego vio todo evaporarse, le puedo decir que quizás quede sorprendido.

Hay una razón por la que los ganadores de la lotería lo pierden todo y una razón por la que esas brillantes estrellas se hunden en la oscuridad: habrán tenido la gran oportunidad de su vida, pero no captaron la ligera ventaja. Lo que ganaron cambió el saldo de su cuenta de banco, pero no cambió su filosofía.

El propósito de este libro es mostrarle la filosofía de la ligera ventaja, mostrarle cómo funciona, darle numerosos ejemplos y mostrarle exactamente cómo incorporarla a la forma en que *usted* ve el mundo y a cómo vive su vida todos los días.

En todo este libro, si analiza cuidadosamente, encontrará docenas de enunciados que encarnan esa filosofía; enunciados como "Haga las cosas, y tendrá el poder". Estos son otros ejemplos con los que se encontrará en las páginas siguientes:

El éxito es la realización progresiva de un ideal encomiable.

La gente exitosa hace aquello que la gente fracasada no está dispuesta a hacer.

Existe una progresión natural en todos los aspectos de la vida: plantar, cultivar, cosechar.

Esta es una sugerencia que puede maximizar cuánto provecho le saca a este libro, que le ayudará no solo a leerlo sino a absorber su mensaje y aplicarlo a su vida: cada vez que lea un enunciado fundamental de filosofía, márquelo con resaltador. Luego relea con frecuencia simplemente esas secciones resaltadas: su propia guía personal sobre la filosofía de la ligera ventaja.

Las dietas realmente *surten efecto*

He oído a la gente describir la ligera ventaja como una cura milagrosa, pero no es exactamente eso. La ligera ventaja no es una cura milagrosa porque usted no necesita una cura milagrosa. No hay una cura milagrosa ni una vía rápida al éxito. Todo lo que necesita es buena información, que ya se ofrece en todas partes, y el catalizador adecuado que le permitirá absorber y aplicar esa información. Ese catalizador es la ligera ventaja.

Las tácticas de marketing tratan de seducirlo con la promesa de que adelgazará treinta libras en tres semanas o que ganará dinero mientras duerme. Pero no es cierto. Quizás al principio tenga cierto éxito, pero los resultados no durarán. Y cuando eso sucede una y otra vez, es tentador renunciar a esa excelente información, lo cual es una verdadera tragedia, porque con el catalizador adecuado, esa información *podría* darle resultados fantásticos.

Las dietas sí *surten efecto*. Asociarse a un gimnasio *sí* le brinda beneficios. Los planes de negocios sólidos *pueden* convertirle en una persona rica. Y existen muchos materiales de desarrollo personal que *sí* le ayudarán a ser una persona más feliz, más productiva, más exitosa y más satisfecha.

Pero no sin la ligera ventaja.

La Ligera Ventaja no es más información buena. No es otro libro de éxito de autoayuda repleto de una "nueva y mejor manera" revolucionaria de hacer las cosas. Usted no necesita eso. Nadie necesita eso. Toda la información "nueva y mejor" ya se encuentra a su alcance. Ha estado disponible durante años. Este libro no es más información, sino que es el catalizador que le ayudará a poner en práctica la buena información. Es el ingrediente faltante que necesita para que todos los libros de desarrollo personal, de métodos prácticos y de guías de vida surtan efecto.

La Ligera Ventaja le ayudará a aplicar toda la información que aprenda de los libros sobre salud, ventas, inversiones y actitud positiva. *La Ligera Ventaja* es el libro que debe leer, marcar con resaltador y releer junto con su clase de gimnasia, su planificación de carrera, su formación permanente y la búsqueda de nuevas habilidades.

La Ligera Ventaja lo preparará para que pueda absorber toda esa información, orientación y educación de todos los otros libros, clases, situaciones y experiencias.

Usted no necesita más información práctica sobre cómo hacer las cosas. Usted necesita algo para que la información práctica *surta efecto*.

Este libro le ayudará a tomar la información que desee, ya sea información práctica, estrategias, metas o aspiraciones, y le permitirá convertirla en la vida que desea vivir. Este libro es lo que ojalá hubiera tenido en mis manos cuando en ese campo de golf me di cuenta de que no estaba viviendo la vida que deseaba; que ojalá hubiera tenido en mis manos la noche que se llevaron mi coche remolcado.

Cualesquiera que sean sus deseos más profundos en la vida, quiero que los tenga y sé que usted puede. Esa es mi convicción apasionada, y lo he visto suceder demasiadas veces como para dudarlo. Pero necesita un sitio donde comenzar. *La Ligera Ventaja* es el punto de partida. Es el primer ingrediente.

Relatos personales de los lectores de *La Ligera Ventaja*

Después de leer *La Ligera Ventaja*, decidí aplicar las filosofías a todas las áreas de mi vida. Como padre, compré un ejemplar para mis hijos y comencé a impartir la sabiduría de las cosas que son fáciles de hacer y fáciles de no hacer. Como médico, comencé a entregar ejemplares del libro a mis pacientes que se asomaban a la desesperanza. (Les digo que es como Prozac en libro de tapa blanda.) Como autor, implementé los principios de la ligera ventaja también en mis libros. Para cada rol de su vida, hay aplicaciones de la ligera ventaja que harán una gran diferencia.

—*Baker Fore, D.O., Edmond, Oklahoma*

He utilizado los principios de *La Ligera Ventaja* para mejorar mi estado físico, comenzando con una flexión de brazos y un ejercicio abdominal por día, añadiendo otro cada día y llegando a más de 100 por día. Lo he aplicado para pagar mis deudas, acumular mis ahorros e inversiones y mejorar mi relación con mis hijos.

—*Stan Snow, North Yarmouth, Maine*

Puntos esenciales del Capítulo 2

↗ Por más buena que sea la información, no le servirá de nada a menos que tenga el catalizador acertado que le permita aplicarla efectivamente.

↗ Su filosofía crea sus actitudes, las cuales, crean sus acciones, mismas que crean sus resultados, y éstas crean su vida.

↗ La gente exitosa fracasa todo el camino hasta la cima. *Haga las cosas y tendrá el poder.*

↗ La ligera ventaja es el primer ingrediente, el catalizador que necesita para que toda la información práctica surta efecto.

3. La elección

> "Todo se reduce a una simple elección. Empeñarse en vivir o empeñarse en morir."
> —*Andy Dufresne en* Sueño de fuga

Un hombre rico que se acercaba al final de sus días convocó a sus hijos gemelos junto a su lecho de muerte y les dijo que, antes de morir, deseaba transmitirles la oportunidad de experimentar la riqueza de la vida que él había disfrutado durante muchos años en la Tierra.

"Si pudiera hacerlo, les daría a ambos el mundo entero, pero claro está, no puedo hacerlo. En cambio, les dejo a ambos un obsequio", les dijo.

Los jóvenes lloraron al escuchar al padre hablar de la muerte cercana, pero él los hizo callar con un gesto de la mano.

"Les voy a dar a cada uno de ustedes una caja para financiar sus aventuras. Lo que pongan en cada caja es elección de ustedes."

El hombre tomó un par de bellas cajas esmaltadas de su mesa de luz y las colocó en su regazo, sacó algo y extendió las manos hacia sus hijos. Una mano sostenía un manojo de mil billetes nuevos de $1,000; es decir, un millón de dólares en efectivo. En la palma de la otra mano tenía una moneda de cobre nueva y reluciente de un centavo.

"Les ofrezco a ambos la misma elección. Este millón de dólares o este único centavo. Cualquiera sea la suma que escojan, deben dejar el dinero en su caja bajo el cuidado de mi mayordomo durante un mes entero para que tengan tiempo de pensar cómo lo usarán. Lo que ustedes no se lleven, se devolverá a mi sucesión y se donará a obras de caridad.

"Otra cosa", añadió el hombre. "Si escogen el millón, pueden, si lo desean, usarlo como línea de crédito para pedir dinero prestado de mi banco local. Si escogen el centavo, también pueden usarlo como garantía, pero cada día que opten por dejar la línea de crédito del centavo sin tocar, mi mayordomo tiene instrucciones de duplicar el contenido de la caja mientras esté bajo su cuidado.

"Ahora, vayan a descansar y a pensar. Tomen este libro para pasar la noche. Mañana por la mañana, regresen y díganme lo que eligieron."

A cada hijo le entregó un ejemplar de un pequeño libro de historias y se despidió de ellos con un beso.

Esa noche, el primer joven yacía en la cama reflexionando sobre los acontecimientos del día. Se preguntó: "¿Cuál debo elegir?" "¿Y por qué nuestro padre nos está dando esta elección?" Sin poder dormir, encendió la luz y buscó el libro que su padre les había dado a ambos. Pensó que una pequeña lectura le ayudaría a pasar el tiempo y quizás hasta podría ayudarle a dormir.

Encontró el libro y por primera vez advirtió el título repujado en la tapa en sencillas letras de oro:

La elección

"Mm", masculló. "*La elección*. Suena misterioso. ¿La elección entre qué y qué?" Al hojear el libro, vio que cada uno de sus numerosos capítulos no tenía más de una página y, al menos a primera vista, los títulos no parecían tener nada en común entre sí. Parecía una colección al azar de fábulas o cuentos infantiles. Estaba por dejar el libro de lado cuando una voz interna le susurró: "*Vamos, léelo un ratito.*"

Regresó al primer cuento titulado "El jacinto de agua" y comenzó a leer.

El jacinto de agua

Érase una vez un pequeño jacinto de agua que crecía cerca de la orilla de un gran estanque. Soñaba con ver el otro lado del estanque, pero cuando se murmuraba esos sueños, el agua lo oía, se reía y borbotaba desdeñosamente. El otro lado del estanque… ¿para una plantita que ni siquiera podía moverse? ¡Imposible!

Típicamente los jacintos de agua se encuentran flotando en la superficie de estanques en climas cálidos de todo el mundo. Es una bella planta, con delicadas flores de seis pétalos que varían desde el violeta azulado al lavanda o al rosado. Esta planta en particular era el espécimen perfecto: muy bella, muy pequeña y muy delicada.

Sin embargo, y esto es algo que el agua no sabía, el jacinto de agua también es una de las plantas más productivas del planeta, con un índice de reproducción que asombra a botánicos y ecologistas. Una sola planta puede producir hasta unas cinco mil semillas, pero su método preferencial de colonización de una nueva área no es arrojar sus semillas a los caprichos del viento y del agua, sino duplicarse enviando estolones que dan lugar a "plantas hija".

El día que este pequeño jacinto de agua apareció, nadie salvo el agua se dio cuenta siquiera de que estaba ahí. Nadie se dio cuenta tampoco el segundo día, cuando se duplicó, ni el tercer o cuarto día, cuando se duplicó otra vez más y aun otra vez. Era tan insignificante, en realidad, que durante las dos primeras semanas, aunque su tamaño se duplicaba todos los días, se habría tenido que buscar con atención para verla toda.

Para el día 15, se había reproducido para cubrir apenas un pie cuadrado de agua, una pequeña mancha de lavanda y rosa que interrumpía la superficie esmeralda del estanque. El día 20, es decir a dos tercios del mes, una persona que pasaba por el estanque vio el pequeño segmento de follaje que flotaba hacia la orilla, pero pensó que era una toalla olvidada o quizás un pedazo de papel de envolver desechado.

Más de una semana después, el día 29, la mitad de la superficie del estanque todavía eran aguas abiertas. Y el día 30, apenas veinticuatro horas más tarde, la superficie del agua había desaparecido totalmente. Todo el estanque estaba cubierto por un rico manto de jacintos de agua violáceos rosados.

El joven imaginó el estanque, cubierto por la bella y frondosa planta. "No estoy seguro de qué tiene que ver con una 'elección'", comentó en voz alta. Se desperezó y bostezó. "Suficiente lectura por una noche". Apagó la luz y se acomodó en la almohada.

Un minuto más tarde, se había incorporado y estaba encendiendo la luz. Algo lo motivaba internamente a continuar y a apreciar más el libro.

Dando vuelta la página, encontró el cuento siguiente, titulado "En el cubo". Nuevamente comenzó a leer.

En el cubo

Un día, dos ranas abandonaron la seguridad de su pantano y se aventuraron a explorar una finca cercana. Pronto se encontraron en una granja lechera, donde hallaron un gran cubo de leche. Al saltar adentro del cubo, descubrieron que estaba lleno hasta la mitad de crema fresca.

Las dos ranitas estaban sumamente entusiasmadas. ¡Jamás habían probado nada tan delicioso! Pronto terminaron con la panza llena. Sintiéndose amodorradas, decidieron que era hora de marcharse, y ahí fue cuando se dieron cuenta de sus dificultades.

No habían tenido problema alguno en saltar adentro del cubo, pero ¿cómo iban a salir de él? El interior del cubo era demasiado resbaloso para trepar. Y como no podían tocar el fondo, y no había nada donde pudieran pisar para adquirir tracción; dar un enorme salto para escaparse no era una opción viable tampoco. Estaban atrapadas.

Desesperadas, comenzaron a agitarse buscando intensamente agarrarse con las patas de la curva resbalosa y esquiva de las paredes del cubo.

Finalmente, una rana gritó: "De nada sirve. ¡Estamos condenadas a morir!"

"No, no podemos darnos por vencidas", dijo la otra rana jadeando. Cuando éramos renacuajos, ¿nos imaginábamos siquiera que algún día saldríamos del agua y brincaríamos por la tierra? ¡Sigue nadando, hermana, y reza por un milagro!"

Pero la primera rana miró a su compañera con tristeza. "No hay milagros en la vida de las ranas", dijo croando. "Adiós." Y lentamente se hundió hasta desaparecer.

La otra rana se rehusó a darse por vencida. Siguió nadando en el mismo círculo pequeño, una y otra vez, anhelando con esperanza un milagro. Una hora más tarde, seguía nadando en su pequeño círculo inútil. Ya ni siquiera sabía por qué seguía. Las palabras moribundas de su hermana asediaban sus pensamientos mientras la fatiga se apoderaba de sus pequeños músculos. "¿Tenía razón mi hermana?", pensó con desesperación "¿Es verdad que no hay milagros en la vida de las ranas?" Por último, ya no tenía fuerzas para nadar más. Con un quejido de angustia, dejó de nadar y se rindió, lista para afrontar su destino...

Pero para ese momento el joven ya había dejado de leer. Ya sin poder mantener los ojos abiertos, se había quedado profundamente dormido mientras la rana nadaba en su círculo desesperado, rehusándose a rendirse. Sin embargo, en su mente el joven ya había adivinado cómo terminaría el cuento de las ranas, y efectivamente el párrafo final del relato decía lo siguiente:

Para su sorpresa, a diferencia de su hermana, la segunda rana no se hundió. En efecto, se quedó donde estaba como si estuviera suspendida en el aire. Estiró una pata tímidamente y sintió que tocaba *algo sólido*. Dio un agitado suspiro, se despidió silenciosamente de su pobre compañera difunta y a duras penas pudo treparse arriba de un gran trozo de mantequilla que acababa de batir, saltó del cubo y se dirigió hacia su hogar en el pantano.

Esa noche el joven soñó con ranas que nadaban en un manto de flores, flotando en un estanque de centavos.

El otro hijo del hombre rico también pasó la noche en vela, pero jamás abrió el ejemplar del libro de cuentos que el padre le había dado. Estaba muy ocupado pensando como para dormir o leer. Había tomado su decisión en el momento en que el padre sostuvo en la mano el manojo de billetes de mil dólares. Ya estaba haciendo grandes planes para sus próximos treinta y un días.

Cuando amaneció, entró en acción.

Después de avisar a su padre de su elección, abrió su línea de crédito por un millón de dólares en el banco del padre. Luego contrató un director ejecutivo para que le ayudara a concretar su ambicioso plan, y los dos alquilaron una suite de hotel en el centro de la ciudad, donde llevaron a cabo entrevistas durante los próximos seis días. Para final de la semana, habían contratado un personal integrado por los asesores financieros, analistas de mercado y expertos en inversión más sagaces del momento.

El grupo pasó la segunda semana investigando, intercambiando ideas y elaborando estrategias para ayudar al hijo del hombre rico a transformar su ganancia imprevista del millón de dólares en una genuina fortuna. Para el comienzo de la tercera semana, estaban todos listos y preparados para entrar en acción y así se lanzaron a los campos de batalla del comercio y la especulación para convertir los millones del joven en miles de millones.

Unos días más tarde, el joven decidió visitar a su hermano para ver qué estaba haciendo con *su* millón, pero cuando llegó, descubrió con asombro que él había rechazado el millón y en cambio había elegido el centavo.

"Fui a visitar a Papá otra vez el día después de que todos nos reunimos", dijo el primer hijo a su hermano, "y el mayordomo me dejó ver adentro de la caja: mi centavo solitario ahora tenía un compañero. Al tercer día, regresé, eché una miradita otra vez y vi cuatro centavos. Al cuarto día, había ocho." El hermano escuchaba atónito mientras el joven seguía describiendo su pequeña pila insignificante de centavos. Al quinto día, había dieciséis centavos; al sexto día, treinta y dos; y para el final de la semana, el joven había acumulado una enorme fortunita de sesenta y cuatro centavos. Para el final de la segunda semana, la acumulación de centavos casi alcanzaba los noventa dólares ($81.92 para ser preciso), ni siquiera lo suficiente como para pagar una cena decente para dos personas en el hotel donde el equipo financiero campeón del hermano tenía su sede de operaciones. Cuando recién se había iniciado la tercera semana, el contenido de la caja había crecido a $655.35, apenas lo suficiente para mantener al joven durante una semana.

"¡Pobre infeliz!", exclamó el hermano. "¡No puedo creer que escogiste el centavo! Pero todavía estás a tiempo. Ve a visitar a Papá y fíjate si te deja cambiar de parecer. Aunque te dé solo la mitad de tu millón, es por cierto mucho mejor que arreglártelas con lo que tienes ahora. O al menos déjame ayudar; no tolero la idea de que te aventurarás en el mundo con apenas lo suficiente como para comer una semana."

Pero el primer hijo no quería saber nada.

Esa noche, el padre falleció en paz mientras dormía.

Hacia finales del mes, el segundo hijo recibió noticias inquietantes de su director ejecutivo. Los mercados se habían tornado un poco inestables y era preciso reducir las proyecciones optimistas anteriores del equipo. Tras agradecerle, el joven se aprestó a esperar ansiosamente el próximo informe.

La mañana del día 31, fecha en que los jóvenes debían visitar al mayordomo y finalmente recibir el contenido de las cajas, el director ejecutivo regresó con su informe final. Entró arrastrando los pies, carraspeó unos segundos, pidió un vaso de agua y luego comenzó su informe diciendo que tenía buenas y malas noticias. Algunas inversiones habían tenido buen rendimiento y otras habían sufrido. En resumidas cuentas, el joven había obtenido una modesta ganancia: el equipo había logrado aumentar el millón de dólares a casi un millón y medio, es decir una valorización del 50%. Esas eran las buenas noticias.

"¿Y las malas noticias?" El joven contuvo la respiración.

"Bien, eh, los gastos incluyendo las comisiones del equipo, impuestos, comisiones de los corredores de bolsa, intereses sobre la línea de crédito, la cuenta de la suite del hotel y, por supuesto, mi sueldo del mes, sumaron poco más de uno punto setenta y cinco millones", continuó el director ejecutivo tras carraspear nuevamente y tomar otro sorbo de agua.

El joven estaba $250,000 en rojo. No solo *no* era rico, sino que en realidad *debía* una fortuna. Estaba arruinado. Presa del pánico, corrió a ver a su hermano y, en ese momento, recibió una sorpresa incluso más grande de la que se había llevado la primera vez que lo había ido a visitar.

Para el día 28, la caja de centavos del primer joven había superado el millón de dólares y el día 29, los dos millones y medio. Ayer, es decir el día 30, había superado los cinco millones y hoy cuando el mayordomo le encomendó la caja a su cuidado, había alcanzado la suma de $10,737,418... y veinticuatro centavos.

El joven que había elegido esperar el centavo, había descubierto el poder extraordinario de lo que algunos llaman "la octava maravilla del mundo", es decir, la extraordinaria fuerza creativa de los *intereses compuestos*, la mismísima fuerza que cubrió la superficie del estanque con jacintos de agua y que batió la crema de la rana hasta convertirla en mantequilla.

El joven que eligió el millón estaba quebrado y profundamente endeudado.

El joven que eligió el centavo tenía una fortuna de más de *diez millones de dólares*.

La mamá del millonario

Lo sé, lo sé: el cuento de los dos hijos no es más que una fábula. En la vida real, no existen los mayordomos que duplican el dinero todos los días durante un mes. En la vida real, sin embargo, las cosas funcionan así más de lo que se imagina. Le daré un ejemplo de la vida real: Rosemary Olson, mi madre.

Mi madre trabajó como asistente administrativa de nuestra iglesia durante treinta y cinco años. El sueldo era mínimo y el trabajo no conllevaba exactamente muchos beneficios. Y si la vida era dura, empeoró mucho más cuando mi padre falleció.

Mi padre luchó en la Segunda Guerra Mundial y regresó con algunos problemas de salud que nunca se resolvieron por completo. Tras aproximadamente veinte años de trabajo para la Administración de Veteranos de Guerra, terminó conociendo el Hospital de Veteranos desde el punto de vista del cliente. Perdió un pulmón por enfisema y, con el tiempo, sucumbió a un ataque cardíaco cuando apenas tenía cuarenta y un años. La ceremonia militar fue tal como se ve en televisión, en la que los soldados pliegan la bandera americana en un triángulo pulcro y perfecto, marchan solemnemente y se la entregan al hijo mayor. En este caso, ese hijo mayor era yo. Tenía once años de edad.

A partir de ese momento, mi madre sola tuvo que criar y mantener una familia de tres hijos. Trabajaba, llegaba a casa, cocinaba y nos cuidaba. Jamás bebió alcohol ni dijo malas palabras y nunca se quejó, ni una sola vez. Nunca. Siempre estaba para apoyarme, pasara lo que pasara. Era tan sistemática que, más adelante en la vida, comencé a llamarla "Rosa la imperturbable".

Por mi parte, debo admitir que prácticamente no había sabido valorarla. Sabía que mi madre se había criado con poco dinero y así es como mis hermanos y yo nos criamos: en una casa pequeña con poco menos que lo mínimo esencial. Desde mi punto de vista, así eran las cosas lisa y llanamente. Y es fácil suponer que la situación nunca cambiaría.

Saltemos rápidamente a muchos años más adelante, después de que había logrado cierto éxito en mi vida.

En 1996 se publicó un libro titulado *El millonario de al lado*, escrito por Thomas J. Stanley y William D. Danko. Este libro, que hoy en día es un clásico, sigue siendo la mejor descripción que jamás haya leído de cómo la gente de la vida real adquirió una fortuna siguiendo los principios de la ligera ventaja. Los millonarios del libro no heredaron su riqueza ni hicieron fortuna arriesgando hasta su último centavo. Ellos no "viven a lo grande", no tienen vehículos llamativos ni viven en casas ostentosas. Gastan mucho menos de lo que ganan y realizan elecciones sensatas e inteligentes sobre cómo conducir su vida cotidiana.

Después de la publicación de este libro, mis amigos me decían: "Jeff, ¿viste este libro? Se trata de *ti*. Describe exactamente lo que haces y cómo actúas. ¡Tú eres el millonario de al lado!" Sin duda, el libro describía exactamente cómo trataba yo mis finanzas. Durante años, mantuve a mi familia viviendo con $4,000 por mes, sin considerar cuánto aumentaba mi ingreso, y no permitía aumentar ese límite mensual hasta que hubiera acumulado un millón de dólares (después de impuestos) en el banco. Luego lo subí a $5,000.

Unos años más tarde, estaba visitando a mi madre y le comenté sobre el libro y lo que decían mis amigos de mí, que yo era ese millonario de al lado, estable y planificador y nada ostentoso.

Ella asintió y dijo: "¿Sabes por qué es?"

"No", le respondí, sin estar seguro del rumbo de la conversación. "¿Por qué?"

Ella me miró y dijo: "Bueno, yo también soy millonaria."

"¿Qué quieres decir?", le pregunté. "¿Me estás diciendo que la casa o…?" No había forma de que su casa costara un millón, incluso a los valores inflados del mercado de 1996, y yo lo sabía. Pero no podía imaginarme de qué otra cosa estaba hablando.

"No", dijo ella. "Tengo un par de millones de dólares. Guardaditos. Tú sabes, en ahorros."

¿Qué? Me la quedé mirando boquiabierto.

"Yo también tengo un par de millones de dólares", repitió. Al ver mi expresión atónita, se encogió de hombros y añadió: "No es nada de lo que uno quiera alardear".

Durante todos esos años de ir a trabajar todos los días, llevar su vida, atender a sus hijos, vivir en esa casita, había estado ahorrando tranquilamente. Sistemática y persistentemente. Sin que nadie se diera cuenta, silenciosamente se había convertido a sí misma en una millonaria. Literalmente.

El poder que cubrió el estanque con los jacintos de agua, que batió la crema de la rana en mantequilla, que convirtió el centavo del primer hijo en millones, es el mismo poder que convirtió en millones el dinero ganado por mi madre con el sudor de la frente. Este libro trata sobre ese poder.

Aunque sin darme cuenta en absoluto, toda mi vida yo había estado viviendo con el ejemplo ideal de la ligera ventaja.

El costo de esperar

Seguramente ya oyó hablar del poder del interés compuesto. Es posible que hasta lo haya oído muchas veces. ¿Qué lo hace diferente esta vez?

Nada, a menos que usted actúe al respecto.

Lo más importante que puedo decirle sobre la ligera ventaja es esto:

ya está funcionando, *en este momento*, sea a su favor o en su contra. No espere. Lo que deseo para usted, lo que le *pido*, es que antes de llegar a la última página de este libro, haya establecido un plan financiero de la ligera ventaja para que pueda acumular sistemáticamente su capital. Una disciplina diaria, semanal o mensual simple que, con el tiempo, le recompense con la libertad financiera.

¿Fácil de hacer? Sorprendentemente, sí. ¿Fácil de no hacer? Trágicamente, sí. Para darle una idea concreta del costo de esperar, observe el siguiente ejemplo.

Digamos que usted y su mejor amiga se acaban de graduar de la universidad con apenas veintitrés años. Ambas leyeron *La Ligera Ventaja* y decidieron que les gustaría comenzar a guardar suficientes ahorros para que puedan jubilarse a los sesenta y siete años con más de un millón de dólares en el banco. Su amiga comienza a hacerlo de inmediato, mediante una deducción automática del sueldo, y ahorra $250 por mes en una cuenta de jubilación individual (IRA).

Pero usted piensa que tiene tiempo suficiente, y lo posterga. No se preocupa por hacerlo este año, el siguiente ni el próximo. De hecho, sigue procrastinando hasta que tiene treinta y nueve años. Ante el advenimiento de los cuarenta años, usted decide que tal vez sea el momento de empezar.

En ese momento, le pregunta a su amiga qué rendimiento tiene su cuenta IRA y ¡se asombra cuando ella le dice que ya terminó de ahorrar! Después de invertir $250 por mes durante dieciocho años, al ocho por ciento, ella está lista. Puede dejar de invertir y permitir que la cuenta acumule intereses por sí sola, y para cuando cumpla los sesenta y siete años, esa pequeña bola de nieve financiera que echó a rodar habrá crecido a más de $1 millón de dólares, ¡aunque nunca más aporte otro centavo!

Pues bien, dirá usted, llegó el momento de actuar. Usted comienza inmediatamente a guardar sus $250 todos los meses. ¿Cuántos años le llevará para ponerse al día con su amiga? La respuesta desafortunada es esta: no podrá alcanzarla. Al comenzar temprano, su amiga fue capaz de invertir durante dieciocho años y luego cerrar el grifo de la nueva inversión, y el impulso de lo que comenzó tuvo tiempo de acumularse y convertirse en un millón para cuando cumple sesenta y cinco años. Pero como usted está empezando tanto más tarde, no tendrá ese lujo: para cuando ambas lleguen a los sesenta y cinco años, usted habrá invertido $81,000 a lo largo de veintisiete años (comparado con los $54,000 de ella en dieciocho años), y usted *todavía* seguirá aportando los $250 mensuales, salvo que usted terminará con solo un cuarto del millón que ella pudo guardar.

"¿Pero qué pasa si no tengo veintitrés años, sino cuarenta y tres? ¿O sesenta y tres? ¿Significa que me perdí la oportunidad? ¿Me está diciendo que ya es demasiado tarde?"

No, para nada. Uno nunca es demasiado viejo, nunca es demasiado tarde, para comenzar a aplicar las tácticas de la ligera ventaja para concretar sus sueños, sean financieros o de otra clase. De hecho, el autor de libros best seller David Bach escribió un libro excelente titulado *Comience listo, termine rico*, que trata exactamente ese tema. Como todos los otros libros que menciono en el Apéndice, éste es una excelente guía acompañante de *La Ligera Ventaja*. Lo que quiero decir simplemente es que esperar tiene un costo.

Nunca es demasiado tarde para comenzar.

Siempre es demasiado tarde para esperar.

El otro lado de la ligera ventaja

La cuenta de ahorros IRA de su amiga se convierte en una jubilación de más de un millón. Los ahorros de mi madre lentamente se acumulan como el centavo del joven que se duplica. El pequeño jacinto de agua que se multiplica, las brazadas pequeñas de la rana que con el tiempo batieron la crema en mantequilla; todos estos son ejemplos de cómo la ligera ventaja puede rendir con el tiempo resultados increíblemente positivos en la vida. Pero esa no es toda la historia. Porque también funciona al revés.

Realizar esas disciplinas diarias simples fue exactamente la razón, y la *única* razón, por la que me gradué de la maestría de administración de empresas entre los mejores estudiantes y tuve ese éxito temprano en el mundo gerencial. Pero también estaba la otra mitad de la ecuación de la montaña rusa.

Durante esa época en que me deslizaba de la supervivencia al fracaso, había dejado de hacer esas disciplinas diarias simples. Esa fue la razón, y la *única* razón, por la que seguí hundiéndome en el fracaso. Estaba haciendo pequeñas elecciones diarias que parecían inofensivas e inocentes, pero que sin darme cuenta me estaban arrastrando nuevamente al fracaso. Es por eso que mi vida parecía como ese lamento agonizante de la película *El Padrino Parte III*, cuando el personaje de Al Pacino dice: "Justo cuando creo estar afuera, ¡me vuelven a involucrar!"

Este diagrama muestra los dos tipos de impacto diferentes que la ligera ventaja puede tener en su vida, dependiendo de si la entiende y la aplica o todo lo contrario. Si lo analiza, estas dos vías son exactamente iguales que las dos direcciones diferentes del diagrama de la montaña rusa. Es decir, esta es la tabla anterior de la curva, solo con los dos segmentos separados y extendidos en el tiempo.

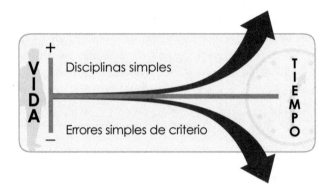

La ligera ventaja es implacable y es de doble faz. Si se usa productivamente, lo llevará al éxito. Si se usa descuidadamente, lo arrastrará al fracaso.

Actos productivos simples, repetidos sistemáticamente a lo largo del tiempo.

Errores de criterio simples, repetidos sistemáticamente a lo largo del tiempo.

La elección es así de simple.

Usted puede comenzar con un millón de dólares, pero si no entiende la ligera ventaja, lo perderá todo. Puede empezar con tan solo un centavo, pero si entiende la ligera ventaja, puede llegar donde sea que quiera en el mundo.

Mi madre lo entendía. Durante las primeras décadas de mi vida, yo no lo entendí. La mayoría de la gente no lo entiende.

La mayoría de la gente es como el hijo que eligió el millón y extrajo más de un millón en crédito. O la rana fatalista, que no podía ver que sus pequeñas brazadas insignificantes podrían convertir la crema en mantequilla con solo seguir haciéndolo el tiempo suficiente. La mayoría de la gente no sigue practicando las disciplinas diarias simples que los llevarán donde desean ir, porque no saben cómo mirar lo suficientemente adelante de la curva como para ver los resultados que están creando. Pero los vean o no, los resultados se avecinan con la misma seguridad de un millón de dólares en el banco o un tren que se acerca en nuestra dirección.

El obsequio del padre

Cuando el hombre rico le dijo a sus hijos que les estaba dando un obsequio, el segundo hijo pensó que el obsequio era el *dinero*. El primer hijo escuchó con más atención. Entendió que el obsequio no era el dinero: era la *sabiduría*. El anciano no estaba simplemente transfiriendo su fortuna a sus hijos porque sabía que, sin esa sabiduría, la fortuna pronto se desvanecería. En cambio, les estaba transmitiendo su *filosofía*.

El obsequio del padre resguardaba una lección. Sobre el dinero, claro está, pero era realmente una lección sobre aprovechamiento, crecimiento y progresión geométrica. Sobre el hecho de que las pequeñas acciones simples que usted hace hoy pueden tener un aspecto muy distinto cuando se analizan los resultados que tienen con el tiempo. Sobre el enorme potencial de algo que, a primera vista, parece indefenso como el jacinto de agua o tan insignificante como un centavo.

Sobre la paciencia y el entendimiento de que los pequeños pasos, acumulados, realmente hacen una diferencia. Que las cosas que hace todos los días, que no parecen dramáticas, que ni siquiera parecen que importan, sí importan. Que no sólo hacen una diferencia, sino que hacen *toda* la diferencia en el mundo.

Sobre tener fe en el proceso de las acciones simples y positivas repetidas con el tiempo; la fe de que los milagros *sí* suceden si sabe cuándo confiar en el proceso y sigue batiendo la crema.

Fue una lección sobre la ligera ventaja y cómo puede transformarle la vida.

La elección que el hombre rico les ofreció a sus dos hijos es la misma que el mundo le ofrece a cada persona en cada momento de la vida. Un círculo generoso y creciente de amigos o la soledad y alienación cada vez más profunda. La vitalidad vibrante y abundante o la salud empeorando progresivamente. El éxito o el fracaso, la felicidad o el sufrimiento, la gratificación o la desesperanza. Millonario u holgazán.

Usted está haciendo esa elección todos los días, cada hora, y el impacto de esas elecciones, para mejor *o* para peor, se esparcirá por la superficie de su vida como un grueso manto de jacintos de agua.

La Ligera Ventaja es su guía del obsequio del hombre rico. Le ayudará a aprender hábitos de pensamiento y acción que le permitirán escoger sabiamente, es decir, escoger el centavo duplicado, todas las veces, y no dejarse llevar por el encanto de la línea de crédito fácil del millón. Le mantendrá nadando hasta que la crema se convierta en mantequilla. Le dará el poder de escoger los jacintos que desee plantar en su vida —sean centavos y dólares, sonrisas y palabras alentadoras, amistades y relaciones, carreras y logros— para que pueda cubrir la superficie del estanque de su vida con los capullos de su elección.

Relatos personales de los lectores de *La Ligera Ventaja*

Me crié en una familia de clase media donde me enseñaron a asistir a la escuela, sacar buenas calificaciones y conseguir un buen trabajo. Lamentablemente, se me descarrilaron los planes por circunstancias médicas familiares que no podía controlar. A los veintiún años de edad me encontré trabajando seis días por semana, a $4.25 la hora, buscando las filosofías que había aprendido de niño.

Cuando leí *La Ligera Ventaja*, mi mente se abrió a nuevos horizontes. Me di cuenta de que mi pasado no tenía que reflejar mi futuro y que con un pequeño cambio de actividad y constancia, era solo cuestión de tiempo para alcanzar mi verdadero destino.

Así fue y cuando cumplí treinta años, había creado un ingreso de seis cifras. Hoy en día no soy solo millonario, sino que también tengo cinco hijos maravillosos y una bella esposa con la que pasar el resto de mi vida.

Sean cuales sean las circunstancias en las que se encuentre, al aplicar los principios de la ligera ventaja con el tiempo, podrá cambiar positivamente la trayectoria de su vida.

—*Dave Hall, Highland, Utah*

Después de leer *La Ligera Ventaja*, decidí aplicarla a mi trabajo. No hice nada drástico ni realicé cambios importantes. Simplemente comencé a leer diez páginas de un buen libro por día, y también comencé a pensar antes de tomar cada decisión. Me preguntaba: "¿Esta decisión me va a ayudar o me va a perjudicar?" Fueron esas decisiones diarias las que transformaron *todo*. Alrededor de un año y medio después de poner en práctica este hábito, conseguí el puesto que siempre había anhelado en el trabajo, junto con un aumento de sueldo significativo.

Había trabajado para la compañía seis años antes de poner en práctica los principios que había leído en *La Ligera Ventaja*. La mayor alegría fue cuando mi jefe me llamó a su oficina y me dijo que yo había cambiado en los últimos dos años. Le dije que no lo había notado y él comentó: "¡Bueno, el resto de la gente lo ha notado!"

—Jerry Sanchez, El Paso, Texas

He aplicado los principios de la ligera ventaja en muchas áreas de mi vida. Agrupar cada proyecto en metas anuales, resultados mensuales, agendas semanales y disciplinas diarias me ha ayudado a lograr cambios masivos en cada área de mi vida, desde la salud y las relaciones, hasta las habilidades de comunicación y las finanzas. Al identificar las disciplinas diarias en cada aspecto de mi vida, he sido capaz de pasar del cáncer a la salud excepcional; de no comunicarme con mis hermanos a ser mejores amigos; de luchar para sobrevivir como madre soltera a crear un patrimonio neto de más de $1 millón. Los principios de la ligera ventaja, acumulados a lo largo del tiempo, crearán un cambio masivo en cualquier área que escoja.

—Linda Kedy, Destin, Florida

Puntos esenciales del Capítulo 3

➚ Las disciplinas diarias simples —las pequeñas acciones productivas, repetidas sistemáticamente a lo largo del tiempo— se acumulan para crear la diferencia entre el fracaso y el éxito.

➚ La ligera ventaja es implacable y es de doble faz: las disciplinas diarias simples o los errores de criterio simples, repetidos sistemáticamente a lo largo del tiempo, le harán triunfar o fracasar.

➚ Sin la ligera ventaja, puede empezar con un millón y perderlo todo. Con la ligera ventaja, puede comenzar con un centavo y lograr cualquier cosa que se proponga.

4. Domine lo rutinario

> "Una manzana cada día, de médico te ahorraría."
> —*Benjamín Franklin (atrib.) en* Almanaque de Poor Richard

Llegué al aeropuerto de Phoenix como a las 6:30 de la mañana. Como tenía mucho tiempo antes de la salida de mi avión, decidí buscar algún lugar abierto para hacerme lustrar los zapatos. El aeropuerto estaba prácticamente vacío a esa hora de la mañana, pero pronto encontré un limpiabotas. Había una mujer de unos cuarenta y pico de años sentada en una de las sillas de los clientes, absorta en un libro. Al acercarme, ella miró, sonrió y me saludó con gran calidez, preguntándome si deseaba que me lustrara los zapatos.

Le dije que sí. Se levantó de su asiento, dejó el libro, con la página que estaba leyendo marcada cuidadosamente, y luego tomó las herramientas de su oficio y me invitó alegremente a sentarme en la silla.

Mientras comenzó a trabajar, entablamos una conversación. Desde hace cinco años había estado lustrando zapatos en el mismo lugar, todos los días. Cuando comenzó ese trabajo, su hija adolescente estaba en la escuela intermedia. Ahora era una talentosa porrista de la escuela secundaria, según me comentó la mujer con gran orgullo. En efecto, acababa de ganar un concurso para porristas y tenía esperanzas de asistir a un entrenamiento en Dallas ese verano. "No sé cómo me las arreglaré para hallar el dinero para comprarle el uniforme y el boleto de avión", me confió en voz baja. "Ni hablar del costo del entrenamiento."

El sitio de limpiabotas estaba ubicado justo al lado de una puerta de servicio, de donde empezaron a entrar y salir un gran grupo de hombres de mantenimiento y encargados de servicios, probablemente al cambiar el turno de noche al turno de día. Cada uno de ellos se detuvo a intercambiar saludos y pequeñas novedades personales con la mujer limpiabotas, quien conocía a todos sus compañeros por nombre. Era claro que todos eran amigos.

En los pocos minutos que estuve sentado a su lado, me enteré bastante sobre esta mujer y su vida. Adoraba a su familia y le gustaba mucho la gente en general. Se hacía de amigos fácilmente, era extrovertida y se expresaba bien: una comunicadora nata. También trabajaba arduamente y era claro que disfrutaba su trabajo.

Mientras la miraba trabajar, prestándome un excelente servicio de lustrado de zapatos y con una conversación chispeante, no pude evitar pensar: *¿Qué hubiera pasado si…?*

Había observado el título del libro que leía, una conocida novela de romance, el tipo de libro que la gente lee para pasar el tiempo y sobrevivir los momentos de aburrimiento del trabajo, viviendo una vida ficticia a través de los personajes del libro. Junto a su lugar de trabajo, había una pequeña pila de libros con las esquinas dobladas. Obviamente tenía un voraz interés en la lectura.

¿Qué hubiera pasado si, en lugar de sumergirse en esas novelas poco memorables en los intervalos de quince o veinte minutos entre clientes, ella hubiera pasado los últimos cinco años leyendo libros realmente capaces de cambiarle la vida? ¿Qué hubiera pasado si esa pila de libros incluyera *Piense y hágase rico* de Napoleon Hill, *Los siete hábitos de la gente altamente efectiva* de Stephen Covey o *La auténtica felicidad* de Martin Seligman?

¿Cómo sería su vida hoy si hace cinco años hubiera cambiado una cosa tan simple? ¿Seguiría todavía lustrando zapatos a cambio de propinas o estaría administrando su propia cadena de limpiabotas?

No es mi intención emitir un juicio de valor sobre los ingresos modestos o las ocupaciones sencillas. Conozco gente que tiene los trabajos más humildes y cuya vida es rica en relaciones y alegría; y he conocido gente extremadamente rica que también era extremadamente infeliz. Tampoco estoy criticando las novelas populares. Pero era evidente que esta mujer adoraba a su hija más que nada en el mundo y que le dolía no poder darle todas esas cosas que la joven deseaba y se merecía. Asimismo era igualmente evidente que ella tenía todo el talento, personalidad y habilidades de la vida que le hubieran permitido lograr eso y mucho más. Pero algo estaba faltando.

¿Podría ser algo tan sencillo como diez páginas por día? ¿Podría algo tan pequeño, tan aparentemente insustancial, hacer que la vida de alguien con el tiempo cambiara totalmente de rumbo?

Sí, *absolutamente* podría hacerlo. Yo sabía que eso era cierto. Lo sabía porque he visto la diferencia que esas diez páginas por día pueden generar en mi propia vida y en la vida de tantos otros. Aún así el mundo estaba lleno de gente exactamente igual a esta encantadora mujer limpiabotas; gente con esperanzas y sueños privados y con toda la maravillosa personalidad, atributos y cualidades innatas necesarios para concretar esos sueños, pero cuyos caminos al futuro no la llevaron por donde esperaba. Gente que ya *tenía* muchas cosas positivas a su favor.

Mientras mi nueva amiga me lustraba los zapatos, me la imaginé en un avión rumbo a Texas rodeada de adolescentes felices, entusiasmados, llenos de risa, de camino al entrenamiento para porristas... un viaje que estaba muy seguro que no sucedería en la realidad de esta mujer. Pronto me invadieron sentimientos, una mezcla de frustración y tristeza, y por un instante me sentí poderosamente conmovido por mi imagen mental de lo que podía ser.

Ese día en el avión, comencé a escribir este libro.

¿Qué es lo que hace diferente el 5%?

¿Cuántas personas conoce que considere exitosas? No me refiero necesariamente al éxito financiero, aunque eso ciertamente cuenta como un aspecto del éxito. Pero quiero decir exitoso en cada aspecto de la vida. Gente que tiene una salud vibrante, muchos buenos amigos, gente llena de energía y curiosidad, que siempre está aprendiendo cosas nuevas y siente entusiasmo por la vida. *Exitoso* significa gente cuya vida claramente le surte efecto.

Usted sabe exactamente de quién estoy hablando: esa persona que le hace sonreír y sentir inmediatamente cómodo aun cuando usted quede totalmente sobrecogido por sus logros. Ese hombre que está tan enchufado y conectado genuinamente con la vida, que hace que usted se sienta mejor sobre sí mismo con solo estar ante su presencia. Gente que parece respirar el éxito y llenar el espacio circundante de triunfos. No es que no tengan problemas ni afronten desafíos, que no sufran contratiempos u obstáculos como todo el mundo. Pero siempre salen bien parados. Parecería que a ellos las cosas siempre les salen bien. Son los ganadores en el juego de la vida.

¿Cuánta gente conoce que es así?

Le apuesto que no muchos.

Seamos francos: la mayoría de la gente está luchando por mantener la cabeza a flote. Y no solo a nivel financiero. Están luchando para evitar caer más y más en deuda; para que la salud no se les derrumbe; para administrar todos los aspectos de su agitada vida sin estresarse; para equilibrar las amistades y las relaciones con todo lo que les demanda su atención. La vida suele sentirse como una carrera, en la que alguien constantemente está moviendo la línea de llegada más y más lejos.

Claro que no es así para todos. Para algunas personas, la vida simplemente va sobre rieles. Pero no son la mayoría. Hace varias décadas que lo vengo analizando, y mi observación es que alrededor de una persona de cada 20 está logrando una medida considerable de sus metas en la vida: financiera, profesional, personal, en cuanto a las relaciones, en cuanto a la salud, sea como desee verlo.

Una de cada 20, o alrededor de un cinco por ciento.

Eso significa que el 95% está fracasando o no logra llegar.

Todo esto invita una pregunta: ¿Cuál es la diferencia entre el 5% y el 95%? ¿Qué hace el 5% que el otro 95% no hace?

Le diré lo que *no* es.

No es una condición heredada, no es educación, ni atractivo personal, ni talento ni herencia. No es casualidad, destino ni suerte, y tampoco es "estar preparado para hallar la oportunidad". No es karma. Tampoco es una abundancia de desear y anhelar sinceramente.

El 5% no *desea* el éxito más que otras personas. No lo desean más, ni rezan más, ni lo visualizan más ni tienen más esperanzas de que suceda. Tampoco es que se lo merezcan más. Desde ya, *todos* deseamos que nuestra vida sea exitosa. Todos tenemos esa esperanza y lo deseamos, ¿y sabe qué? Todos nos lo merecemos también.

Pero el 5% lo consigue y el 95% no. ¿Por qué es así?

Existe una sola diferencia: la ligera ventaja.

El 5% entiende el poder de la ligera ventaja y cómo funciona a su favor o en su contra. Es posible que no usen las palabras *ligera ventaja* para describirlo. Hasta es posible que no se den cuenta de que lo que hacen está guiado por una "filosofía". Pero es eso exactamente.

Le daré un ejemplo: un adolescente llamado Steve.

En su primer día de la escuela secundaria, Steve entró al auditorio junto con todos los otros alumnos para la primera reunión de alumnos y profesores. Sentado allí en medio de todas esas filas de asientos, observando el escenario totalmente iluminado, le sobrevino un deseo imperioso: convertirse en artista. Sin embargo, se presentaba un problema.

No sabía cantar, bailar ni actuar. "Por suerte, la perseverancia es un gran sustituto del talento", comenta hoy en día al recordar esos viejos tiempos.

A pesar de que no parecía tener habilidades ni talentos especiales para las artes escénicas, y no era bueno en lo absoluto frente al público en el escenario, se propuso concretar sus metas de todas formas. Hora tras hora, día tras día, estudió trucos de magia, aprendió solo a tocar el banjo, practicaba el libreto o chistes con cualquiera que estaba dispuesto a escucharlo (y muchos no lo estaban) y trabajó para convertir su estrafalario sentido del humor en actos que, con suerte, no caerían en oídos sordos frente al público. Lo hizo durante muchos años, con pocas pruebas (al menos no al principio) de que realmente estaba progresando. Y quince años más tarde, Steve Martin era la atracción más grande en la historia de los cómicos de micrófono.

Habrá comenzado como un adolescente sin aptitud alguna. Pero tenía la ligera ventaja trabajando a su favor.

La ligera ventaja es lo que convirtió los esfuerzos sinceros pero torpes del adolescente Steve en un fenómeno de taquilla. La ligera ventaja es la fuerza detrás del increíble poder del interés compuesto. Es la fuerza que permitió al delicado jacinto de agua conquistar el estanque, que permitió a la rana perseverante escapar con su vida mientras que su hermana fracasó, que convirtió el centavo del primer hijo del hombre rico en diez millones de dólares. Es la acción constante y repetida del agua que puede erosionar hasta la roca más dura y convertirla en una superficie suave. Ya sea lo que usted se proponga, ya sea lo que desee crear en la vida o el tipo de vida que desea vivir más apasionadamente, la forma de conseguirlo es con la ligera ventaja.

Esa es la diferencia entre el 5% y el resto de la gente. Ellos saben cómo usar la ligera ventaja para conseguir lo que desean en la vida. No, volvamos a expresarlo: ellos saben cómo usar la ligera ventaja para conseguir lo que desean en la vida, y lo *hacen*. Hacen las cosas y adquieren el poder.

Si usted llega a entender y aplicar la ligera ventaja, le garantizo que, con el tiempo, y lo más probable es que sea en menos de lo que se imagina, tendrá lo que desea. Usted estará entre el 5% y tendrá éxito. Y cuando digo "se lo garantizo", me refiero a eso en forma literal: si aplica genuinamente este simple principio en su propia vida y no ve mejoras significativas, le reembolsaremos hasta el último centavo que pagó por este libro.

La pregunta de los $10 millones

Esto es lo más sorprendente de la anécdota de Steve Martin: las cosas que hizo para desarrollar sus habilidades artísticas no fueron complicadas ni difíciles. Simplemente exigían práctica.

Tampoco eran muy emocionantes. La idea de estar en el escenario frente a millones de personas puede sonar aterradora y estimulante, pero cuando usted está parado frente a un café casi vacío y nadie le está prestando atención, y usted está probando un chiste que ya probó treinta veces con algunas pequeñas variantes para ver si tiene mejor resultado... nada de eso suena tan aterrador, tan estimulante ni tan emocionante.

En efecto, las cosas que tuvo que hacer Steve para refinar su arte eran a menudo lisa y llanamente rutinarias.

Lo mismo aplica para el éxito en *cualquier* dimensión, desde la salud y las relaciones hasta el éxito profesional y el éxito financiero. ¿Recuerda *El millonario de al lado?* El gran secreto que Stanley y Danko revelaron fue que los millonarios que estudiaron habían desarrollado el hábito de hacer cosas cotidianas, pequeñas, ordinarias e insignificantes con su dinero. Se trataría de una historia emocionante si hubieran apostado sus últimos dólares y hubieran tenido la asombrosa suerte de hacer fortuna en la bolsa de valores con una acción insignificante que mejoró inesperadamente y dejó atónito al mundo financiero. Pero no, no fue así. La primera de las siete reglas del libro es: "Nunca gaste más de lo que gana." No tiene nada de emocionante, ¿no?

Simple y llanamente rutinario.

Y el resto es así también. Nada de lo que hicieron esos "millonarios ordinarios" para acumular sus riquezas fue complicado, difícil de entender o difícil de hacer. Ninguna de esas cosas implicó conocimientos sofisticados ni habilidades especiales. Lo que hicieron esos millonarios fue simple: *dominaron lo rutinario*.

Como dije antes, si aplica la ligera ventaja sistemáticamente en su vida, se encontrará entre el cinco por ciento y verá cómo logra las metas y las aspiraciones de su vida, y concretará esos objetivos, metas y sueños al hacer cosas rutinarias, cotidianas y simples.

Sé que suena descaradamente como una simplificación excesiva. Pero es la verdad. Lo he visto suceder una y otra vez. Si aprende a entender y aplicar la ligera ventaja, su vida se llenará de cientos de miles de actos pequeños y aparentemente insignificantes, todos ellos genuinamente simples, ninguno de ellos misteriosos o complejos. En otras palabras, debe dominar lo rutinario. Y esos actos le crearán el éxito.

Y he aquí lo verdaderamente asombroso de esto. ¿Esas cosas simples que logran concretar el éxito? No solo son simples, sino también fáciles de hacer. Tan simples y fáciles, en efecto, que cualquiera puede hacerlas.

Posiblemente en este momento tenga una pregunta ardiéndole en la mente. Si esas cosas son tan simples y fáciles de hacer, ¿cómo es posible que solo el 5% las haga? ¿Por qué no lo hacen más personas?

De hecho, ¿por qué no lo hacen todos?

El mundo de las finanzas es uno de los lugares más fáciles en los que se puede ver el poder de la ligera ventaja en acción. Todos conocen el poder del interés compuesto, ¿no es cierto? Incorrecto. Todos *creen* que saben acerca del poder del interés compuesto. Pero la mayoría de la gente no lo conoce realmente. Si así fuera el caso, lo estarían usando. Y claramente la mayoría de la gente no lo está haciendo.

Hay un principio llamado la "Ley de Parkinson" por la persona que lo acuñó, el Profesor Cyril Northcote Parkinson. La Ley de Parkinson dice lo siguiente: "El trabajo se expande hasta llenar el tiempo disponible para que se termine." Esa ley adquiere esta forma cuando se aplica al mundo de las finanzas personales: *Todo lo que tengo, lo gasto*. En realidad, en el mundo de hoy, por lo general significa esto: *Todo lo que tengo lo gasto, y un poco más también*.

¿Cuán difícil es apartar unos dólares por día o un poco por semana? Nada, es ridículamente fácil. Pero la mayoría de nosotros no lo hace. Estados Unidos tiene uno de los índices más altos de ingreso per cápita del mundo, y uno de los índices más bajos de ahorros.

¿Por qué es así?

O consideremos la comida y la salud como ejemplo. El comer es uno de los mejores ejemplos cotidianos de la ligera ventaja solo porque comer es algo que todos hacemos todos los días durante toda la vida. Y no hay ningún gran misterio sobre lo que es el hábito de comer sanamente. Sin embargo, el sobrepeso y la obesidad siguen siendo un problema enorme y cada vez más creciente en los Estados Unidos. Dos de cada tres americanos tiene sobrepeso, y casi uno de cada tres responde a la definición de obeso. En los últimos treinta años, la obesidad en los niños se ha *triplicado*.

Esto no es nada nuevo. Los americanos saben que tienen sobrepeso. En efecto, gastamos inmensas cantidades de dinero en libros de dietas y programas de dieta para ayudarnos a perder ese peso extra oneroso. Existen más de 30,000 gimnasios en los Estados Unidos, todos dirigidos a atender el deseo nacional de perder peso y adquirir buen estado físico.

No se trata solo de tener un poco de sobrepeso o de cómo nos vemos. La nutrición es uno de los factores más significativos de las causas primordiales de muerte de la sociedad, como enfermedad cardíaca, cáncer y diabetes. La mayoría de nosotros, literalmente, nos estamos cavando la tumba con los dientes. Y lo *sabemos*, pero claramente la mayoría no está haciendo nada al respecto. ¿Por qué no?

Si los hábitos de la ligera ventaja son tan fáciles de hacer, y conducirán al éxito fenomenal, ¿por qué no los practican todos? Esa es, literalmente, la pregunta de los $10 millones. Y tiene algunas respuestas.

Razón número 1: Son fáciles de hacer

La primera respuesta es una que aprendí de Jim Rohn: Las cosas simples que conducen al éxito son fáciles de hacer. Pero también es igualmente fácil *no hacerlas*.

Es fácil ahorrar unos pocos dólares por día. Y fácil no hacerlo.

Es fácil hacer quince minutos de ejercicio por día. Camine una o dos millas a paso ligero. Verdaderamente fácil de hacer. O no.

Quizás no sea fácil iniciar una carrera de posgrado y dedicarse de lleno a sus estudios de doctorado durante ochenta horas por semana un par de años seguidos. Pero esto *sí* es fácil: elija un libro inspirador, educativo, capaz de cambiarle la vida como *El millonario de al lado, Piense y hágase rico* o *La magia de pensar a lo grande* y lea diez páginas por día. Solo diez páginas por día. Tan fácil de hacer y tan fácil de no hacer.

Recordar decirle a su esposa o esposo que lo quiere, y hacerlo todos los días. No hay nada más fácil. De hacer o de no hacer.

Mientras cualquiera *podría* hacer estos actos exitosos, la mayoría *no lo hace*, simplemente porque es muy fácil omitirlos. La ironía trágica de todo eso es que no termina facilitándoles la vida para nada. Todos hacemos cosas simples de todos modos. La gente fracasada simplemente escoge lo que cree ser el camino más fácil. Pero en realidad no lo es.

Esencialmente, todos realizamos casi los mismos actos todos los días. Comemos, dormimos, pensamos, sentimos, hablamos y escuchamos. Tenemos relaciones personales y amistades. Todos tenemos veinticuatro horas al día, 169 horas por semana, y llenamos esas horas de una manera u otra, con una secuencia de pequeños actos y tareas rutinarios.

Los corredores de maratones ganadores de medallas de oro comen y duermen. También lo hace la gente con un sobrepeso de treinta libras. Los empresarios exitosos piensan, sienten y tienen relaciones con otras personas. También lo hacen aquellos que están en bancarrota o que viven en la calle. La gente que gana mucho dinero lee libros. La gente que está en bancarrota también lee libros, pero escoge libros diferentes.

Los exitosos y los fracasados hacen las mismas cosas básicas en la vida, día tras día. Pero las cosas que hacen las personas exitosas los llevan a la cima, mientras que las cosas que hacen las personas fracasadas los llevan al fondo y los excluyen. ¿Entonces cuál es la diferencia? La diferencia es que están concientes, entienden y aplican la ligera ventaja en su vida y su trabajo.

Los triunfadores entienden el poder de la ligera ventaja.

La gente fracasada no lo entiende.

La diferencia que determinará *por completo* el éxito o el fracaso, lograr la calidad de vida que desea o conformarse con menos de lo que desea y se merece, no depende de si hace o no esos actos, porque todos los hacemos, sino que depende un 100% de *cuáles* actos rutinarios decida hacer. Es por ese motivo que todos somos capaces de hacer lo necesario para tener éxito. Todos somos capaces de ser ganadores en la vida. Y sí, usted está incluido también. Porque la ligera ventaja *siempre* está funcionando. Ya sea a su favor o en su contra, la ligera ventaja ya está funcionando en su vida y siempre lo estará, cada día, a cada momento. El propósito de este libro es ayudarle a adquirir conciencia de esa ventaja: cómo está funcionando en su vida, cada día, cada hora, a cada momento, en cada paso que usted da y cada elección que usted realiza.

Todo lo que necesita hacer para transformar su vida es fácil de hacer. Es fácil mejorar su salud, su estado físico y sentirse vibrante. Es fácil conseguir la independencia financiera. Es fácil tener una familia feliz y una vida rica con amistades significativas. Solo es cuestión de dominar lo rutinario; de repetir disciplinas pequeñas y simples que, cuando se las practica sistemáticamente a lo largo del tiempo, se convierten en los logros más grandes.

Por supuesto que es igualmente fácil no hacerlas. Pero esos errores de criterio simples y aparentemente insignificantes, multiplicados en el tiempo, le arruinarán sus oportunidades de éxito. No le quepa ninguna duda. Esa es la elección a la que usted se enfrenta cada día y cada hora: Un acto simple y positivo, repetido con el tiempo. Un error de criterio simple, repetido con el tiempo.

Tan fácil de hacer. Tan fácil de no hacer.

Razón número 2: Los resultados son invisibles

La segunda razón por la que la gente no hace las cosas pequeñas que resultan en éxito es que, al principio, *no* resultan en éxito. La rana condenada dejó de nadar en la crema porque lo había estado haciendo lo más duro posible y obviamente no le estaba produciendo ningún resultado. Al menos, ningún resultado que pudiera ver.

Y ese es el problema. Las cosas que crean el éxito a largo plazo no parecen tener un impacto concreto a corto plazo. Un centavo duplicado son dos centavos. Nada del otro mundo. Separe dos dólares por día y póngalos en su cuenta de ahorros en lugar de pagar una costosa bebida de café, y para el final de la semana tendrá catorce dólares. Nada del otro mundo.

Claro está, así fue exactamente cómo mi madre se convirtió en millonaria. Pero la mayoría de la gente no lo hace porque no ve el millón enfrente suyo al hacer el ahorro. Los resultados están demasiado lejos en el futuro. Son invisibles. A menos que usted sepa cómo mirar con los lentes de la ligera ventaja.

¿Conoce a alguien que coma un cuarto de manteca Crisco o una libra de mantequilla por día? ¿Escuchó alguna vez a alguien decir: "Mmm, me bajó el colesterol a 239 y tengo que subirlo a más de 400. Todavía tengo algunas arterias que tienen buena circulación y debo obstruirlas"? Claro que no. ¿Entonces por qué actuamos de esa manera?

Usted sabe lo que tiene que comer. Todos los sabemos. Frutas y verduras frescas, carbohidratos complejos, ensaladas, granos integrales, carnes magras, más pescado y aves, menos carne de res... Usted lo sabe, yo lo sé, todos lo sabemos. ¿Entonces por qué tanta gente todavía sale a comer hamburguesas con queso y papas fritas todos los días?

Le diré por qué: porque no nos va a matar. No hoy.

Si usted comiera una hamburguesa con queso y sufriera inmediatamente un ataque cardíaco casi mortal, ¿volvería a comer otra de nuevo? Lo dudo. Quizás le tome veinte o treinta años, pero cuando añade el interés compuesto de todo ese caos alimentario altamente grasoso y capaz de taponar arterias, con el tiempo su pobre corazón maltratado simplemente se rinde y se detiene por completo. Y usted también.

Es fácil comer bien. Pero también es fácil no hacerlo y seguir comiendo la comida que con el tiempo nos va a matar, porque no nos va a matar *hoy*. No es esa sola comida chatarra; son las miles de comidas chatarra con el correr del tiempo. Comer la hamburguesa es solo un error de criterio simple. No comerla es un acto positivo simple.

Lo que pasa es que comerla no lo va a matar... hoy. Multiplicada a lo largo del tiempo, puede y lo hará, pero no al principio. Y *no* comerla, no transformará su salud ni le salvará la vida, al menos no hoy. Multiplicada a lo largo del tiempo, puede y lo hará. Pero ese es un suceso escondido invisiblemente en el horizonte del futuro, y es por eso que no lo vemos.

¿Por qué pasa de largo la bicicleta fija? Porque es fácil. Si no hace ejercicios todos los días, ¿se morirá? No, claro que no. Usted sabe lo que tiene que hacer para mantenerse sano, sentirse en buen estado físico y vivir una larga vida. Aumentar el ritmo cardíaco, un poco por encima de lo normal, durante veinte minutos, tres veces por semana. Usted lo sabe, yo lo sé, todos lo saben. Y es fácil de hacer.

Pero también es fácil no hacerlo. Y si no lo hace hoy o mañana, ni al día siguiente, no se caerá muerto repentinamente y no aumentará de pronto veinte libras, y tampoco perderá de repente todo el tono muscular. Ese error de criterio simple, multiplicado a lo largo del tiempo, le arruinará la salud, pero no inmediatamente.

Lo mismo sucede con su salud, su dieta, su plan de ejercicios, sus hábitos financieros, su conocimiento, sus relaciones, su matrimonio y su salud espiritual. Con cualquier cosa y con todo.

Este es un acto de ligera ventaja que le garantizo le cambiará la vida: todos los días, lea solo diez páginas de un buen libro, un libro dirigido a mejorarle la vida. Si lee diez páginas de un buen libro hoy, ¿cambiará su vida? Claro que no. Si *no* lee diez páginas de un buen libro hoy, ¿se le desmoronará la vida? Obviamente no.

Puedo asegurarle que si usted se compromete a leer todos los días diez páginas de uno de esos libros buenos, con el tiempo no podrá evitar acumular todo el conocimiento necesario para ser tan exitoso como desee ser. Como el centavo a lo largo del tiempo, leer diez páginas por día se multiplicará de la misma manera y creará dentro de usted un banco de conocimiento de diez millones de dólares. Si mantiene ese hábito por un año, habrá leído 3,650 páginas o el equivalente a una o dos docenas de libros con material capaz de transformar la vida. ¿Habrá cambiado su vida? Absolutamente. No hay duda.

Pero el problema es el siguiente: aquí en el presente, el primer día de la primera semana, todo eso está muy en el futuro.

Cuando usted realiza la elección acertada, no ve los resultados, al menos no los ve hoy. Y ese es el problema en este mundo actual en que todo se consigue con tocar un botón, hacer clic con el ratón y estar enterado de las noticias las 24 horas. Esperamos ver resultados y esperamos verlos ahora mismo.

Pero esa no es la forma en que se construye el éxito. *El éxito es la realización progresiva de un ideal encomiable.* "Progresivo" significa que el éxito es un proceso y no un destino. Es algo que uno experimenta gradualmente, con el tiempo. El fracaso es igualmente gradual. En efecto, la diferencia entre el éxito y el fracaso es tan sutil, que no es posible verla ni reconocerla durante el proceso. Y es de esta manera que se construye el éxito real: *para cuando empieza a recibir comentarios, el trabajo real ya está hecho.* Cuando se acerca al punto en que todo el mundo puede ver sus resultados, decirle qué buenas elecciones hizo, notar su buena fortuna, darle una palmada en el hombro y decirle lo afortunado que es, las decisiones críticas de la ligera ventaja que usted tomó ya son cosa del pasado. Lo más probable es que, en el momento en que usted efectivamente tomó esas decisiones, nadie se dio cuenta salvo usted. Y ni siquiera usted se hubiera dado cuenta, a menos que entendiera el poder de la ligera ventaja.

Razón número 3: Parecen insignificantes

La tercera razón por la que la mayoría de la gente vive toda su vida sin siquiera entender qué efecto surte la ligera ventaja en su vida es que parece que esas cosas menores no tienen realmente importancia.

Entonces falté al gimnasio un día. ¿Qué importancia tiene un día? Bueno, es solo una hamburguesa con queso. ¿Por qué tanto alboroto?

La diferencia entre el éxito y el fracaso no es dramática. En efecto, la diferencia entre el éxito y el fracaso es tan sutil, tan rutinaria, que la mayoría de la gente se la pierde. Pueden no darse cuenta que tienen una filosofía, pero la tienen y se resume de esta forma: *Lo que hago bien realmente no importa.*

No es difícil ver de qué forma la gente llega a esta interpretación de la vida. No los culpo. Es totalmente comprensible. Pero no es verdad. La verdad es que lo que usted hace, sí importa.

Lo que hace *hoy* importa.

Lo que hace *todos los días* importa.

La gente exitosa es aquella que entiende que las pequeñas elecciones que hacen *importan* y, por eso, optan por hacer cosas que parecen no crear una diferencia en el acto de hacerlas y las hacen una y otra vez hasta que se desencadena el efecto de acumulación y multiplicación.

Esas pequeñas cosas que le harán tener éxito en la vida, que le asegurarán la salud, la felicidad, la satisfacción, los sueños, son cosas simples, sutiles y rutinarias que nadie verá, nadie aplaudirá, nadie siquiera notará. Son esas cosas las que, al momento de hacerlas, se sienten como si uno no estuviera generando ninguna diferencia.

Las cosas que son ridículamente fáciles de hacer, pero igualmente fáciles de no hacer.

Las cosas que no parecen producirle resultados visibles, al principio.

Las cosas que parecen tan insignificantes que no es posible que importen. Pero sí importan. Las cosas que, cuando se las observa como sucesos individuales, no parecen tener ningún impacto en absoluto, pero que multiplicadas en el tiempo, se convierten en el éxito disparatado.

Le daré un ejemplo de mi propia experiencia.

El triunfo de lo rutinario

Le comenté ya algo sobre The People's Network, la compañía de desarrollo personal que empecé hace muchos años. Permítame contarle el próximo capítulo de esa historia. Con el tiempo terminamos fusionando esa compañía, y todo el personal de ventas, con otra empresa más grande que hacía más de medio siglo que estaba establecida.

La fusión trajo consigo una fascinante situación de enfrentamiento de dos culturas muy diferentes.

Primero de todo, la línea de productos era totalmente diferente (servicios jurídicos versus materiales y capacitación de desarrollo personal). Incluso más significativo que eso fue la diferencia de culturas entre ambos grupos.

El personal de ventas de la compañía en la que nos fusionamos era un grupo muy grande, bien establecido y exitoso, muy eficiente en lo que hacía, categorizados como número 1 en su ámbito, pero muy acostumbrados a hacer las cosas de determinada manera. Se podría decir que eran la "vieja guardia". Muchas de esas personas habían estado trabajando para la compañía diez, quince, veinte años o más, y representaban alrededor del 80% de la compañía recientemente fusionada. El otro 20% éramos nosotros, los recién llegados.

La cultura de nuestro grupo era totalmente diferente. No solo era que nuestra gente *no* estaba establecida ni era exitosa con este tipo de producto, sino que en definitiva no tenía ninguna experiencia en ese sector. Pero teníamos algo que la vieja guardia no tenía. Teníamos la filosofía de la ligera ventaja.

Pronto desarrollamos algo que llamamos "Los diez compromisos esenciales", que era una lista de actos básicos que la gente podía hacer para mover su negocio. Cosas pequeñas que eran fáciles de hacer, pero igualmente fáciles de no hacer. Cosas que no parecerían hacer diferencia alguna si se hacían o si no se hacían. Cosas que, si se hacían, nadie siquiera las iba a notar.

Las cosas eran, en síntesis, *rutinarias*.

Si le hubiera preguntado a un observador justo después de la fusión qué era lo que sucedería probablemente, le hubiera dicho lo siguiente: "Ciertamente son diferentes, pero dejemos que pase el tiempo. En breve, los nuevos se adaptarán, aprenderán a hallar su lugar y se pondrán al día con la forma en que se hacen las cosas aquí." Esa hubiera sido una predicción muy razonable. La vieja guardia controlaba todas las reuniones y toda la capacitación. En esencia, controlaban todos los aspectos de dirección del negocio.

Pero no fue eso lo que sucedió. Porque, si bien nuestro grupo era cuatro veces más pequeño que el otro, no teníamos control sobre la capacitación o las reuniones de la compañía, no teníamos experiencia con la línea de productos, y éramos totalmente nuevos, poseíamos algo que ellos no tenían. Teníamos nuestras disciplinas diarias simples: nuestros Diez compromisos esenciales.

En cinco años, los números habían cambiado. Ahora el 80% del personal de ventas de la compañía había adoptado esas disciplinas diarias simples mientras veía a los nuevos desaventajados tener éxito poniéndolas en acción. En ese mismo período, mientras el personal de ventas convertía en realidad el poder de esos actos diarios repetidos, la compañía creció de unos $70 millones en ventas anuales a más de $400 millones en ventas anuales. No se duplicó, no se triplicó. Se *quintuplicó* y más.

Relatos personales de los lectores de *La Ligera Ventaja*

Mi hija había tenido complicaciones de salud hace unos años, tras lo cual, debió tomar seis o siete medicamentos diferentes que le produjeron un aumento de peso grave. Después de leer *La Ligera Ventaja*, le sugerí usar su bicicleta fija todos los días para ayudarla a bajar algo de ese exceso de peso.

Al principio solo podía pedalear tres minutos, lo cual parecía tan poco que apenas habría significado una diferencia hacerlo o no. Pero ella siguió haciéndolo y pronto los tres minutos se convirtieron en cinco, luego en ocho y con el tiempo avanzó al punto en que podía hacer quince a veinte minutos en la bicicleta fija.

Un año entero después de comenzar, mi hija "repentinamente" perdió veinticinco libras, o al menos *parecía* que había sido de repente. Pero no fue para nada repentino: fue el poder de la ligera ventaja, solo quince minutos por día.

—*Valerie Thomas, Yeadon, Pensilvania*

Estaba en mi segunda semana del nuevo programa de ejercicios cuando comencé a leer *La Ligera Ventaja*. Hasta ese entonces, no había sido muy constante en mis rutinas físicas y jamás seguía un programa por más de un par de semanas. Me aburrían.

Una noche, al poco tiempo de comenzar a leer el libro, me acosté tarde y me dije a mí misma que a la mañana siguiente no iría a hacer ejercicios. De pronto una idea me cruzó por la cabeza: lo que crea la diferencia en mi éxito son las elecciones simples que hago todos los días. Con eso en mente, me levanté e hice los ejercicios al día siguiente y todos los días a partir de entonces. Ahora estoy en la sexta semana y en vez de que mi ejercicio matinal me aburra, me *encanta*. Hasta lo espero ansiosa.

Jamás había llegado tan lejos, y es verdaderamente sorprendente lo diferente que me siento.

—*Laura Jo Richins, Mesa, Arizona*

Puntos esenciales del Capítulo 4

↗ Sólo el 5% (1 de cada 20) alcanza el nivel de éxito y satisfacción que espera. El otro 95% fracasa o no logra llegar. La única diferencia es la ligera ventaja.

↗ El secreto del éxito del 5% radica siempre en cosas rutinarias y fáciles que cualquiera puede hacer.

↗ La gente no hace sistemáticamente esas cosas simples por tres razones: 1) Si bien son fáciles de hacer, también son fáciles de no hacer; 2) Al principio no se ven resultados; 3) Parecen insignificantes, como si no importaran. Pero sí importan.

5. Vaya despacio para ir rápido

> "Rome ne s'est pas faite en un jour.
> (Roma no se construyó en un día.)"
>
> —*antiguo proverbio francés*

Entonces usted decide caminar un ratito, elevar un poco el ritmo cardíaco, levantar unas pesas, comer un poco mejor y cuando mañana en la mañana se despierta y se mira en el espejo ve los mismos rollos de siempre. Debe estar muy encaminado para ver resultados significativos y, ahora mismo, no lo está. Esas cosas simples son igualmente fáciles de no hacer y ahora mismo no hacerlas es muy tentador.

¿Entonces qué se necesita para seguir haciendo esa cosa simple día tras día?

"¡Fuerza de voluntad!" Es como siempre me dijeron mi padre, madre, maestro, jefe, hermano mayor, ministro y yo mismo. Necesito más *fuerza de voluntad.*"

¿Le parece? No lo creo.

Se sobreestima en gran medida la fuerza de voluntad. Un amigo mío solía decir que la gente que hace dieta y que se queja por no tener fuerza de voluntad, generalmente sufre más por falta de fuerza de *no voluntad*. Para la mayoría de la gente, la fuerza de voluntad termina sintiéndose y viéndose como una auto tiranía desalentadora erigida por un sistema arbitrario y artificial de recompensa y castigo. Además, en la mayoría de la gente existe una tendencia natural a resistir una fuerza aplicada aunque esté aplicada por uno mismo. La fuerza de voluntad lo llevará solo una cierta distancia antes de que sienta que se está rebelando.

No, no es suficiente con la fuerza de voluntad.

Si desea mantenerse en el camino ascendente, el camino del efecto de construcción, crecimiento, mejoramiento, *acumulación positiva* de la ligera ventaja, en lugar del efecto de deterioro, desintegración, agotamiento, *acumulación negativa* de la ligera ventaja, entonces necesita algo.

Necesita un aliado.

Si desea dirigir su vida por el camino del cambio positivo continuo, necesita recurrir a la fuerza más poderosa de cambio en el universo. Afortunadamente para usted, esa fuerza está siempre con usted, lista para darle una mano con solo pedir.

Esa fuerza es el *tiempo*.

El poder del tiempo

¿Estuvo alguna vez en el Gran Cañón del Colorado? Quizá lo haya sobrevolado y lo haya visto desde arriba, está al este de Las Vegas, o quizá lo haya visto en documentales o libros. Es una vista asombrosa. Las postales *no* logran captar la amplitud y el alcance de esta maravilla geológica. Este cañón, fenomenalmente bello, corta una franja por el estado de Arizona de casi trescientas millas de largo y hasta dieciocho millas de ancho, y se desploma una milla entera en la tierra, exponiendo una historia sedimentaria de dos mil millones de años en su escarpado paisaje.

¿Se lo imagina?

Congele esa imagen un momento y piense la última vez que estuvo en la lluvia y vio un hilo de agua corriendo por el costado del camino o en su propio jardín. Ahora piense en ese gigantesco monumento natural por un lado, y en ese pequeño hilo de agua de lluvia por el otro y entienda lo siguiente: hay solo una diferencia significativa entre los dos.

El Tiempo.

El hilo de agua es el resultado del agua que corre sobre la tierra. ¿Por cuánto tiempo? ¿Unos pocos minutos? ¿Una hora? El Gran Cañón del Colorado es el resultado de la misma sustancia al correr por la tierra de la misma manera, solo que por unos *seis millones de años*.

Una de las cosas sorprendentes sobre la ligera ventaja es que se trata de un proceso muy generoso. Exige solo una minúscula contribución de su parte, pero le ofrece un rendimiento gigantesco. Le demanda solo un centavo y le devuelve un millón de dólares. Su parte del trato es comenzar con un centavo. El universo a su alrededor le proporciona el resto de la ecuación. Y la fuerza que usa para hacerlo es el *tiempo*.

Usted no necesita millones de años para ver el impacto del tiempo. Le llevó tan solo treinta y un días al jacinto de agua cubrir el estanque y al centavo del joven convertirse en una fortuna. Y aproximadamente una hora salvar la vida de la ranita convirtiendo la crema en mantequilla.

La moraleja de la supervivencia de la rana durante su terrible experiencia en el cubo de crema no se trata de la perseverancia, determinación o fuerza de voluntad del animalito. Ciertamente no se trata de su fuerza, la fuerza de esas patadas y brazadas era minúscula. La cuestión de la historia es el poder del *tiempo*. Los esfuerzos débiles de la rana no estaban produciendo un verdadero impacto en la crema, motivo por el cual la compañera se dio por vencida. No producían ningún impacto hasta que un aliado vino a rescatarla. El punto importante de la historia es que una de esas ranas mantuvo sus esfuerzos durante un período suficientemente largo como para que se desencadenara el poder del tiempo y la acompañara.

El secreto del tiempo. El tiempo es la fuerza que magnifica esas cosas pequeñas, casi imperceptibles, al parecer insignificantes que usted hace todos los días y las convierte en algo titánico e imparable.

actos diarios repetidos sistemáticamente + tiempo = resultados incomparables.

Usted proporciona las acciones; el universo proporciona el tiempo. El truco es escoger las acciones que, al multiplicarse por este amplificador universal, rindan los resultados que desea. Posicionar sus acciones diarias de manera que el tiempo funcione *a su favor* y no en su contra.

La vida no es instantánea

Si se le ofreciera la misma elección que el hombre rico le dio a sus hijos, ¿elegiría el millón de dólares o el centavo? La mayoría de la gente elegiría la opción del segundo hijo, es decir el dinero listo en este instante. ¿No lo haría usted también? Después de todo, es un millón de dólares en efectivo, *¿ahora mismo?*

Y por supuesto estaría tomando la decisión equivocada y lo habrían engañado, como se engaña a millones de personas en todo el mundo, cada minuto de cada hora de todos los días, con dos palabritas seductoras: *Ahora mismo.*

Una vez vi a un joven parado frente a un horno de microondas, mirando con inquietud e impaciencia por la ventanita mientras cocinaba su almuerzo, al tiempo que mascullaba: "Apúrate... apúrate..." Me dejó atónito. ¿Sesenta segundos no era lo suficientemente rápido?

Se ha convertido en axiomático decir que vivimos en un mundo en que todo se consigue con tocar un botón, acceso rápido y comida rápida; donde todo se desea y se espera que esté listo ayer. No es que tengamos temperamentos más impacientes que nuestros bisabuelos, es que, como cultura, adoptamos una manera totalmente distinta de pensar y una filosofía completamente diferente.

Existe una progresión natural en la vida, usted siembra, luego cultiva y por último cosecha. En la época en que éramos una sociedad agraria, todos conocían este proceso. No era algo que había que pensar, era algo evidente; así eran las cosas. Sembrar, cultivar, cosechar. Pero eso ha cambiado. Hoy en día, tenemos que *aprender* ese proceso.

En el mundo de hoy, todos desean ir directamente de la siembra a la cosecha. Sembramos la semilla asociándonos al gimnasio y luego nos frustramos cuando pasan varios días y no cosechamos el buen estado físico. Bueno, para algo debe servir asociarse al gimnasio, ¿no? Le dedicamos horas, ¿no? Unas tres o cuatro. ¿Por qué no se nos ve el cuerpo ya bien esculpido? Pero esa es la lógica de la lotería: ¿Por qué debo adquirir las habilidades, las relaciones y la experiencia necesarias para *ganar* el dinero? ¿Por qué no puedo sencillamente comprar un boleto y *conseguirlo*?

El paso que todos hemos perdido, el único en el que yace el verdadero poder, aunque sea invisible, es el paso de cultivar. Y ese paso, a diferencia de la siembra y la cosecha, sucede sólo a través de la dimensión paciente del tiempo.

Como somos una cultura macerada en generaciones de películas y televisión, nos hemos confundido un poco sobre la realidad. Ya no entendemos más lo que es el tiempo. No estoy criticando la televisión ni los largometrajes. El cine es una expresión artística increíble, la televisión es un medio poderoso y en manos de verdaderos artistas que pueden enseñarnos valiosas lecciones de la vida.

Pero no enseñan nada sobre el tiempo.

A través de una maravillosa película, se puede vivir el triunfo del espíritu humano sobre la diversidad; lo dramático de un conflicto entre hacer lo correcto y sucumbir a las tentaciones del mundo; un encuentro emocionante entre generaciones; el florecimiento de un romance poderoso; la pugna y el nacimiento de una nación.

Pero todo tiene que terminar en *dos horas*.

¿Se imagina una nación que nazca en dos horas? ¿Conocer a la persona que se convertirá en el amor de su vida —el noviazgo, el romance, los conflictos, el triunfo, la boda y la felicidad eterna— en dos horas? Claro que no. Pretendemos hacer el esfuerzo de una secuencia de enamorarse en treinta segundos o del luchador en entrenamiento o de la idea loca que se convierte en el negocio del millón de dólares y conseguir el mismo final heroico. En un mundo lleno de café instantáneo, desayuno instantáneo, crédito instantáneo, compras instantáneas, información instantánea y noticias permanentes, nos hemos alejado peligrosamente al punto de perder contacto con la realidad y creer que tenemos acceso a la *vida instantánea*.

Pero la vida no es un enlace en el que se puede hacer clic.

Hace miles de años, Lao Tzu escribió: "El bien más preciado es el agua. Le da vida a diez mil cosas (en chino antiguo eso significa "todo en el universo"), pero no compite con ellas. Fluye en sitios que la masa de gente detesta, y por lo tanto, está cerca del Tao."

Eso me gusta: "Fluye en sitios que la masa de gente detesta (…)." En otras palabras, la mayoría de la gente no lo entiende. No terminan de captar el poder de lo silencioso. El agua, llamada por los científicos el "solvente universal", es una metáfora consagrada del tiempo. Y se podría poner la palabra *tiempo* en ese verso y surtiría el mismo efecto: "El *tiempo* es como el agua: le da vida a todo y fluye en sitios que la mayoría de la gente no entiende."

También podría incorporar la frase *la ligera ventaja*.

¿Cuál es el efecto dramático?

Hay un motivo por el que las películas y la televisión condensan esas transformaciones largas, del tipo que llevan meses o años en la vida real, en montajes de treinta segundos con música elocuente de fondo. Y no es solo que no tienen suficiente tiempo para mostrar cómo se desenvuelven realmente esas situaciones en la vida real. Aunque *tuvieran* suficiente tiempo, no lo harían. Porque es aburrido.

La ligera ventaja es aburrida. Ya está, lo dije.

Por supuesto que solo lo dije para crear un efecto dramático porque, en realidad, es sumamente emocionante una vez que uno sabe dónde lo lleva. Pero al principio *parece* aburrido cuando uno no está conciente de los resultados que se avecinan a la vuelta de la esquina. No hay nada aburrido acerca del Gran Cañón del Colorado, pero si hubiera estado sentado mirándolo durante sus primeros cientos de años, tendría otra opinión.

Entender la ligera ventaja sería mucho más simple si realizar las elecciones acertadas fuera un gran suceso, si fuera algo dramático, inmenso, difícil, ¿por qué? Porque entonces sería obvio; usted no necesitaría este libro. El desafío es que realizar las elecciones acertadas *no* es dramático. Como vimos en el último capítulo, es una elección rutinaria que no se siente como algo heroico.

Decidir si dar o no un salto mortal del techo de un edificio en llamas para alcanzar el riel del helicóptero del malo de la película para que usted pueda treparse y desarmar la bomba y salvar la ciudad... Esa es una elección dramática. Decidir si abrocharse o no el cinturón de seguridad es una elección no dramática, aburrida, pequeña y rutinaria que nadie siquiera presencia. ¿Pero adivine cuál elección tiene el poder real de quitarle la vida a cientos de miles de personas por año? Le doy una pista: no es saltar del edificio. Cuando el héroe toma la decisión acertada en una película, es algo dramático. El problema es que su vida no es una película. Es la vida real.

Si realizar las elecciones acertadas de la ligera ventaja fuera algo dramático, usted vería una reacción inmediata. El público entero del cine aplaudiendo, vitoreando o gritando. Pero eso no sucede. Y el gran desafío es que *no hay una reacción inmediata*.

El asunto es que se trata de algo dramático, asombroso e impresionante. ¿Recuerda el cambio en nuestra compañía que le mencioné en el último capítulo? Pasó de $70 millones a $400 millones en cinco años. *Eso* sí que fue dramático. En el gran esquema de las cosas, cinco años no es demasiado tiempo.

Pero tampoco son cinco minutos.

Y si nos hubiera estado siguiendo durante los primeros meses, incluso el primer año, con una productora de cine para filmar un documental, le garantizo que no hubiera sido una experiencia muy apasionante. No hubiera podido ver el drama porque todavía no habría transcurrido suficiente tiempo para que se desencadenara.

La ligera ventaja puede esculpir el Gran Cañón del Colorado. Puede hacer *cualquier cosa*. Pero tiene que darle suficiente tiempo para que el poder de éste entre en acción.

Las elecciones acertadas y las elecciones equivocadas que usted hace en ese momento tendrán poco impacto, o ninguno, en el desenvolvimiento de su día. Ni mañana ni el próximo día. No habrá aplausos, aclamaciones o gritos, ni resultados de vida o muerte en la pantalla gigante. Pero son exactamente esas acciones no dramáticas y aparentemente insignificantes que, cuando se acumulan con el tiempo, afectarán dramáticamente el resultado de su vida.

¿Entonces, cuál es el efecto dramático? Viene al final de la historia, cuando empiezan a pasar los créditos de la película, y eso sucede no en dos horas sino tal vez en dos años. O, dependiendo de la historia en particular de la que estemos hablando, puede suceder en doce o en veintidós años.

Tomar las decisiones acertadas, realizar las acciones acertadas. Es verdaderamente fácil de hacer. Ridículamente fácil. Y si no las hace, *no* habrá gran drama. No le matará, no le lastimará; de hecho, no hará diferencia alguna… Al menos, no hoy. Ni mañana. ¿Pero con el correr del tiempo?

Mirar a través de los ojos del tiempo

Otra buena imagen de la ligera ventaja es la Dama de la Justicia, la estatua de los ojos vendados. La estatua misma, que es una mujer con una balanza y una espada para representar el ideal de la justicia. Se conoce desde la Roma antigua, pero en esa época no llevaba los ojos vendados. La venda no se añadió hasta el siglo XVI, durante el renacer del pensamiento que, finalmente, engendró nuestras ideas modernas de la democracia representativa y de los derechos humanos universales. La venda no implica que la justicia sea "ciega", como supone la gente a veces. Su simbolismo es que la justicia verdadera es inmune a la influencia externa.

Así es exactamente como debe considerar la filosofía de la ligera ventaja.

Si desea entender y aplicar la ligera ventaja para crear la vida de sus sueños, no puede realizar elecciones diarias basadas en la evidencia de sus ojos. Debe realizarlas en base a lo que sabe. Debe mirar a través de *los ojos del tiempo*.

Imagínese que el éxito y el fracaso son los dos platillos de la balanza, como la que sostiene la Dama de la Justicia.

Digamos que usted está pasando por una situación difícil en la vida. La balanza está muy desequilibrada, el platillo negativo mucho más abajo. Sea que se trate de su salud, sus finanzas, su matrimonio o su carrera… sea lo que fuere, usted llegó a un momento en que muchos años de simples errores de criterio se han acumulado con el tiempo y lo está sintiendo. Usted está en apuros. Realmente sería fantástico si pudiera hacer algo dramático. Si pudiera despertarse mañana con todo solucionado. Cambiarlo con un solo chasquido de los dedos.

Eso puede suceder en una película. Pero esta es su vida. ¿Qué puede hacer?

¿Qué sucede si añade una acción pequeña, simple y positiva al platillo del éxito de la balanza? Nada que pueda ver. ¿Qué sucede si añade una más? Nada que pueda ver. ¿Qué sucede si sigue añadiendo una más y otra, y otra y otra…?

Antes de que pase mucho tiempo, verá los platillos de la balanza moverse muy lentamente. Y se moverán otra vez. Y, con el tiempo, ese platillo pesado del "fracaso" comenzará a subir, subir y subir, y la balanza comenzará a inclinarse a su favor. No importa cuánto peso negativo del pasado esté del otro lado, con solo añadir esos pequeños gramos del éxito, uno por uno, y siempre que *no* añada más peso al platillo del fracaso, usted comenzará con el tiempo e inevitablemente a cambiar la balanza a su favor.

Muy al principio, cuando añade los primeros e insignificantes pedacitos de acción positiva, no verá que los platillos de la balanza se muevan para nada y eso le creará frustración si juzga sus elecciones por la evidencia de sus ojos. Frustra tanto que diecinueve de cada veinte personas se dan por vencidas.

No importa lo que haya hecho en su vida hasta hoy, no importa su situación actual y cuán abajo haya caído en la curva del fracaso, usted puede empezar de cero, construyendo un patrón positivo del éxito, en cualquier momento. Incluso empezando ahora mismo. Pero deberá tener fe en el proceso porque *no lo verá surtir efecto al principio*.

Si basa sus decisiones en la evidencia, en lo que puede ver, está perdido. Debe basar sus decisiones en su filosofía, en lo que usted *sabe* y no en lo que ve.

El poder del esfuerzo de acumulación

En el libro empresarial clásico de Jim Collins, titulado *Empresas que sobresalen*, hay un pasaje que describe elocuentemente la forma en que la ligera ventaja frecuentemente es invisible y puede parecer muy insignificante… Hasta que llega al punto de velocidad de escape.

Imaginemos una rueda volante enorme y pesada, un inmenso disco de metal montado horizontalmente sobre un eje, de unos treinta pies de diámetro, dos pies de grosor y con un peso de 5,000 libras. Ahora imagínese que su tarea es girar la rueda volante sobre el eje lo más rápido posible y durante la mayor cantidad de tiempo posible.

Empujando con gran esfuerzo la hace mover una pulgada, avanzando casi imperceptiblemente al principio. Sigue empujando, al cabo de dos o tres horas de esfuerzo persistente, logrará que la rueda volante gire una vuelta completa.

Al continuar este esfuerzo, la rueda volante comienza a moverse más rápido y sin abandonar sus enormes esfuerzos, logrará que gire una segunda vez. Usted sigue empujando en una dirección sistemática. Tres vueltas, cuatro, cinco, seis, la rueda volante toma velocidad; siete, ocho. Usted sigue haciendo fuerza. Nueve, diez, adquiere impulso. Once, doce, se mueve cada vez más rápido con cada vuelta. Veinte, treinta, cincuenta, cien.

¡Luego en algún momento, se produce el avance decisivo! El impulso se desata a su favor, propulsando la rueda volante, vuelta tras vuelta, ¡zum! Su propio peso actuando a su favor. Usted sigue empujando igual de fuerte que en la primera rotación, pero la rueda volante gira cada vez más rápido. Cada vuelta adquiere envión del esfuerzo hecho anteriormente, acumulando su inversión de esfuerzo. Mil veces más rápido, luego diez mil y después cien mil. El pesado y enorme disco se desplaza hacia adelante con un impulso casi imparable.

Ahora supóngase que alguien apareciera y preguntara: "¿Cuál fue el gran empujón que hizo que esta cosa girara tan rápido?"

Usted no podría responder; es una pregunta disparatada. ¿Fue el primer empujón? ¿El segundo? ¿El quinto? ¿El centésimo? ¡No! Fueron *todos* ellos juntos en una acumulación general de esfuerzo aplicada en una dirección

sistemática. Algunos empujones pueden haber sido más grandes que otros, pero un solo tirón, por más grande que haya sido, refleja una pequeña fracción de todo el efecto acumulativo ejercido sobre la rueda volante.
— *Empresas que sobresalen – Por qué unas sí pueden mejorar la rentabilidad y otras no*, por Jim Collins, HarperBusiness, N.Y. (2001); 165–6.

La gente exitosa hace todo lo que sea necesario para terminar el trabajo, aunque no sienta ganas. Entiende que no es un único empujón de la rueda volante, sino el total acumulativo de todos sus empujones secuenciales e indefectiblemente sistemáticos lo que, con el tiempo, crea en sus vidas movimiento con un impulso sorprendente.

La gente exitosa forma hábitos que alimentan su éxito, en vez de hábitos que alimentan su fracaso. Escogen poner la ligera ventaja a trabajar a su favor y no en su contra. Construyen sus propios sueños, en vez de pasarse la vida construyendo los sueños de otras personas, y concretan esos resultados dramáticos en su vida a través de elecciones que son la antítesis misma del drama: son rutinarias, simples y aparentemente insignificantes.

Cada decisión que usted tome es una decisión de ligera ventaja. Lo que va a hacer, cómo va a actuar, lo que va a leer, con quién va a hablar por teléfono, qué va a almorzar, con quién se va a asociar. Cómo va a tratar a sus compañeros de trabajo. Lo que va terminar de hacer hoy.

Simplemente al tomar esas decisiones acertadas o al tomar más de ellas, una a la vez, una y otra vez, habrá conseguido el poder maravilloso de la ligera ventaja a su favor. Las circunstancias no deseadas, los malos resultados que produjo en el pasado y la evidencia de fracasos en su vida, pueden seguir sucediendo durante un tiempo. Probablemente no haya una luz al final del túnel o ninguna que pueda ver hoy. Pero haciendo que el tiempo trabaje a su favor, se habrá armado de la fuerza de la ligera ventaja. Su éxito se torna inevitable. Solo necesita mantenerse en el proceso lo suficiente para darle la oportunidad de ganar.

Todo empieza con una elección.

Cultivar la paciencia

La paciencia significa un desafío para la gente que no entiende la ligera ventaja.

Con frecuencia, al principio, el camino al éxito puede resultar incómodo e incluso atemorizante. En especial si es el único que lo está haciendo. Y como solo una de cada veinte personas logra sus metas, es bastante probable que usted *sea* el único en este camino, al menos por un tiempo.

A veces el camino al éxito es inconveniente y, por lo tanto, no solo fácil dejar de hacer pero en realidad *más fácil* no hacer. Para la mayoría de la gente, es más fácil quedarse en la cama. Emprender el camino y mantenerse en el camino exige fe en el proceso, en especial al principio. Es por eso que usted es un pionero.

Los pioneros no saben qué hay más allá, pero en esa dirección van. Es por eso que ser pionero exige tanto valor. *Valor* significa tener un propósito y tener corazón. Una vez que usted esté conciente y entienda cómo usar la ligera ventaja, naturalmente tendrá ambos: propósito y fuerza de corazón para mantenerse enfocado en ese propósito. Lo importante es iniciarse en el camino y recordar que, por más cosas que hayan sucedido antes, usted puede empezar de cero y de nuevo cada vez que lo decida. Usted puede hacer borrón y cuenta nueva.

¿Cuánto tiempo le llevará? ¿Cuánto tiempo pasará antes de que vea, sienta, huela, toque y pueda gastar, disfrutar y apreciar realmente los resultados? ¿Cuánto tiempo pasará antes de que pueda tener la experiencia del éxito que busca?

Obviamente, es imposible decir exactamente cuánto tiempo. Pero en mi experiencia, de tres a cinco años, dentro de los cuales puede encaminar virtualmente cualquier aspecto de su vida en terreno sólido. Piense en lo que estaba haciendo hace tres años; parece como si hubiera sido ayer, ¿no? Bueno, dentro de tres años, lo que está haciendo ahora le parecerá tan solo como ayer también. Sin embargo, este pequeño y breve período puede cambiarle la vida. ¿Cuánto tiempo le llevará? Lo más probable es que tarde más tiempo de lo que desea y que, cuando llegue el momento, quedará sorprendido de lo rápido que le parecerá.

La paciencia no es un problema para el jacinto de agua. La plantita simplemente se dedica a su tarea, con calma, duplicándose silenciosamente hasta cubrir el estanque. Usted puede hacer lo mismo.

> Sereno, me cruzo de brazos y espero.
> Ya no me preocupa el viento, la marea, ni el mar.
> No lucho más contra el tiempo o el destino,
> porque lo que es mío, a mí vendrá.
> —John Burroughs, *Waiting*

La ligera ventaja garantiza que *lo suyo a usted vendrá*, como el jacinto de agua cubriendo el estanque. La forma en que *lo suyo* se presenta, bueno o malo, fracaso o éxito, ganar o perder, depende, momento por momento, de usted. No debe "preocuparse del viento, la marea ni el mar", pero sí debe preocuparse de esas pequeñas y simples acciones que, acumuladas con el tiempo, harán la diferencia entre el éxito y el fracaso.

El problema es que la mayoría de nosotros vivimos con un pie plantado firmemente en el pasado y el otro metido tímidamente en el futuro —nunca en el momento. En relación con todo, nuestros hijos, nuestra salud, nuestro hogar, nuestra carrera, pasamos las horas en constante arrepentimiento y cuestionando lo que ya pasó, con la preocupación, ansiedad y terror de lo que nos depara el futuro.

La Ligera Ventaja trata acerca de vivir en el momento. Para mí, posiblemente esta sea la lección más difícil de aprender sobre la ligera ventaja: no se puede estar en el pasado ni en el futuro, sino aquí mismo, ahora mismo.

El motivo por el que *El poder del ahora*, el modesto libro de Ekhart Tolle de 1997 sobre la realización espiritual, cautivó a los lectores, vendiendo más de cinco millones de copias en treinta y tres idiomas, es que su mensaje fundamental es uno que todos saben que necesitan escuchar: su vida existe sólo en el momento. Pero no es posible realmente absorber o vivir esa verdad leyendo un libro; se absorbe y se vive esa verdad estando plenamente en el proceso de vivir su vida y no arrepintiéndose del pasado ni atemorizado ante el futuro.

La Ligera Ventaja trata sobre su toma de conciencia. Se trata de que usted realice las elecciones acertadas, las elecciones que le sirvan y lo potencien, comenzando ya mismo y siguiendo el resto de su vida, y aprendiendo a hacerlas sin esfuerzo.

Lo que alimenta su paciencia y le mantiene en el camino es una filosofía, recuerde que su filosofía; es simplemente su perspectiva de *cómo son las cosas*, que incluye entender el secreto del tiempo. Al saber el secreto del tiempo, usted dice: "Si me quedo en este camino lo suficiente, conseguiré el resultado que estoy buscando." No se trata de su estado de ánimo ni de sus sentimientos. Y tampoco se trata de la fuerza de voluntad. Se trata simplemente de *saber*.

Cuando usted entra en una sala oscura, ¿por qué la mano se estira para alcanzar el interruptor de luz? Porque sabe que cuando aprieta el interruptor, la luz se enciende. No necesita darse ánimo positivamente sobre cómo debería realmente apretar el interruptor de la luz ni establecer un sistema de recompensas y castigos para sí mismo para que no se olvide de apretar el interruptor de la luz. No necesita ningún lío; simplemente aprieta el interruptor. ¿Por qué? Porque usted sabe lo que sucederá.

Usted *sabe*.

Lo mismo sucede en este caso: usted camina un poco todos los días, levanta algunas pesas, come un poco mejor y deja el centavo en la caja (aprieta el interruptor de la luz) porque *sabe* que eso le mejorará la salud y le hará rico (la luz se encenderá).

Es exactamente lo mismo. No hay diferencia, salvo por una cosa: el tiempo.

Cómo lograr lo imposible

El explorador noruego Fritjof Nansen ganó el Premio Nobel de la Paz en 1922 por una extraordinaria trayectoria de heroísmo: personalmente repatrió más de 400,000 prisioneros de guerra después de la Primera Guerra Mundial, ayudando a salvar a millones de rusos de la muerte por inanición.

Esto es lo que dijo Nansen sobre el tema de lo *imposible:*

Lo difícil es lo que tarda cierto tiempo;
lo imposible es lo que tarda un poco más.

Nansen captaba la ligera ventaja en lo más profundo de su ser, y esa es una manera fantástica de expresarlo: Lo imposible es lo que tarda un poco más.

Esto es lo que más me gusta: *cierto* tiempo.

Porque en nuestra vida, a diferencia del ejemplo del Gran Cañón del Colorado, el cambio notable no tarda *tanto* tiempo. El éxito tarda tiempo, desde ya, más tiempo de lo que la mayoría de la gente está dispuesta a esperar. Pero no tanto como usted cree. Y una vez que el impulso de la ligera ventaja empieza a desencadenarse, se torna imparable y usted llega a un punto en que los resultados comienzan de verdad a suceder con mucha rapidez.

Permítame darle un ejemplo nuevamente de una experiencia en los negocios.

En el capítulo anterior le comenté sobre la fusión por la que pasamos, al incorporar nuestro personal de ventas de TPN a una compañía más grande. Ahora déjeme que le cuente lo que sucedió a continuación.

Después de varios años exitosos con esa compañía, llegué a un punto en que deseaba hacer más. Ansiaba el desafío, algo que me permitiera estirarme, crecer y realmente dejar una marca en el mundo. Entonces hice algo que algunas personas, bueno, muchas personas, podrían pensar que era una categórica locura: abandoné ese negocio exitoso, decidí probar suerte por mí mismo y lancé una flamante compañía de marketing en un sector en el que es realmente fácil lanzar nuevos negocios y verlos fracasar estrepitosamente.

¿Lanzarla y lograr que *funcione*? Eso ya no es tan fácil.

Hay millones de piezas móviles que deben funcionar todas juntas. Un plantel de ventas independiente es un ejército totalmente integrado por voluntarios. No es posible *contratar* a esta gente; ellos tienen que unirse a usted voluntariamente y *quedarse* voluntariamente. Lo cual significa que tiene que hacer muchísimas cosas y todas tienen que salir bien, porque si ellos no están satisfechos, se levantan y se van. Por ejemplo, si duplican las ventas en seis meses, usted debe estar totalmente preparado para apoyar ese incremento. No puede tardar ni un día en enviar un pedido o en entregar el cheque de bonificación o se correrá la noticia y empezarán a marcharse. Pero si las ventas apenas crecen en esos seis meses, también tiene que estar preparado para *eso* y tener la capacidad de mantenerse firme sin que su inventario no vendido le carcoma el capital.

Permítame explicarlo de esta forma: iniciar una compañía de ese tipo no es para los pusilánimes.

A fin de hacer todo lo posible para dar el paso arriesgado inicial y lograr que su nueva compañía sea rentable y esté establecida de inmediato, esta es la estrategia común: usted lanza su compañía nueva con la fanfarria más grande que pueda. Un pre lanzamiento muy publicitado, una gran inauguración con bombos y platillos, una promoción enorme de los "grandes líderes" que incorporó, el patrocinio de una o dos personalidades conocidas, si tiene el presupuesto, y así sucesivamente. Cause un revuelo. Llame la atención. Haga todo lo necesario para captar la atención de la gente y de la mayor cantidad posible.

Entonces nosotros decidimos hacer exactamente lo opuesto.

Decidimos ver qué sucedería si lanzábamos una compañía de manera totalmente orgánica, utilizando la ligera ventaja. Dedicamos muchísimo tiempo y recursos para crear el marketing, el apoyo y el resto de la infraestructura de la compañía; yendo despacio para asegurarnos de haber construido una compañía sólida incluso antes de abrir nuestras puertas. Y luego un día terminamos de construirla e invitamos a algunos amigos y familiares y anunciamos que nuestras puertas estaban abiertas.

También le enseñamos particularmente a nuestro personal de ventas a consolidar su clientela de la misma manera: lento pero seguro. Antes del lanzamiento, codificamos la ligera ventaja en un grupo de ideas simples que llamamos nuestros Diez valores fundamentales. Esos incluían conceptos como: *sea auténtico, decidido, busque el desarrollo personal constante, sueñe en grande y actúe con ese fin todos los días*. Entre los diez, el valor principal era éste: Vaya despacio para ir rápido. En otras palabras: ¿desea grandes resultados? Bien, entonces haga las cosas pequeñas. Simplemente hágalas sistemática y constantemente.

Basamos nuestro modelo empresarial total en los principios de la ligera ventaja, siguiéndolos y enseñándolos a todos los participantes desde el primer día.

Las ventas crecieron a un ritmo constante, mes por mes, sin ningún salto cuántico, hasta que se desencadenó el efecto acumulativo de todos esos meses de crecimiento firme.

En nuestro primer año, alcanzamos más de $100 millones en ventas.

Lo más sorprendente fue que llegamos a esa cifra más rápido que cualquier otra compañía en la historia de nuestro sector. En efecto, una publicación especializada en nuestro medio nos otorgó un premio por ser la primera compañía de este campo en arrasar con ese hito. Nos convertimos en un gigante en el período más corto jamás logrado. ¿Cómo? Yendo despacio.

A veces uno tiene que bajar de velocidad para ir rápido.

Relatos personales de los lectores de *La Ligera Ventaja*

Para mí, *La Ligera Ventaja* es un estilo de vida, una forma de vivir que la mayoría no descubre, en especial hoy en este mundo de la gratificación instantánea en el que vivimos. *La Ligera Ventaja* trata sobre cómo hacer cosas clave que son fáciles de hacer y fáciles de no hacer.

Leer y aplicar *La Ligera Ventaja* todos los días me ayudó a adelgazar más de sesenta libras en veinticuatro meses, a atraer relaciones con personas sumamente exitosas, quienes ahora son mis mentores, a desarrollar confianza en mí mismo que crece todos los días y tanto más. Ante todo, *La Ligera Ventaja* me ayudó a entender claramente que invertir apenas unos minutos por día para mejorar mi vida tiene un efecto acumulativo. Ahora me levanto en la mañana sabiendo que estoy en el camino ascendente, ¡para lograr mis metas soñadas en todas las áreas de mi vida!

—*Jim Hageman, Dallas, Texas*

Durante muchos años mi deseo era trabajar por mi cuenta y, cuando se presentó la oportunidad, empecé mi primera compañía. Lamentablemente, después de unos años, esa compañía fracasó y perdí todo. Fue una experiencia desmoralizante, a lo cual se sumaba mi tendencia a negar mi responsabilidad.

Al poco tiempo, me dieron un ejemplar de *La Ligera Ventaja* que me abrió los ojos. Me di cuenta de que aunque *parecía* que mi compañía había fracasado de la noche a la mañana, eso no tenía nada de cierto. Lo que había sucedido realmente era que yo había estado aplicando la ligera ventaja *en reverso* durante mucho tiempo y lo que ahora estaba viendo era el efecto acumulativo devastador de todos esos años.

Me complace expresar que, desde que empecé a aplicar los principios de la ligera ventaja de manera constructiva, aunque ha tardado un tiempo, las cosas ahora están progresando de manera muy positiva. Tengo una bella esposa, una familia encantadora, y mi primer libro para niños se publicará este mes, habiendo planeado una serie de doce libros en los próximos dos años. El futuro de nuestra familia es sumamente brillante, y sé desde el fondo de mi corazón que se debe a la aplicación sistemática de *La Ligera Ventaja*.

—*Mark Hibbitts, autor de* Alfie Potts™ the Schoolboy Entrepreneur

Cuando tenía veinticuatro años, era ambicioso pero me sentía un tanto frustrado. Ya era dueño de mi propio gimnasio, pero sentía que el éxito tardaba en llegar. No fue hasta que leí *La Ligera Ventaja* que me di cuenta de que el éxito tenía que ser lento y seguro, y que vendría como resultado de ser constante a lo largo del tiempo. Tenía que examinar mi situación y entender los pasos exactos que llevaría tener éxito y luego aplicarlos en forma sistemática.

Dentro de los dos años de que comencé a hacerlo, mi negocio se había cuadruplicado. Desde entonces, abrí otros dos gimnasios y una compañía de medios de comunicación en línea, y estamos encaminados a cuadruplicar nuestros ingresos una vez más.

Desde que leí *La Ligera Ventaja*, ya no estoy mirando lo desconocido sino las posibilidades actuales que están arraigadas en mis hábitos diarios. El libro me causó un cambio de paradigma. Tengo fe en que mis hábitos diarios conducirán al éxito o al fracaso, y esa elección es mía. Preste atención a sus hábitos diarios y le rendirán resultados.

— *Jeremy T., Marysville, Washington*

Puntos esenciales del Capítulo 5

➷ El tiempo es una fuerza que magnifica esas disciplinas diarias simples en un éxito masivo.

➷ Existe una progresión natural del éxito: sembrar, cultivar, cosechar—y el paso central, *cultivar,* solo puede suceder con el correr del tiempo.

➷ Ningún éxito genuino en la vida es instantáneo. La vida no es un enlace en el que se puede hacer clic.

➷ Para captar cómo funciona la ligera ventaja, usted debe mirar sus acciones a través de los ojos del tiempo.

➷ Lo difícil tarda cierto tiempo; lo imposible tarda un poco más.

6. No se deje engañar por el salto cuántico

> "Soy un gran creyente en la suerte. Cuanto más trabajo, más suerte parezco tener."
> —*Coleman Cox*

En la época de The People's Network's (TPN), estaba en el centro del universo del desarrollo personal y trabajé con los expertos y pensadores más destacados del mundo. Si bien la información que aprendí de ellos era brillante, la filosofía bajo la cual la vendían estaba equivocada. La vendían como: "compre esto, y quedará arreglado de treinta a noventa días". En otras palabras, "¡en un salto cuántico!" Para mi consternación, vi mucha gente luchar por los resultados del salto cuántico que, según le habían enseñado, se podían concretar en un período de uno a tres meses, sin lograr muchos resultados. Ellos también sufrieron gran consternación. Lo más lamentable es que presencié que muchas de esas personas no solo perdían la convicción de aspirar a cambiar su vida, sino que experimentaban una regresión a un estado anterior en el que ¡simplemente no deseaban hacer cambio alguno! Fue entonces que me di cuenta de que, en vez de enseñar una filosofía del salto cuántico, necesitábamos una filosofía que ofreciera ayuda en el ínterin antes de que concretaran sus metas. Fue entonces que escribí *La Ligera Ventaja* como el libro en contra del salto cuántico.

Algún día nunca llega

"Algún día mi príncipe vendrá..." ¡Típico Walt Disney! Bueno, eso le habrá dado resultado a Blancanieves. Pero aquí en el planeta Tierra, es una fórmula para la desilusión. En la vida de carne y hueso, esperar a "algún día" no es una estrategia para el éxito. Es evadirse. Lo más lamentable es que es una estrategia que la mayoría sigue toda su vida.

"Algún día, cuando me llegue el momento…"
"Algún día, cuando tenga dinero…"
"Algún día, cuando tenga tiempo…"
"Algún día, cuando tenga la habilidad…"
"Algún día, cuando tenga la confianza…"

¿Cuántas de esas expresiones se dijo a sí mismo? Le tengo noticias aleccionadoras: "algún día" no existe, nunca existió y nunca existirá. "Algún día" no existe. Solo existe hoy. Cuando llegue el mañana, será otro hoy; y así sucesivamente. Todos son así. No existe nada que no sea hoy.

Otras noticias más espeluznantes: su oportunidad no va a llegar. Ya llegó. Está esperando. Usted ya tiene el dinero. Usted ya tiene el tiempo. Ya tiene la habilidad, la confianza. Ya tiene todo lo que necesita para lograr todo lo que desea.

Solo que no puede verlo.

¿Por qué no? Porque está mirando en el lugar equivocado. Está buscando el adelanto decisivo, el salto cuántico. Está buscando el boleto ganador de la lotería en un juego que no es una lotería.

Por qué los presidentes de bancos nunca ganan la lotería

¿Se dio cuenta de que cuando lee las noticias sobre los ganadores de la lotería, casi nunca son presidentes de bancos, empresarios exitosos o ejecutivos de empresas? ¿Nunca parece ser gente que *ya* tenía éxito financiero antes de comprar el boleto ganador? ¿Se preguntó alguna vez por qué? Es porque la gente exitosa jamás gana la lotería. ¿Sabe por qué?

Porque no compran boletos de lotería.

La gente exitosa ya entendió la verdad que todavía no entienden los jugadores de lotería: el éxito no es un accidente al azar. La vida no es una lotería.

Hay una expresión conocida que quizá haya escuchado: "La suerte llega cuando la preparación y la oportunidad se encuentran." Es una idea práctica, pero no es exactamente precisa. La gente que vive según los principios de la ligera ventaja entiende cómo funciona realmente la suerte. No es la preparación y la oportunidad que se encuentran, es la preparación y *punto*. La preparación creada al realizar esas acciones simples, pequeñas, constructivas y positivas, una y otra vez. La suerte llega cuando esa constancia de preparación con el tiempo *crea* la oportunidad.

Una razón por la que la ligera ventaja se ignora, pasa desapercibida y está subestimada tan comúnmente, es que nuestra cultura tiende a idolatrar la idea del "gran golpe de suerte". Celebramos ese descubrimiento dramático, el adelanto decisivo que catapulta al héroe a nuevas dimensiones. En otras palabras, compramos boletos de lotería.

La verdad de los adelantos decisivos y los golpes de suerte es que, sí, *suceden*, pero no surgen de la nada. Se los siembra como un cultivo: sembrados, cultivados y finalmente cosechados. El problema es que, como mencioné en el capítulo anterior, en nuestra cultura se nos entrena a pensar que podemos saltar el paso intermedio y brincar directamente de sembrar a cosechar. Incluso tenemos un término para designarlo. Lo llamamos el *salto cuántico*.

Y es un mito total y absoluto.

Dioses ficticios y héroes reales

En el antiguo teatro griego, los personajes por lo general se metían en tantos líos como era capaz de ingeniar el dramaturgo. Todo iba encaminado a un desastre totalmente imposible cuando, en los últimos minutos de la obra, un actor que hacía de "deidad" bajaba flotando del cielo y solucionaba todo; desterrando a este personaje y restituyendo a este otro, castigando a uno y concediendo clemencia divina a otro, explicando lo inexplicable y resolviendo lo que no tenía solución.

Las situaciones eran tan complicadas que no había forma de que un ser humano pudiera resolverlas. Obviamente, se necesitaba un ser con poderes divinos. Y al igual que en la producción teatral de *Peter Pan*, el actor estaba suspendido por cuerdas y un sistema de poleas, un aparato mecánico que nombraron *"máquina"*.

Hoy en día, miles de años más tarde, la solución "tramposa" de último momento para resolver un conflicto imposible y que sale de la nada se denomina *deus ex máchina* o "deidad que desciende de la nada suspendido por una máquina". Es decir, la fuerza sobrenatural decisiva que baja del cielo a última hora y a tiempo para recomponer todo. Dicho sea de paso, cuando los críticos dicen que una obra, novela o largometraje recurre al factor "deus ex máchina" no es un halago. Es su manera de decir: "¿No pudieron ingeniar una solución creíble, verdad? Entonces tuvieron que salir con un final totalmente inverosímil y pedestre de la tierra de la fantasía. No vale la pena verlo."

¡Hágame el favor!

En realidad, eso es exactamente lo que la gente desea: una buena oportunidad. El gran golpe de suerte. La buena suerte de una oportunidad. El adelanto decisivo. El cambio de rutina; la ruptura de la realidad. Un deus ex máchina. Quieren decir, como el Capitán Kirk: "Velocidad warp, Scottie" y de repente pasar volando del punto A al punto Z. En mis décadas de trabajo en el campo del desarrollo personal, lo he visto miles de veces, cientos de miles de veces. La gente desea caminar sobre el carbón ardiente, rajar tablas, volver a nacer y que le cambien la vida entera porque escribieron una "declaración de visión" en un papel durante un seminario de fin de semana. Pero no es así como funcionan las cosas realmente.

Veamos un momento cómo *funcionan* realmente las cosas. Consideremos algunos conflictos de la vida real que le harían tirarse de los pelos a Peter Pan, al Capitán Kirk o a cualquier otro héroe de la ficción.

Por ejemplo, analicemos la historia de la esclavitud y la emancipación.

Éramos una nación flamante, el faro de la era de la Ilustración, un atrevido experimento en idealismo y la propuesta de que todos los seres humanos fueron creados iguales, y mientras tanto manteníamos varios millones de seres humanos encadenados para que hicieran nuestro trabajo. ¿Cómo se suponía que *eso* tuviera sentido? Y no éramos los únicos. En efecto, lo aprendimos de los ingleses y la idea cruzó el Atlántico junto con los primeros peregrinos a bordo del Mayflower.

A mediados del siglo XVIII, cuando la nueva nación recién estaba cortando sus primeros dientes con el Presidente Washington, un político parlamentario llamado William Wilberforce decidió que el mundo ya estaba harto de la esclavitud y emprendió una misión para desterrarla. Para hacer un paralelismo, en cuanto a los intereses económicos creados y la resistencia psicológica que enfrentaba esta idea, ponerla en práctica era como labrar un nuevo Gran Cañón del Colorado, pero con un tenedor. Sin embargo, Wilberforce tenía una apreciación innata de la ligera ventaja.

Año tras año, proyecto de ley tras proyecto de ley, Wilberforce dedicó por completo su carrera a introducir una serie de propuestas legislativas a sus colegas en el Parlamento Británico, en su intento de acabar con la esclavitud, solo para ver que eran derrotadas, una tras otra. Desde 1788 a 1806, introdujo una nueva moción contra la esclavitud que vio fracasar todos los años, durante dieciocho años seguidos. Finalmente, el agua logró erosionar la roca: tres días antes del fallecimiento de Wilberforce en 1833, el Parlamento sancionó una ley para abolir la esclavitud no solo en Inglaterra, sino en todas sus colonias. Tres décadas más tarde, una ley similar se sancionó en Estados Unidos, impulsada por otro hombre de conciencia que había pasado gran parte de su vida fracasando. Un abogado paciente de Illinois, llamado Abraham.

¿Un deus ex máchina? Todo lo contrario. Estas no fueron soluciones caídas del cielo. Fueron el resultado "repentino" de largos y pacientes años de esfuerzo repetido e infatigable. Aquí no se presentó una deidad ficticia al estilo *deus ex máchina*; estos eran conflictos humanos y tuvieron soluciones humanas. Pero el único acceso a ellos fue a través de la ligera ventaja.

Claro que Wilberforce y Lincoln no fueron las únicas figuras en esta pugna heroica, e incluso después de que sus proyectos se convirtieron en ley a ambos lados del Atlántico, faltaba mucho por vencer la malevolencia de la esclavitud y el racismo. Roma no se rehabilitó en un día y ni siquiera en un siglo. Pero sus esfuerzos —como los de la Madre Teresa para terminar con la pobreza, los de Gandhi para erradicar la opresión colonialista o los de Martin Luther King y Nelson Mandela para dar fin al racismo— son ejemplos clásicos de lo que un "adelanto decisivo" es en el mundo real.

Todos esos héroes de la vida real entendieron la ligera ventaja. Ninguno de ellos estaba hipnotizado por el atractivo del "gran golpe de suerte". Si lo hubieran estado, jamás hubieran seguido realizando los actos que hicieron y, ¿cómo sería el mundo hoy en día?

Un pequeño paso

Nuestra mitología cultural, la filosofía a la que se suscribe nuestra sociedad como grupo, venera el adelanto del salto cuántico incluso cuando no nos damos cuenta de que lo estamos haciendo.

"Un pequeño paso para el hombre..." ¡Espere un momento! Ese no fue un pequeño paso. Ese hombre estaba caminando *en la luna*, por el amor de Dios, y lo estábamos viendo por televisión con la narración del famoso presentador de televisión Walter Cronkite. (Sí, ya sé, con esto estoy revelando mi edad.) Eso no fue algo pequeño, sino un paso *gigantesco* para el hombre, un genuino adelanto decisivo.

El paso pequeño fue cuando un hombre, alguien del que ni usted ni yo jamás oímos hablar y probablemente jamás nos enteraremos, empezó primero a probar ideas de diseño para ver si un cohete podría soportar las rigurosas condiciones del viaje espacial. Hubo miles, cientos de miles, millones de "pasos pequeños" durante años y años anteriores que se conjugaron en ese salto épico de Neil Armstrong en 1969, que fue televisado en todo el mundo y que todavía se muestra una y otra vez en nuestra cultura por ser una de las noticias más profundamente arraigadas de la historia.

Pero no celebramos ninguno de esos *pasos pequeños* reales. Ni siquiera sabemos qué son ni quién los dio.

El mito de nuestra cultura es el paso gigante, el salto que desborda la realidad, el esfuerzo heroico. "¡Más rápido que una bala, capaz de…" Espere, ¿cómo sigue? ¿Es "capaz de dar pasos pequeños, insignificantes y en incrementos, en forma sistemática, a lo largo del tiempo"? No, es "¡capaz de saltar edificios altos de un solo brinco!". Vamos, ¿qué tipo de Superman daría pequeños pasos?

El tipo que gana. Como Edison y su bombilla eléctrica.

¿Alguna vez le pasó que de pronto entendió algo en un "momento fugaz de comprensión"? ¿Conoció alguna vez a alguien que se convirtió en un "éxito de la noche a la mañana"? Este es un gran secreto que guarda la clave del gran logro: ese "momento fugaz de comprensión" y ese "éxito de la noche a la mañana" fueron los resultados finales y decisivos de un proceso largo y paciente de ventaja tras ventaja. Cada vez que vea lo que parece ser un adelanto decisivo, es *siempre* el resultado final de una larga serie de pequeñas cosas, hechas sistemáticamente a lo largo del tiempo. Ningún éxito es inmediato ni instantáneo; ningún colapso es repentino o precipitado. Ambos son productos de la ligera ventaja.

Le aclaro que no estoy diciendo que los saltos cuánticos son un mito porque no suceden realmente. De hecho, *sí* suceden. Pero no de la manera que la gente piensa que suceden. El término proviene de la física de partículas y esto es lo que significa en realidad: un verdadero salto cuántico es lo que sucede cuando una partícula subatómica repentinamente salta a un nivel de energía más alto. Pero sucede como resultado de una acumulación gradual de potencial causado por energía aplicada a esa partícula en el transcurso del tiempo.

En otras palabras, no "sucede repentinamente". Un salto cuántico verdadero es algo que *finalmente* sucede tras una acumulación prolongada de un esfuerzo de ligera ventaja. Exactamente de la misma forma en que el jacinto de agua se mueve del día veintinueve al día treinta. Exactamente de la misma forma en que la muerte segura de la rana por ahogo se transformó "repentinamente" en salvación por la mantequilla.

Un salto cuántico de la vida real no es Superman saltando de un edificio alto. Un salto cuántico real es Edison perfeccionando la bombilla eléctrica después de mil esfuerzos pacientes y luego transformando el mundo con ello.

La ventaja ganadora

La ligera ventaja es el proceso que cada ganador ha usado para triunfar desde los albores de la historia. Ganar es *siempre* una cuestión de la ligera ventaja.

Uno de los acontecimientos más esperados de los Juegos Olímpicos de verano es la competencia de natación masculina. Al iniciarse los Juegos Olímpicos de Pekín en 2008, se habían creado inmensas expectativas en torno a Michael Phelps, quien aspiraba a batir el récord de siete medallas de oro que durante treinta y seis años ostentó el nadador Mark Spitz. Phelps ganó las primeras siete medallas con bastante facilidad, pero su octava medalla quedará consagrada en la historia. Cuando se acercaba a la recta final en el evento de 100 metros estilo mariposa, parecía que iba a perder por unas pocas pulgadas. Pero momentos después de que Phelps tocara la pared, el mundo quedó atónito cuando el marcador mostró que había logrado derrotar a Milorad Cavid por *una centésima de* segundo. Ni siquiera un segundo, sino un *1%* de un segundo.

Sí, es una ventaja *muy* ligera. Pero fue todo lo que necesitó para rematar el récord de ocho medallas de oro y adquirir la reputación del atleta olímpico más grande de la historia.

¿Sabe lo que hace la diferencia entre una estrella del béisbol con un promedio de hits de .300 con un contrato multimillonario y un jugador con un promedio de .260 y un salario normal? Menos de un hit adicional por semana durante el curso de la temporada de béisbol. ¿Y sabe qué hace la diferencia entre lograr ese hit o un strike out? Aproximadamente un cuarto de pulgada más arriba o más abajo en el bate.

Ningún aficionado del golf que haya visto el torneo Masters de 2004 olvidará el desenlace: Phil Mickelson, ganador de más torneos en los diez años anteriores que ningún otro jugador, a excepción de Tiger Woods, quedó con un putt de veinte pies en el hoyo dieciocho de la rueda final. Si erraba, hasta por una pulgada, entraba en una semifinal con el jugador número dos del mundo, Ernie Els. Si embocaba, finalmente silenciaría a sus críticos y ganaría su primer torneo importante. La pelota entró en el hoyo y Mickelson ganó su chaqueta verde. Durante el curso de los cuatro días del torneo, Mickelson firmó una tarjeta de 279 golpes, es decir, una ventaja de seis golpes sobre Bernhard Langer, campeón del Masters en dos ocasiones.

¿Cuál es la diferencia? Un golpe y medio mejor por día.

La ligera ventaja.

Y no es sólo con los deportes. Es con todo. No importa de qué área se trate, en la vida, el trabajo o el esparcimiento, la diferencia entre ganar y perder, la brecha que separa el triunfo del fracaso, es tan ligera, tan sutil, que la mayoría nunca la ve. Superman puede saltar edificios altos pegando un solo brinco. Aquí en la Tierra, ganamos por medio de la ligera ventaja.

Balas mágicas y milagros

Todos los meses de enero, en todos los gimnasios de Estados Unidos, cientos de miles de personas se embarcan en un proceso que pronto abandonarán. Y el único motivo por el que van a abandonarlo es que no se han planteado la expectativa adecuada. No van en busca de un progreso gradual; sino que buscan resultados que puedan sentir *ya mismo*. Están buscando un adelanto decisivo. No tienen ni la más mínima posibilidad de triunfar.

Fácil de hacer, fácil de no hacer. Y en esa pequeñísima, aparentemente insignificante elección diminuta de *no hacerlo*, muchísima gente abandona el esfuerzo y sigue viviendo una vida de desesperación ahogada.

Creer en el "gran golpe de suerte" es peor que ser simplemente inútil. Es en realidad peligroso porque puede impedirle realizar las acciones que debe hacer para crear los resultados que desea. Hasta puede ser letal. Piense en la pobre rana que se dio por vencida y se dejó ahogar porque no podía ver un adelanto decisivo en el horizonte. Estaba equivocada, por supuesto. Claro que *hay* milagros incluso en la vida de una rana. Lo que sucede es que el adelanto decisivo no bajó del cielo; llegó al final de una serie de brazadas y patadas constantes y decididas que crearon un interés compuesto.

¿Cuál es el regalo más grande que le puede dar a un niño de una zona urbana deprimida? El entendimiento de la ligera ventaja. Porque esa no es la respuesta que está recibiendo del mundo que lo rodea. Él cree que la única manera de salir de su mundo de pobreza, violencia, opresión y temor es convertirse en una superestrella del deporte. Porque eso es lo que le decimos. Esa es la respuesta del salto cuántico. Por cierto, la realidad es que muy pero muy pocos individuos tendrán el talento de liberarse de ese mundo y convertirse en superestrellas deportivas. Y en lo más profundo, todos esos niños lo saben o pronto se dan cuenta. Entonces se dan por vencidos. ¿Para qué molestarse? Y se convierten en víctimas del mito del salto cuántico.

¿Se imagina si se le exigiera a cada niño de primer grado empezar a leer diez páginas de un buen libro por día? ¿Cómo cambiarían sus finanzas, su salud y sus relaciones como adultos?

En las últimas décadas, me ha resultado sorprendente que tanta gente de mi confianza haya insistido en burlarse de mis elecciones alimentarias, hábitos de ejercicio y metas de desarrollo personal. Las cositas "insignificantes" que he estado haciendo todos los días durante años les han parecido siempre graciosas porque no les encuentran sentido. No eran capaces de ver los resultados que se avecinaban a la vuelta de la esquina.

Hoy veo esos amigos y me duele el corazón por ellos: muchos se encuentran mal de salud, están languideciendo bajo condiciones económicas malas y parecen haber perdido toda esperanza de futuro. Lo que les cuesta mucho ver es que mi buena salud no es un accidente, y que la mala salud de ellos no es un golpe de mala suerte. No ven que todos, holgazanes y millonarios por igual, llegamos a la situación actual de la misma manera: la ligera ventaja. Son víctimas del mito del salto cuántico.

Nuestra sociedad se está desbarrancando rápidamente a una crisis económica cada vez más grande de mala salud proveniente de una epidemia de diabetes de aparición adulta, enfermedad cardíaca, obesidad y una seguidilla de otras enfermedades crónicas que han alimentado incesantemente sistemas de salud, impuestos y seguridad social monstruosamente enormes. La causa de todo eso no es un misterio ni tampoco lo es la solución. Al menos no para aquellos que sabemos cómo reconocer la ligera ventaja en acción. La totalidad de nuestra crisis de salud no es más que un conjunto de pequeñas decisiones, tomadas todos los días y acumuladas todos los días, que le ganan a otro conjunto de pequeñas decisiones, tomadas todos los días y acumuladas todos los días.

Buscamos la cura, el adelanto decisivo, la píldora mágica; el milagro del salto cuántico médico-científico que los medios de difusión apodaron la "bala mágica". Pero la solución ya existe. Siempre existió. ¿Es mágica? Sí, la misma magia que causó el problema: el poder de las acciones diarias, acumuladas a lo largo del tiempo. La magia de la ligera ventaja.

Hay una frase maravillosa en la película *Todopoderoso* cuando Morgan Freeman, en el papel de Dios, deja al personaje de Jim Carrey, repleto de falencias humanas y a cargo de resolver las cosas por su cuenta. (Aviso: No se trata de una deidad griega, sino que estamos hablando de Dios como Dios manda, quien se rehúsa a ser usado como *deus ex máchina*). Y le dice: "¿Deseas un milagro, Bruce? *Sé* tú el milagro."

Una vez que usted absorba la manera de ser de la ligera ventaja, dejará de buscar ese salto cuántico y comenzará a construirlo. Dejará de buscar el milagro y empezará a *ser* el milagro.

Relatos personales de los lectores de *La Ligera Ventaja*

Soy el séptimo de ocho hijos. No teníamos mucho dinero y nadie en mi familia había terminado la universidad, pero yo soñaba con un futuro brillante. ¿Cómo iba a convertirlos en realidad sin las ventajas de los ricos y exitosos para mostrarme el camino? ¿Cómo podía empezar con nada y vivir realmente el "sueño americano"? Uno de mis parientes cercanos estaba siempre a la caza de la próxima mina de oro, invirtiendo en el pozo petrolero "recién descubierto", la próxima "gran oportunidad". Yo me pregunté si esa era la forma de concretar mis sueños. No creí que fuera así.

Cuando descubrí los principios de la ligera ventaja, comencé a canalizar mi deseo ardiente del éxito en hábitos diarios que sabía que, con el tiempo, adquirirían impulso y finalmente me ayudarían a alcanzar mis metas. Sabía que al trabajar incansablemente hacia mis metas, con una actitud positiva, vería mis sueños convertidos en realidad. ¡Y así fue! Mientras que mi pariente sigue en busca del "gran golpe de suerte", yo he tenido el privilegio de viajar por el mundo, criar una hermosa familia y hacer cosas que jamás soñé. ¡Todo gracias a estos principios!

—*Dennis Windsor, autor,* Financially Free!

Después de leer *La Ligera Ventaja*, me di cuenta de cómo había llegado adonde estaba en la vida. Era como un barco sin timón, una generalidad itinerante. Siempre he sabido que quería ser exitoso; sin embargo, nunca me di cuenta de que no lo iba a lograr con un gran golpe de suerte o una oportunidad afortunada. Por último, entendí que eran los acontecimientos diarios, las cosas que hacía (que decidía no hacer) lo que crearía una verdadera diferencia.

Al analizar mi vida, vi una imagen clara y, desde ese día en adelante, empecé a aplicar la ligera ventaja a todo lo que hacía, desde los negocios hasta las relaciones. Al principio era difícil, pero una vez que me acostumbré al hábito de escoger las "pequeñas cosas" acertadas que hacer todos los días, significó toda la diferencia del mundo. Ahora tengo una mujer maravillosa en mi vida, una empresa próspera, y el tiempo para reflexionar sobre lo que es más importante para mí.

—*Adam Russell, CEO, Global Resource Broker LLC, Miami, Florida*

Puntos esenciales del Capítulo 6

↗ Los saltos cuánticos suceden, pero sólo como el resultado final de una acumulación prolongada y gradual de un esfuerzo aplicado sistemáticamente.

↗ Ningún éxito es inmediato; ningún colapso es repentino. Ambos son el resultado de la ligera ventaja que adquiere impulso con el correr del tiempo.

↗ Ansiar el "gran golpe de suerte" —el adelanto decisivo o la bala mágica—, no es solo inútil, sino que es peligroso, porque le impedirá realizar las acciones que necesita para crear los resultados que desea.

7. El secreto de la felicidad

> "El éxito no es la clave de la felicidad. La felicidad es la clave del éxito."
> —*Albert Schweitzer*

Varios años después de publicar la edición original de *La Ligera Ventaja*, hice un descubrimiento que me conmocionó la vida y elevó mi entendimiento de la ligera ventaja a una nueva dimensión. Hasta ese momento yo había estudiado, aplicado y enseñado la ligera ventaja principalmente en cuanto a lo que corresponde en áreas importantes de la vida: salud, riqueza, desarrollo personal y relaciones. Posteriormente, a fines de la década del 2000, comencé a aprender sobre una nueva y fascinante frontera de la ciencia llamada "psicología positiva".

En términos sencillos, la ciencia de la felicidad.

Un asistente de posgrado de Martin Seligman, el padre de la ciencia de la psicología positiva, compartió conmigo un relato gracioso sobre el vuelco masivo que dio la psicología en los últimos 20 años: "La diferencia entre la psicología positiva y la psicología tradicional es que, con la psicología tradicional, la ambulancia está al fondo del acantilado y, con la psicología positiva, la ambulancia está arriba del acantilado."

Lo que la ciencia aprendió sobre la felicidad

Permítame contarle cómo se concibió esta ciencia porque es, en sí misma, un excelente ejemplo de la ligera ventaja en acción.

Durante la mayor parte de más de cien años, el estudio moderno de la psicología, se concentró principalmente en los aspectos negativos de las personas: disturbios emocionales, enfermedades psicológicas, traumas, neurosis, psicosis, manías, obsesiones, demencia. Llámese como sea, se ha dedicado a examinar el lado siniestro de la humanidad. Sorprendentemente, se ha prestado muy poca atención a qué hábitos, prácticas o influencias refuerzan nuestros instintos más nobles y lado bueno.

Hasta la llegada del siglo XXI.

A fines de la década de los 90, un psicólogo de Filadelfia llamado Martin Seligman se preguntó: ¿Y si la felicidad es tan solo la ausencia de tristeza? ¿Y si el lado noble de la humanidad es más complejo que tan solo tratar una enfermedad? ¿Y si pudiéramos tener un tipo de psicología que se concentrara en lo positivo en vez de lo negativo?

A esta idea llamémosla "el jacinto de agua".

Seligman compartió la idea con un colega y ellos, a su vez, la difundieron entre otros colegas más. El pequeño grupo luego invitó a casi dos docenas de los jóvenes investigadores más destacados y brillantes del país para que se unieran a su causa. Ellos comenzaron a generar una corriente de fondos de investigación para profundizar la idea. Seis meses más tarde, Seligman presentó la idea en una convención de miles de psicólogos de todo el país. Para principios de la década del 2000, millones de dólares financiaban una avalancha de nuevas investigaciones; se fundaron asociaciones internacionales y publicaciones especializadas; y surgió así una rama de la psicología totalmente nueva.

Para mediados de la década, el público empezó a darse cuenta de lo que estaba sucediendo. En enero del 2005, el tema de la portada de la revista *Time* se tituló "La ciencia de la felicidad". Al año siguiente, un profesor de Harvard dictó una cátedra sobre psicología positiva a la cual se presentaron 855 alumnos, convirtiéndose en la clase más grande impartida en esa universidad. Los medios de prensa se entusiasmaron y lo llamaron "Introducción a la felicidad". Los sistemas escolares, las compañías de *Fortune* 100 y las fuerzas armadas de EE. U.U. se embanderaron con esta idea. Los gobiernos consideraron propuestas para comenzar a medir la FNB, es decir la "felicidad nacional bruta", junto con el producto nacional bruto y el producto interno bruto como medidas de la salud de sus países. En el año 2010, cuando el Presidente Ejecutivo de Zappos, Tony Hsieh, publicó su autobiografía *Delivering Happiness. ¿Cómo hacer felices a tus empleados y duplicar tus beneficios?*

Sobre su carrera empresarial, la obra debutó como número 1 en la lista de best sellers del *New York Times* y permaneció en esa lista durante veintisiete semanas consecutivas.

El jacinto de agua había cubierto el estanque.

Y la búsqueda… Mejor dicho, la *realización* de la felicidad

De cierto modo, la revolución de la felicidad no fue un concepto totalmente novedoso. Toda esa ciencia hacía eco y continuaba edificando otra revolución que había sucedido unos cientos de años atrás.

Tomás Jefferson y Benjamín Franklin realmente la pegaron con la Declaración de la Independencia de EE. UU. al identificar los "tres derechos inalienables" de la humanidad. Ellos escribieron que cada ser humano, por virtud de haber aparecido en este planeta como ser humano, tiene el derecho a la vida, la libertad y la búsqueda de la felicidad.

Veamos cuál es la otra forma de expresar esos tres derechos inalienables en términos de la vida moderna.

La vida significa su salud. Cuanto mejor salud tenga, más vida podrá vivir. Una mejor salud no solo le permite vivir plenamente todos los días de una vida más larga, sino que también le permite vivir *más vida* durante cada uno de esos días. La mala salud es como un día nublado con smog: elimina la luz solar. Si deja que la salud se le deteriore, perderá su vida por completo.

Libertad en el mundo moderno, suponiendo que no vive en Corea del Norte ni en otro foco de opresión política, significa las finanzas. Si no tiene control del dinero, usted no vive una vida libre. La salud financiera le da libertad; libertad de seguir su pasión, alcanzar sus objetivos, desarrollar sus habilidades, talentos y dones, para concretar las promesas de la vida misma.

¿Y la búsqueda de la felicidad? Esa sí que es una buena pregunta.

Los fundadores del experimento americano deseaban enmarcar un contexto, un entorno en el que los individuos pudieran dedicarse a buscar la felicidad, según lo que significara para cada uno, con paz y libertad relativas. No intentaron garantizar la felicidad misma, sino un lugar donde usted tuviera mejor oportunidad de perseguirla sin estar amarrado por grilletes.

Lo que logró la revolución de la felicidad de Seligman fue determinar los pasos precisos para ello. Y lo que han descubierto los psicólogos positivos es que la felicidad no es esa cosa inmensa que uno *busca*, no es algo que uno persigue, no es algo que está "allá lejos" y que uno tiene que recorrer inmensas y complicadas distancias para cazar como si fuera un safari psicológico o emocional. Está frente a sus narices.

No es algo que uno *busca*, sino algo que uno *hace*.

O, para ser más preciso, son muchas cosas que uno hace. Muchas cosas *pequeñas*. En realidad, son cosas simples que usted hace todos los días. O, según sea el caso, que usted *no* hace todos los días.

En los últimos quince años, la ciencia aprendió:

> La felicidad no proviene de la herencia genética, de la suerte ni de la casualidad.
>
> La felicidad no tiene tanto que ver con las circunstancias como pensamos.
>
> La felicidad no es el resultado de un evento o logro enorme y fuera del alcance.
>
> La felicidad se crea con las cosas simples y fáciles que hacemos todos los días.
>
> Y la *infelicidad* se crea al *no* hacer esas cosas simples, fáciles y cotidianas.

Entonces, corriendo el riesgo de perturbar a los puristas históricos porque estamos interfiriendo con un documento tan venerado, actualicemos una palabra de la Declaración de la Independencia. Enmarquemos nuestra definición del éxito de esta forma: la vida (salud), la libertad (libertad financiera) y la *realización* de la felicidad.

Y la forma de realizar la felicidad no es ganando la lotería, comprándose una mansión o un Lamborghini, mudándose a la Riviera, haciéndose rico y famoso ni casándose con una estrella de cine. No se logra con gigantescos logros y honores. No se logra con que un hada madrina, el destino o la buena suerte fenomenal resuelva todo perfectamente en la vida.

La forma de realizar la felicidad es haciendo algunas cosas simples y haciéndolas todos los días.

Aprendiendo de mi madre – Volvamos a analizar

¿Recuerda el día que estaba hablando con mi madre y me enteré de que era millonaria? Con el correr de los años pensé mucho en eso y ahora me doy cuenta de que, cuando tuvimos esa conversación, hubo algo que me impactó de manera más contundente que su revelación del dinero. No fue que mi madre era literalmente millonaria lo que me azotó como un huracán, aunque, para ser franco, eso *sí* me impactó, digamos, tanto como el golpe de un martillo pesado. Fue otra cosa, algo que me ocurrió pocos años después. Algo tan obvio, tan increíblemente sencillo, que nunca antes lo había notado.

No solo era millonaria, sino que era *feliz*.

Ahí empecé a cuestionarme ese aspecto. ¿A qué se debía? Claro que tenía todo ese dinero guardado, y seguramente le daba una sensación de seguridad. Pero seguía viviendo una vida increíblemente simple. Donde sea que tuviera ese dinero depositado, era prácticamente invisible en su vida cotidiana. Además, le había llevado muchas décadas acumular esa fortuna, y cuando reflexioné sobre el pasado me di cuenta de que, hasta cuando yo era un niño, hasta en esos momentos que teníamos tan poco, ella era feliz.

Ella *siempre* había sido feliz.

¿Cómo podía ser? Su vida no era fácil en ese entonces. Yo daba mucho trabajo y también estaban mis hermanos. Su marido fue arrebatado de la vida mucho antes de cumplir los cincuenta años. Sus circunstancias no parecían justificar que fuera feliz.

Sin embargo, lo era.

No fue hasta muchos años más tarde, hasta muy entrado el siglo XXI, que comencé a entender el secreto de la felicidad de mi madre y otro elemento crucial de la ligera ventaja.

De niño, jamás la oí decir nada negativo sobre algo o sobre nadie. Por más mal que estuviera la situación, ella siempre lograba encontrarle algo positivo. Por más detestable, fastidioso o malo que fuera alguien, ella hallaba la forma de verle el lado positivo. Lo cual termina siendo uno de esos comportamientos diarios que los investigadores dicen que crean la felicidad.

En efecto, al comenzar a compaginar todos estos puntos clave que estaba aprendiendo de las investigaciones sobre la felicidad, me di cuenta de que mi madre había seguido cada uno de ellos durante toda su vida. Jamás hablaba en forma negativa. Siempre encontraba el lado bueno de las cosas. Tenía el hábito frecuente de agradecer todo lo que tenía. Tenía gestos bondadosos con las personas. Probablemente nunca usó las palabras "practicar la perspectiva positiva" en su vida, pero eso es lo que hizo en todo momento, todos los días.

Ella ejemplifica los principios de la felicidad cotidiana. Aun cuando las cosas iban mal, cuando apenas teníamos dinero, lo cual era *siempre*, o cuando se presentaban problemas, que *parecían* suceder siempre, ella parecía feliz y contenta todo el tiempo. De lo que ahora me doy cuenta es que simplemente ella no parecía feliz sino que *era* feliz. Y la razón por la que era así, es que hacía una serie de cosas simples y cotidianas que la ciencia ahora nos informa son las cosas que crean la felicidad genuina y duradera.

No fue hasta años más tarde que me di cuenta de lo que ella me había mostrado, lo que había aprendido de ella. El éxito no crea felicidad. Es al revés.

La felicidad viene primero

Uno de los aspectos más radicales y sorprendentes de la investigación sobre la felicidad es el descubrimiento de que hacer aquello que nos da felicidad no solo nos hace más felices, también hace que la vida funcione mejor.

Hay una razón por la que este capítulo se llama "El secreto *de* la felicidad" y no "El secreto *para* la felicidad". Por cierto, hay secretos *para* la felicidad, es decir, las cosas que conducirán a la felicidad, y considerando los últimos quince años de investigaciones en psicología positiva, ya dejaron de ser secretos, si es que realmente alguna vez lo fueron. La mayoría de ellos son, en verdad, cosas que tienen sentido común.

Pero este capítulo se llama "El secreto *de* la felicidad" porque la felicidad misma es un ingrediente secreto de otra cosa. ¿De qué otra cosa? Prácticamente de todo. Las extensas investigaciones llevadas a cabo a partir del 2000 han demostrado que la gente que es más feliz también:

> Tiene menos accidentes cerebrovasculares y menos ataques cardíacos.
> Tiene menos inflamaciones y menos dolores.
> Tiene una mayor función inmunitaria y más resistencia a los virus.
> Adquiere personalidades con capacidad de recuperación y controla mejor la adversidad.
> Demuestra un mejor desempeño laboral y mayor éxito profesional.
> Tiene matrimonios más gratificantes y de larga duración.
> Tiene esferas sociales más grandes y más activas.
> Participa más en su comunidad.
> Es más altruista y tiene un impacto positivo neto más grande en la sociedad.
> Tiene más éxito financiero.
> Vive más años.

Y he aquí lo verdaderamente radical de esto. No es que la gente que tiene más éxito, más dinero y mejores matrimonios sea más feliz como resultado de esas cosas. Las investigaciones son muy claras sobre este aspecto. Los estados de felicidad más grandes *preceden* a todos esos resultados.

Este es uno de los descubrimientos centrales de todo el movimiento de la investigación sobre la felicidad. Cuando se trata de comprender cómo lograr la felicidad, la mayoría lo entendemos al revés. Creemos que "una vez que tenga éxito, seré feliz". O "una vez que tenga mejor salud, una vez que encuentre esa persona especial, una vez que viva donde deseo vivir, una vez que mi ingreso sea suficiente como para manejar mi vida sin estrés… *entonces* seré feliz".

Pero no es así como funciona. *Pensamos* que es así. Todos *suponemos* que es la forma en que funcionan las cosas. Si hago esto, y lo hago el tiempo suficiente, entonces seré más feliz. Tiene sentido. Pero no es lo que sucede. De hecho, según las investigaciones, funciona exactamente de la manera opuesta. Una vez que haga lo necesario para elevar su nivel diario de felicidad, *entonces* tendrá más éxito, *entonces* adquirirá mejor estado de salud, *entonces* encontrará esa persona especial. Cuanto más aumente su propio nivel de felicidad, mayores serán las probabilidades de que empiece a concretar todas esas cosas que desea lograr.

La felicidad *no* es el anillo que se gana al final de la vuelta del carrusel. No es el *resultado* de hacer todas esas otras cosas bien, sino algo que puede hacer ahora mismo, y que luego *conduce* a que le salgan bien las otras cosas. El otro día vi un graffiti que definía esta idea perfectamente en mi opinión: "Sé feliz y aparecerá la razón". Me *encanta*.

La felicidad no llega al final. La felicidad viene primero. Albert Schweitzer lo dijo maravillosamente bien: "El éxito no es la clave de la felicidad. La felicidad es la clave del éxito."

Las palabras que usted dice pueden predecir cuánto tiempo vivirá

En junio de 2013, asistí al Tercer Congreso Mundial sobre Psicología Positiva y escuché al Dr. Seligman presentar pruebas extraordinarias que demostraban una correlación directa entre la actitud y la salud.

Mostró al público un mapa con la incidencia de la ateroesclerosis, condado por condado, en toda la zona noreste de Estados Unidos, conforme a los datos reportados por los Centros para el Control y la Prevención de Enfermedades (CDC). Luego mostró un segundo mapa, junto al primero, en el que se indicaba la incidencia de la ateroesclerosis, condado por condado, en toda la zona noreste de Estados Unidos, salvo que esa incidencia era pronosticada por el análisis de las palabras usadas en Twitter por la gente de esos condados.

Los dos mapas eran prácticamente idénticos.

Era impactante. En el estudio se habían analizado unas 40,000 palabras en más de 80 millones de tweets, y cuando se superpusieron los resultados con un análisis condado por condado de los ataques cardíacos, era una correlación casi exacta.

¿Qué tipo de patrón del lenguaje era tan predictivo de la enfermedad? En general, eran expresiones de ira, hostilidad y agresión, así como de desconexión y falta de apoyo social, como por ejemplo, "enojado, solo, fastidio, no puedo, estado de ánimo, aburrido, cansado" y un montón de palabras que no puedo repetir aquí.

Luego mostró tablas que indicaban la correlación de la actitud *positiva* y el riesgo *menor* de ataques cardíacos, y eran igualmente dramáticas. La diapositiva de palabras que se correlacionaban con una menor incidencia de la ateroesclerosis incluyeron: "mañana, fabuloso, útil, compartir, correr, hacia adelante, fantástico, interesante, almuerzo, discusión, parece".

Tuve el honor y el gran placer de pasar bastante tiempo en una reunión privada con el Dr. Seligman y entablar una amistad. Hablamos periódicamente sobre el bienestar y las aplicaciones en el mundo real de las ideas de desarrollo personal y la psicología positiva. ¡Qué hombre increíble!

El desarrollo personal y la felicidad

Cuando comencé a leer materiales del movimiento de la felicidad hace unos años, me entusiasmé mucho y se lo recomendé a muchas otras personas. A medida que los iban leyendo, noté que sucedía algo peculiar: se entusiasmaron mucho más sobre este tema que sobre el desarrollo personal.

Todo esto me hizo detener y reflexionar.

Cuando uno pasa tiempo en el mundo del desarrollo personal, como lo hice durante varias décadas, es bastante fácil sentirse frustrado por lo rápido que la gente le da la espalda a este asunto o no le asigna el crédito que se merece. "Ah, claro, desarrollo personal…" Dicen como si no fuera un tema "real" digno de atención seria.

Pero por algún motivo, eso no sucede con la felicidad. O tal vez sea por *varios* motivos.

Por una parte, la psicología positiva tiene la credibilidad intrínseca de la investigación académica seria que la respalda. El movimiento del desarrollo personal fue impulsado en gran parte por la experiencia personal de individuos y por las enseñanzas de instructores persuasivos como Napoleon Hill, Norman Vincent Peale, Denis Waitley, Brian Tracy y Jim Rohn. El movimiento de la felicidad tiene un origen totalmente diferente; ha sido impulsado mayormente por la investigación científica. Cuando uno se presenta con el peso intelectual y la credibilidad del mundo académico e investigaciones bien documentadas, se abren puertas por las que jamás podría pasar con el desarrollo personal.

Sin embargo, hay un segundo motivo y posiblemente sea incluso más convincente que el primero, y es que la gente realmente desea ser feliz.

Muchas más personas tienen un deseo intenso de ser felices que un deseo intenso de desarrollarse a su máximo potencial. La gente piensa que "desarrollo personal" significa trabajo y, ¿quién quiere trabajar más de lo que ya está haciendo? Pero "felicidad" no suena como trabajo. Suena como, bueno, suena como ser más feliz.

Según lo que he observado, dentro de la población general, solo alrededor del 10%, *como máximo*, está genuinamente abierta a dedicarse al desarrollo personal. Cuando se incorpora la dimensión de la felicidad, cuando uno les muestra lo que ha estado sucediendo en los últimos quince años en las investigaciones sobre la felicidad, de pronto ese 10% se convierte en un 50%.

Si le preguntáramos a un par de padres normales y afectuosos: "Puedo hacer que su hijo adquiera mayor desarrollo personal o hacerlo rico. ¿Cuál prefiere?" Lo más probable es que contesten "rico". Pero si dijera: "Puedo hacer que su hijo sea rico o feliz", nueve de cada diez veces escogerían inmediatamente la felicidad.

¿Qué padre no desea que sus hijos sean felices? ¿Qué persona no desea ser feliz?

Y esto es lo fascinante, al comparar la felicidad, que virtualmente todo el mundo desea, y el desarrollo personal, en el cual sólo 1 de cada 10 personas, como mucho, está realmente interesada, en el fondo estamos hablando de *la misma cosa*. Cuando lee toda la investigación sobre lo que se necesita para elevar su nivel de felicidad, comienza a darse cuenta de que estos científicos están describiendo exactamente los mismos tipos de comportamientos que todos los instructores de desarrollo personal han estado propugnando durante décadas, solo que aplicados en un contexto ligeramente distinto.

Y, al parecer, la psicología positiva es el compañero perfecto de la *filosofía positiva*. En otras palabras, la ligera ventaja.

La clave para que la ligera ventaja surta efecto

Desde la primera edición en 2005, he visto el impacto que *La Ligera Ventaja* ha tenido en la vida de las personas. De *muchas* personas. Durante el transcurso de esos ocho años, me inundé de cartas y llamadas de personas que contaban cómo *La Ligera Ventaja* les había cambiado la vida. Más adelante en este libro, compartiré algunas historias de cómo se han transformado compañías enteras con la filosofía de la ligera ventaja.

Entonces, ¿estaba surtiendo efecto la ligera ventaja? Por supuesto que sí, para miles y miles de personas. ¿Les estaba cambiando la vida? Ni lo dude. Pero yo sabía que podía hacer mucho más. Sabía que podía surtir efecto para más personas y que, para aquellos que la *estaban* aplicando en su vida, podía hacer incluso mucho más. Tener la filosofía acertada, es decir, la ligera ventaja, no siempre se traducía en las acciones acertadas. Yo necesitaba entender por qué.

Sabía que todavía faltaba una pieza.

Durante años yo había enseñado que la filosofía decide la actitud, y ésta misma decide sus acciones, y esas acciones son las que producen sus resultados. Para que la gente consiguiera los resultados que deseaba, solo necesitaba realizar las acciones acertadas. Así es como se hacen las cosas. Pero uno no va a realizar las acciones acertadas todos los días, a menos que tenga la filosofía acertada. En otras palabras, a menos que entienda totalmente la importancia y el poder de las acciones diarias simples; la filosofía de la ligera ventaja. Una vez que tenga la filosofía de la ligera ventaja, tendrá la clave de cómo se hacen las cosas.

Yo sabía de qué forma la ecuación surtía efecto:

la filosofía acertada ⟶ *la actitud acertada* ⟶ *las acciones acertadas*

Pero existía este paso intermedio, este peldaño entre la filosofía y la acción. Esta cosa llamada *actitud*. Su actitud es lo que traduce su entendimiento abstracto (filosofía) en acciones concretas. Es como una sinapsis gigantesca, en la que el impulso nervioso tiene que dar un salto bioquímico de una terminación nerviosa a otra. Su actitud es lo que determina la calidad de ese salto.

Otra palabra para definir la actitud es *emociones*, es decir, la forma en que siente. Y hasta con una filosofía sólida, los sentimientos pueden ser efímeros. Usted puede mejorar considerablemente el control sobre su actitud con un compromiso genuino al desarrollo personal. Pero tal como lo he aprendido, apenas una persona de cada diez está siquiera abierta a la idea del desarrollo personal serio y centrado. En el transcurso de los años de trabajo con la ligera ventaja, había visto que, aunque *mucha* gente conseguía *muchos* resultados, yo sabía que aún había demasiados casos en los que la mala actitud de la gente interfería y obstruía el proceso incluso cuando habían captado bien la filosofía de la ligera ventaja.

Lo que necesitábamos era una especie de clave para manejar la actitud. Y acababa de encontrarla.

De lo que me di cuenta es que a la ligera ventaja le faltaba el ingrediente que la gente necesitaba para hacer funcionar su vida, la felicidad era el ingrediente faltante que bastantes personas necesitaban para hacer funcionar la *ligera ventaja*.

La felicidad, el compañero de ejercicio perfecto para la ligera ventaja.

Los hábitos felices

Probablemente se esté preguntando cuáles *son* exactamente las acciones diarias que le harán más feliz.

Lo que nos dicen todas las investigaciones y documentos sobre la psicología positiva es que usted puede reprogramar su cerebro mediante ejercicios muy simples que son sencillos y fáciles de hacer. No se trata de ningún esfuerzo enorme, masivo o de una transformación personal difícil, ni de un adelanto decisivo o algo dramático, heroico o titánico. Tan solo de tareas sencillas, bastante rutinarias y repetitivas que son fáciles de hacer, una y otra vez. Tareas simples que, si las hace sistemática y persistentemente a lo largo de un período suficientemente largo, conseguirá los resultados que está buscando. En otras palabras, que le harán más feliz.

Lo cual suena mucho a la ligera ventaja. En efecto, *es* la ligera ventaja. Es tan solo la ligera ventaja aplicada específicamente a crear más felicidad en su vida.

A esos los llamo los *hábitos felices*.

Pero espere, se pone mejor. Los hábitos felices no solo le brindan más felicidad, también crean la actitud exacta que necesita para dar ese salto sináptico de la filosofía de la ligera ventaja a las acciones de la ligera ventaja. En otras palabras, ahora esas acciones comienzan a *trabajar* para usted. En todos los aspectos de su vida.

Junte la filosofía de la ligera ventaja con los hábitos felices, y antes de que se dé cuenta, la forma de hacer las cosas comenzará a surtir efecto en su vida también. Los mejores hábitos de alimentación, el programa de ejercicios, la atención a hábitos financieros más inteligentes, el mayor aprendizaje y desarrollo personal, las relaciones más fuertes y sanas, el desarrollo progresivo de una vida de impacto poderoso y positivo. Todo eso.

Esta es la ecuación:

ligera ventaja + hábitos felices = éxito

Es así de sencillo.

Shawn Achor, autor de *La felicidad como ventaja*, es el investigador de la felicidad y autor con el que más he trabajado. Lo traje a mi compañía para impartir talleres de tres horas sobre cómo ser feliz, ya que estoy dedicado a difundir la felicidad. Shawn enseña un conjunto de cinco cosas sencillas que usted puede hacer todos los días y que, si las practica sistemáticamente con el tiempo, le harán considerable, notable y perceptiblemente más feliz. Son las acciones de la ligera ventaja para la felicidad, es decir, los hábitos felices.

1. **Todas las mañanas, escriba tres cosas por las que está agradecido.** No las mismas tres cosas todos los días; encuentre tres cosas *nuevas* que escribir. Eso entrena a su cerebro a buscar entre sus circunstancias y a cazar lo positivo.
2. **Escriba dos minutos por día sobre una experiencia positiva que haya tenido en las últimas veinticuatro horas.** Escriba todos los detalles que pueda recordar; esto hace que el cerebro vuelva a vivir literalmente la experiencia, lo cual duplica su impacto positivo.
3. **Medite todos los días.** Nada complicado. Simplemente detenga todas las actividades, relájese y observe cómo su respiración entra y sale durante dos minutos. Esto entrena a que su cerebro se enfoque en lo que usted desea, y no deja que se distraiga por la negatividad de su entorno.
4. **Haga un acto de bondad al azar durante el curso de cada día.** Para simplificar esta tarea, Shawn suele recomendar un acto específico de bondad: al comienzo de cada día, tómese dos minutos para escribir un correo electrónico a alguien que usted conoce para elogiarlo o agradecerle algo que hizo.
5. **Haga ejercicios quince minutos por día.** Un ejercicio aeróbico sencillo, incluso una caminata enérgica, tiene un impacto antidepresivo poderoso, y en muchos casos más fuerte y más duradero que un antidepresivo verdadero.

Según Shawn, si hace una de estas cosas fielmente durante solo tres semanas, veintiún días seguidos, comenzará a convertirse en hábito; en un hábito feliz. Usted habrá comenzado literalmente a cablear de nuevo su cerebro para ver el mundo de manera diferente y, por consiguiente, para ser más feliz todos los días.

Un aspecto interesante es que no es preciso que haga esas cinco cosas al mismo tiempo. De hecho, Shawn recomienda que ni siquiera lo intente, sino que comience con una sola y siga repitiéndola hasta que se convierta en un hábito, luego añada otra y así sucesivamente.

Existe una lógica fascinante e investigaciones convincentes que fundamentan los cinco, pero esos no son los únicos hábitos felices que respaldan las investigaciones; esos son solo cinco ejemplos buenos. Otros investigadores de la felicidad tienen listas distintas, como por ejemplo:

> Hágase más tiempo para sus amigos.
> Practique disfrutar el momento.
> Practique tener una perspectiva positiva.
> Ponga más energía en cultivar sus relaciones.
> Practique el perdón.
> Dedíquese a actividades significativas.
> Practique actos simples de generosidad.

Todos esos tienen similitudes y surgen del mismo conjunto de investigaciones. Como yo considero que el desarrollo personal y el aprendizaje tienen enorme valor, mi lista incluiría lo siguiente:

> Lea al menos diez páginas de un buen libro todos los días.

Probablemente usted también tenga sus propios hábitos felices preferidos, que serán algo diferentes de los míos. Al final de esta obra, incluimos algunos de los mejores libros sobre la felicidad para que consulte, escoja sus favoritos y haga su propia lista.

Pero le diré algo que todos tienen en común: *funcionan*. Haga esas cosas simples sistemáticamente, todos los días y, con el tiempo, mucho menos tiempo de lo que se imagina, se convertirá en una versión mucho más feliz de sí mismo.

Y eso hará que todas las otras cosas de su vida funcionen mejor también.

Relatos personales de los lectores de *La Ligera Ventaja*

Para mí, el hábito más importante de la ligera ventaja es buscar y hallar algo positivo en cada situación, no importa cuál sea. Las experiencias de la vida nos entrenan a ver lo negativo, nuestras falencias y a reaccionar a las situaciones. A buscar lo que hicimos mal. Es igualmente fácil buscar lo que hicimos bien y construir a partir de eso. La vida nos da enormes oportunidades de crecer si simplemente las vemos por lo que pueden significar.

—*Jim Hageman, Dallas, Texas*

Me gusta leer. No había mucho más que hacer en Polonia antes de la caída del comunismo. Teníamos un televisor en blanco y negro con solo dos canales, y hasta los once años nunca había visto una computadora. Entonces leía y ese hábito siempre me quedó. He leído varios miles de libros en mi vida.

En agosto de 2012 leí *La Ligera Ventaja* de Jeff Olson. Me llevó un mes comenzar a implementar algunas ideas del libro.

Hacía años que no pensaba seriamente acerca de mi vida. Tenía sobrepeso, estaba estresado, constantemente preocupado por mis finanzas, y silenciosamente desesperado sobre mi relación con Dios. Iba sin rumbo, sin planes sobre cómo sería mi vida en dos, cinco, diez años.

Pronto cambié el tipo de libros que leía y comencé a leer más libros sobre desarrollo personal. Para mediados de noviembre, había creado mi declaración de misión personal, que fue el verdadero punto de partida de mi progreso. En el transcurso de varios meses siguientes, apliqué numerosas disciplinas distintas de la ligera ventaja y comencé a ver resultados.

Reestablecí varias amistades antiguas y entablé unas cuantas nuevas con gente de todo el mundo. Me sobrepuse a mi timidez, parcialmente.

Empecé a escribir dos blogs. Aprendí a usar WordPress y construí un sitio Web con cientos de consejos útiles. Dejé de jugar juegos de computadora, que eran mi vicio, y escribí un cuento corto de fantasía. Leí la *Ilíada* de Homero y estoy en la mitad de la *Odisea*. Leí diez libros escritos por santos y escuché más de 100 horas de materiales de audio educativos y motivadores.

Las cosas en mi vida empezaron a cambiar. Adelgacé quince libras y mi esposa adelgazó trece. Mis ahorros se duplicaron y mis donaciones a obras benéficas crecieron en un 75%. He descubierto que ahora leo un cincuenta por ciento más rápido y mi hijo de diez años lee un 250% más rápido, ¡no estoy exagerando! Y sus calificaciones han mejorado. Como regalo de cumpleaños, le di a mi esposa un diario de gratitud sobre ella. Le pareció gracioso y quedó sorprendida.

Puedo fundamentar cada uno de esos logros con una disciplina de la ligera ventaja, y esta lista no está siquiera completa.

Me convertí en autor auto editor. Soñaba con escribir desde que era niño, pero jamás había hecho nada al respecto. Desde noviembre he escrito unas 100,000 palabras, mayormente en inglés, que, por cierto, no es mi lengua materna. Acabo de terminar mi segundo libro, una guía sobre cómo usar disciplinas de diez minutos para perder peso, y planeo escribir cuatro libros más de esta serie.

Ante todo, soy feliz. Me siento vivo. Mantengo tres diarios de gratitud: uno sobre mi esposa, uno sobre mis hijos y uno sobre mi vida. Todos los días genero tres hojas de papel llenas de mi gratitud. Siento que he descubierto de qué se trata mi vida. Mis sueños se están convirtiendo en realidad. Estoy cumpliendo mi destino. Y lo estoy haciendo al seguir docenas de simples disciplinas incorporadas a mis días.

—*Michal Stawicki, Varsovia, Polonia*

Puntos esenciales del Capítulo 7

↗ La felicidad se crea haciendo algunas cosas simples y fáciles, y haciéndolas todos los días.

↗ El éxito no conduce a la felicidad. Es al revés: más felicidad crea más éxito.

↗ Los niveles elevados de felicidad crean niveles elevados de salud, desempeño, participación social, gratificación matrimonial, éxito financiero y profesional y longevidad.

↗ La mayor felicidad es la clave para que la ligera ventaja surta efecto en su vida.

↗ Los cinco hábitos felices de Shawn Achor:
   1. Todas las mañanas, escriba tres cosas nuevas por las que está agradecido.
   2. Escriba dos minutos por día sobre una experiencia positiva de las últimas 24 horas.
   3. Medite diariamente durante unos minutos.
   4. Al comienzo de cada día, escriba un email a alguien para elogiarlo o agradecerle algo.
   5. Haga un ejercicio aeróbico simple durante quince minutos todos los días.

Compartir sus gratitudes

Una de las claves de la felicidad es compartir sus gratitudes. Mande un tweet con sus tres gratitudes diarias e incluya #LigeraVentaja o publíquelas en nuestro muro de Facebook www.facebook.com/yourslightedge.

8. La onda expansiva

> "Extraño, ¿verdad? La vida de cada hombre toca muchas vidas."
> —El ángel Clarence en *¡Qué bello es vivir!*

Tras descubrir la ligera ventaja y experimentar cómo funciona en las cuatro áreas básicas de salud, finanzas, relaciones y desarrollo personal, ha sido sorprendente ver abrirse también esta quinta área de la felicidad. Pero ese no fue el final del asunto.

Cuanto más pensaba sobre la ligera ventaja y la forma en que operaba en la vida de tantas personas, más en claro me quedó que había algo más importante también en acción. Había una dimensión más grande de la ligera ventaja que iba mucho más allá de la forma en que podría mejorar nuestra propia vida.

Por más amplia que sea la gama de beneficios de salud, finanzas, relaciones, desarrollo personal y felicidad, todos tienen algo en común. Esencialmente todos tratan sobre *mí*. *Mi* salud, *mi* felicidad, *mis* finanzas. ¿Pero qué sucede cuando yo ya no esté? Y ya que estamos, ¿qué sucede mientras estoy vivo? ¿Qué diferencia hace mi vida en lo que sucede más allá de las puertas de mi hogar?

Cuando capto el poder de la ligera ventaja y lo pongo en acción, tiene un inmenso impacto en mi vida. ¿Pero qué pasa con mi impacto sobre el resto del mundo?

Pronto me di cuenta de que yo no era la única persona a quien le importaba este asunto. En efecto, aunque no nos demos cuenta conscientemente, a *todos* les importa.

A todos les gusta una buena comida y una cama cómoda. Todos desean la compañía de alguien que aman y que los ama. Todos desean ser felices en su vida. Pero una vez que se atienden esas necesidades básicas, todos deseamos algo más también. Uno de los empujes más persuasivos y universales de la naturaleza humana es el deseo de sentir que hacemos una diferencia; que el hecho de estar en esta vida, el mundo es un lugar mejor. Los seres humanos son animales sociales, y hay algo innato que crea la necesidad imperiosa de saber que hemos dejado un impacto en el mundo. Que *importamos*.

Quizás yo no sea la persona ideal para hablarle de este tema. Tal vez sea mejor que esta parte de la historia de la ligera ventaja la cuente otra persona. Alguien que siente una pasión genuina por la forma en que la ligera ventaja genera un legado en el mundo, y alguien que conoce la ligera ventaja a fondo porque se crió con ella.

Entre todos los logros de mi vida, mi hija Amber es uno de los que más me enorgullezco. Ella se crió con la ligera ventaja y conoce la importancia de poner esta información en manos de los jóvenes para ayudarles a entender que las elecciones que realizan hoy afectarán el resto de su vida.

Así es que voy a dejar de escribir acá y dejaré que Amber tome la pluma para redactar el resto de este capítulo…

Amber Olson Rourke: Criada con la ligera ventaja

La gente me pregunta: "¿Cómo fue crecer con la ligera ventaja?" A decir verdad, durante la mayor parte de mi niñez en la familia Olson, no fue algo de lo que yo estaba realmente consciente. Era simplemente la forma en que vivía mi familia.

De niña, siempre tenía la percepción de que *todo* era posible lograr, siempre que tuviera la constancia de dedicarme a ello todos los días. Yo veía otras personas de mi edad que se sentían intimidados por las grandes metas y decían: "Eso es imposible de lograr, ¿para qué siquiera intentarlo?". Yo tuve la buena fortuna de no ver nunca las cosas de ese modo. No recuerdo haberme sentido realmente abrumada por algo que quisiera hacer, porque siempre supe que todo lo que había que hacer era dividir esa meta enorme en segmentos y trabajar constantemente en esos pedazos más pequeños. Y eso me ayudó a aclarar la idea de que todas las cosas eran posibles, que yo podía hacer cualquier cosa que me propusiera.

Una vez escuché al actor Will Smith hablar sobre su niñez. Él describe cómo un verano cuando tenía doce años, su padre derribó una pared de ladrillos y le dijo a Will y a su hermano, que tenía nueve años, que la reconstruyeran. "Eso es imposible", dijo Will. Les llevó un año y medio hacerlo, y cuando terminaron, el padre les dijo: "*Nunca* me vuelvan a decir que hay algo que no pueden hacer".

"Uno no se propone construir una pared", explicó Will más tarde. "Uno se propone poner el primer ladrillo de la mejor manera en que puede colocarse un ladrillo. Y hace eso todos los días... y pronto tendrá una pared."

Él jamás usó la frase, pero yo supe exactamente de lo que estaba hablando.

La ligera ventaja.

Otra gran influencia de mi niñez fue que en nuestra casa, no había una separación entre el trabajo y el hogar. Si mis padres tenían una llamada de trabajo, no se iban a otra habitación, la atendían ahí mismo frente a mí. Me llevaban a reuniones. A mis padres les encantaba su trabajo, y me imagino que yo absorbí ese amor por el trabajo por ósmosis. Para mí, la palabra "trabajo" jamás tuvo una connotación de ser una carga o algo que *tenía* que hacer. Era algo que nos gustaba y que siempre esperábamos con ansias hacer.

Cuando estaba en la secundaria, trabajé como encargada administrativa de un consultorio quiropráctico. Pude entrar en un programa de trabajo, en el que pasaba la mitad de mi día en la escuela y la otra mitad trabajando. Para cuando me gradué, ya había adquirido buena experiencia a nivel administrativo.

La primera vez que comencé a darme cuenta de cómo funciona la ligera ventaja fue en la universidad. Me encontré rodeada de otros jóvenes que tenían promedios de 4.0 y puntajes muy altos en el examen SAT. Yo sabía que no era necesariamente la más inteligente de la clase, ni la más talentosa, ni la más intuitiva. Pero aunque estaba rodeada de gente más talentosa que yo, sabía que podía sobrepasarlos con solo presentarme constantemente y hacer mi trabajo.

Comencé a ver los tipos de elecciones que realizaban mis compañeros de clase, y empecé a entender la filosofía detrás de esas elecciones. Yo siempre tuve mucha disciplina, no una disciplina rígida de forzarme a mí misma, sino el tipo de disciplina que proviene de entender que así es cómo funciona la vida. Como dice mi padre, el tipo de disciplina que crece naturalmente de la filosofía de uno.

Después de cursar cuatros años de universidad, conseguí un trabajo como gerente de cuentas de marketing en una gran firma de servicios financieros, me encantaba hacerlo. Al cabo de un año, mi padre me llamó y me preguntó si quería empezar un negocio con él. Mis padres tenían un spa médico que no estaba bien administrado, y así fue como me mudé nuevamente a Texas para encargarme de la administración del spa por un tiempo. Fue una gran experiencia, pero al poco tiempo me sentí atraída hacia un camino profesional que me permitiría tener un impacto mucho más grande.

El impacto de *La Ligera Ventaja*

Mientras administraba el spa médico, comencé también a trabajar en otro proyecto familiar que me fascinaba y captaba mi atención. Comencé a acumular historias para incluir en la segunda edición de *La Ligera Ventaja*.

La edición original del libro se había publicado cuando yo estaba en la universidad, y había desempeñado un papel importante en mi proceso de adquirir más conciencia sobre la filosofía de vida que yo había seguido siempre, pero más o menos sin pensarlo. En los años siguientes, mientras terminaba la universidad, el libro y su mensaje se iban difundiendo en la vida de miles de personas. La gente compartía sus relatos personales con mi padre sobre cómo la ligera ventaja estaba impactando su vida. Mi padre pensó que sería maravilloso volver a conectarse con esa gente y poner por escrito sus historias, y para ello, les pedía su tarjeta de presentación, que luego guardaba en un cajón en casa. Para cuando yo me mudé otra vez a casa para administrar el spa, el cajón estaba desbordado de tarjetas.

Decidí que había llegado el momento de empezar a comunicarnos con esa gente y recoger sus relatos. Cuando lo hice, la experiencia me arrolló por completo. Terminé recolectando miles de historias de personas sobre el efecto que había tenido la ligera ventaja en su vida.

Hasta ese momento, yo entendía cómo funcionaba la ligera ventaja en el contexto de los negocios, cómo ayudaba a concretar cosas, a desarrollar aptitudes y a salir adelante en la vida. Pero ahora estaba leyendo sobre las relaciones de las personas, y cómo el hacer cosas pequeñas todos los días había transformado su matrimonio, llevándolas de una mala situación a una situación maravillosa. O ver cómo había ayudado a alguien a lo largo de una rehabilitación dolorosa y difícil tras un accidente automovilístico. Casos de cómo habían luchado con la depresión sin saber cómo salir de ella y ahora podían dar pequeños pasos en la dirección acertada, ver el impacto en su vida y en cómo se sentían todos los días.

Jamás había pensado en la *magnitud* de lo que realmente podía significar la ligera ventaja, y me pareció increíblemente emocionante. Tener mejor resultado en los negocios es fantástico, pero su negocio es solo una fracción de usted como persona total. Comencé a ver que la ligera ventaja podía cambiar literalmente la *vida* de la gente.

En verdad me gustaba mi trabajo de administración del spa, pero quería hacer otra cosa, algo por mi cuenta, algo realmente importante. Las historias de la ligera ventaja que había leído me habían inspirado por completo, y deseaba hacer algo que marcara una mayor diferencia.

El precio del éxito

Siempre pensé que la razón por la que uno desea el desarrollo personal es para poder hacer más, para poder vivir una mejor vida, llegar a más personas y dejar un legado más grande.

He visto gente que ha llevado el desarrollo personal a grandes alturas, que ha adquirido gran desarrollo, pero que nunca ha pasado de eso. Para mí, eso es una pérdida de todo ese conocimiento.

Creo firmemente que todos y cada uno de nosotros estamos agraciados con una combinación singular de talento, pasión y visión, y que estamos en este mundo para vivir esos dones a gran escala. El propósito de la ligera ventaja es permitirnos vivir esos talentos, pasiones y visiones a su máximo potencial. Considero que estamos en este mundo para aprender y crecer, y para desbordarnos tanto con la fe en uno mismo de que finalmente podamos aprovechar el potencial pleno de la grandeza que yace dentro de uno y compartirla con el mundo entero.

Pero esa grandeza tiene un precio.

El crecimiento genera abundancia, y esa abundancia a su vez genera responsabilidad. Cuanto más éxito tenemos, adquirimos acceso a más grandeza y cuanta más abundancia experimentamos, más responsabilidad tenemos hacia el mundo que nos rodea. Lograr la grandeza, en cualquier ámbito, no se trata simplemente de dar los pasos para llegar a eso. Se trata también de estar dispuesto a pagar el precio. Y ese precio es la responsabilidad.

Anteriormente le mencioné a Will Smith y lo citaré nuevamente. Dijo algo que suelo repetir en discursos que dicto en la actualidad porque resume el quid de toda esta idea:

Quiero que el mundo sea mejor porque estuve aquí.
Quiero que mi vida, mi trabajo, mi familia signifiquen algo.
Si no está mejorando la vida de otra persona, está perdiendo el tiempo.
Su vida será mejor únicamente al ayudar a mejorar otras vidas.

Él dice que lo aprendió de su abuela, quien le dijo: "Si vas a estar en este mundo, hay una necesidad de crear una diferencia".

Empecé a darme cuenta de que tenía una pasión por la interrogante de cómo devolvemos todo eso haciendo favores; ese conocimiento, esa orientación, ese crecimiento y desarrollo personales, y ese éxito. Ayudar a la gente a entender no solo el valor de su propio desarrollo personal, sino también cómo eso, a su vez, crea una onda expansiva que toca a todas las personas a nuestro alrededor en nuestra vida diaria. Y luego más allá de ese entorno: ¿cómo estamos cambiando el mundo en conjunto?

Posiblemente haya oído la cita famosa de la antropóloga Margaret Mead: "No dudes jamás de que un pequeño grupo de ciudadanos clarividentes y comprometidos puede cambiar el mundo". Es una observación maravillosa. Pero al conocer la ligera ventaja, podemos llevar esa declaración un paso más allá: jamás dudes de que *una sola persona clarividente y comprometida* puede cambiar el mundo.

Porque una persona, por medio de sus acciones comprometidas, sistemáticas, persistentes, tendrá un efecto de onda expansiva que, con el tiempo, creará un grupo clarividente y comprometido de miles.

O de millones.

MyRipple (Mi onda expansiva)

Me propuse agrupar estas ideas de manera práctica para crear una especie de negocio o estructura que pudiera aprovechar los tipos de experiencias poderosamente positivas de la ligera ventaja que la gente estaba viviendo en su propia vida y catapultarlas para que tocaran la vida de otros. Finalmente, me surgió el concepto de una nueva red social que trataría sobre el desarrollo personal de la gente y el efecto de onda expansiva que podía tener en el mundo.

Le presenté la idea a mi padre y le pregunté si deseaba colaborar conmigo. Estuvo de acuerdo. Decidimos llamarlo MyRipple.

Pronto habíamos entrado en una vorágine, construyendo todos los componentes para lanzar esta nueva red social. Elaboré un plan de negocios detallado para crear un movimiento total, centrándolo en la plataforma del medio social pero también organizando eventos en vivo y más. Hasta habíamos llegamos al punto de contratar programadores para crear la plataforma del medio social y preparar los diseños técnicos de todas las páginas. La red tenía una etiqueta: "Asumir responsabilidad individualmente, cambiar el mundo colectivamente".

Y luego sucedió algo que reencauzó el concepto entero en una nueva dirección: un emprendimiento totalmente nuevo se presentó a nuestra puerta. El que mi padre relató en el capítulo 5 titulado "Vaya despacio para ir rápido".

En ese momento tuve que replantearme profundamente mi camino. Quería realmente trabajar en esta empresa nueva, pero también sabía que absorbería completamente toda mi energía y enfoque, y todavía anhelaba realizar mi visión de MyRipple. No quería abandonar la idea de crear un medio para que la gente se agrupara en torno a su visión de cambiar el mundo.

Pronto me di cuenta de que todo lo que deseaba hacer en MyRipple, lo podría lograr dentro de la nueva compañía.

Y eso es exactamente lo que hicimos. Alrededor de seis meses de iniciada la nueva compañía, al ir estableciéndose, comenzamos a preguntarnos cómo integrar el concepto de la onda expansiva en el negocio. No pasó mucho tiempo hasta que convertimos "La onda expansiva" en el tema central de toda la compañía. Desde entonces, he tenido la dicha de ver que la visión de MyRipple ha fructificado, no exactamente de la forma en que me la imaginé originalmente, sino en muchos aspectos dentro de un contexto incluso mejor. Me ha otorgado una plataforma desde la que puedo llegar a miles y potencialmente millones de personas, especialmente a los jóvenes.

Hacia la generación de la ligera ventaja

Me encanta hablar de la filosofía de la ligera ventaja con la próxima generación, de adolescentes a jóvenes de más de 20 años, porque el recurso más abundante que tienen a su alcance es el *tiempo*. Es posible que suene a cliché decir "tienes toda la vida por delante", pero, para los jóvenes, es la pura verdad. Y como tienen tantos años por delante, cuentan con la singular oportunidad de poner en acción la ligera ventaja en su vida y, a través del efecto de la onda expansiva de su impacto en otras personas, de cambiar el mundo.

Al acercarse el décimo aniversario de mi graduación de la escuela secundaria, me apena ver la situación en que han terminado muchos de mis conocidos de esa época. Eran jóvenes con todo a su favor, con el mundo listo para recibirlos. Eran inteligentes, gozaban de popularidad, eran extrovertidos, tenían familias cariñosas y grandes oportunidades, pero no lograron captar las verdaderas implicaciones de sus elecciones diarias. Jamás vieron la ligera ventaja actuar en su vida y jamás se dieron cuenta de que estaban actuando en su contra. Los pequeños errores de criterio, repetidos diariamente a lo largo del tiempo, los empujaron lejos de donde deseaban estar.

Una vez más, me di cuenta de lo afortunada que era. Como crecí rodeada del pensamiento de la ligera ventaja, no fue tan difícil para mí realizar el tipo de elección cotidiana que propulsó mi vida hacia el futuro de tantas maneras positivas. Y uno de mis deseos impulsores es ayudar a apoyar a otros jóvenes a aprender a realizar ese tipo de elecciones de la ligera ventaja también. Es mi deseo más ferviente que la próxima generación capte la filosofía de la ligera ventaja y se convierta en verdadera defensora de ella en su vida y en la vida de la gente que tienen a su alrededor.

Unos años antes de producir la segunda edición de *La Ligera Ventaja*, colaboré con mi padre y la Fundación SUCCESS en una versión del libro dirigida específicamente a los adolescentes que se tituló *SUCCESS for Teens: Real Teens Talk about Living the Slight Edge (ÉXITO para adolescentes: Charlas de adolescentes reales sobre cómo usan La Ligera Ventaja)*. Esta revisión presentó la misma información básica que *La Ligera Ventaja* original, pero organizada en un formato especialmente fácil de leer y salpicado con ejercicios entretenidos, pasos de acción y relatos de adolescentes verdaderos.

La idea fue acercarse a los adolescentes, ayudarles a aclarar sus metas, aprender a practicar los esfuerzos simples de la ligera ventaja necesarios para el éxito, a aceptar la responsabilidad de su propio destino y moldear los futuros que desean. A través de las gestiones de la Fundación SUCCESS, se han entregado ejemplares del libro, literalmente, a millones de adolescentes.

Ha sido una experiencia increíble ver cuán rápido y con qué entusiasmo los adolescentes y jóvenes adultos captan las ideas de la ligera ventaja y el efecto de la onda expansiva. En el transcurso de producir el libro para adolescentes, nuestra nueva compañía, y sus programas de efecto expansivo, ha visto más y más a la próxima generación contribuir con la sociedad y convertirse en paladines del cambio. La cantidad de organizaciones benéficas fundadas por adultos jóvenes ha aumentado, al igual que el tiempo que dedican a servir al prójimo. Los adultos jóvenes hoy en día dirigen muchas de las gestiones de concientización ambiental. Diría casi con seguridad que la mayor parte de la próxima generación entiende los problemas que enfrenta nuestra nación más que los políticos. Saben que el status quo no es una alternativa, y que no es posible seguir haciendo lo que se ha hecho hasta ahora y esperar que los problemas desaparezcan.

Más allá de las fabulosas gestiones humanitarias y caritativas que están creando, la próxima generación va a cambiar el mundo con un individuo a la vez, una elección a la vez, un día a la vez. Van a asumir la responsabilidad de la vida que llevan y dejar el juego de culparse unos a otros como en las generaciones pasadas. No van a depender de que otros les proporcionen seguridad financiera, sino que lo harán ellos *mismos*. Van a ser conscientes de su salud y vitalidad, tratando su cuerpo como el don preciado que realmente es. Valorarán el recurso más importante que tienen, el *tiempo*, y tomarán las decisiones diarias correctas que mejorarán cada faceta de su vida.

¿Cómo lo sé? ¡Porque ya nos lo están demostrando!

La onda expansiva

Cuando usted crea mejoras positivas en su vida, genera ondas expansivas positivas que se desplazan a su alrededor, como una piedrita de positivismo arrojada en una laguna. Esas ondas expansivas pueden no ser todas visibles; en efecto, pueden ser mayormente invisibles. Pero solo porque usted u otros no puedan verlas, no significa que no existan. Son reales y su impacto puede ser inmenso. Cuando se acerca y afecta positivamente a otra persona por medio de sus interacciones y palabras, crea una ligera ventaja en esa persona, quien a su vez, es probable que se acerque y afecte positivamente a otra. En otras palabras, uno toca a otro, otro toca a alguien más y así sucesivamente.

Al prestar atención todos los días a esas acciones positivas simples, sus hábitos felices y las disciplinas diarias, no solo crea un impacto en sí mismo, sino que también ejerce un impacto poderoso en todas las personas a su alrededor. Usted se convierte en mejor pariente, mejor amigo, mejor socio de negocios. Mejor padre, madre, hijo, hija, hermano, hermana, tía, tío. Se convierte en un miembro de la comunidad con más contribuciones positivas y un líder pensador más influyente, lo cual a su vez crea un impacto positivo propagador en el mundo a su alrededor y en la sociedad en general.

Ya todos estamos teniendo un efecto de onda expansiva de cierto modo, aunque no nos demos cuenta. Pero si nuestro estado de ánimo sube y baja, y nuestras acciones son inconstantes, si le sonreímos a las personas a veces y en otra ocasión pasamos con expresión inmutable ante otros porque "no es un buen día", entonces los impactos positivo y negativo pueden cancelarse y el efecto neto no llega a ser gran cosa. Lo que es peor, si constantemente nos inclinamos por lo negativo, quejándonos siempre, típicamente resaltando los problemas en vez de las soluciones, desempeñando el papel de crítico y cínico, entonces posiblemente estemos creando un efecto de onda expansiva *negativa neta*, echando el mundo abajo.

Todos somos capaces de tener un efecto de onda expansiva poderoso. El asunto es, ¿qué tipo de onda expansiva desea tener? La elección es siempre suya.

Deseo que lean las palabras de mi madre, Renee Olson, porque ella aplica sistemáticamente la ligera ventaja a las relaciones y ejemplifica el efecto de onda expansiva mejor que nadie.

Esto es lo que dice Renee:

> Mi primera experiencia de la ligera ventaja comenzó de niña, viendo a mi propia madre interactuar con la gente a su alrededor. Ella creaba una diferencia todos los días, con amigos y extraños por igual. En esa época no sabíamos qué era, pero se trataba de la ligera ventaja en acción.
>
> Yo no heredé la personalidad sociable de mi madre, pero sí su corazón bondadoso hacia el prójimo. He adoptado el hábito de estar presente con quien quiera que esté en ese momento. De interesarme en ellos y lo que está sucediendo en su mundo, de hacer preguntas, y más importante aún de darles ánimo por un trabajo bien hecho, de advertir y comentar sobre lo que está bien y no sobre lo que está mal. Lo hago hasta con extraños, vendedores, camareros y otras personas con las que me cruzo durante mis actividades diarias. Comparto una palabra bondadosa o una sonrisa con alguien en la fila del supermercado, y en cuanto me doy cuenta, me confiesan su vida y anécdotas personales por el simple hecho de que me interesé en ellos aunque fuera por un momento breve.
>
> Posiblemente nunca vuelva a ver a estas personas, y no tengo manera de saber cómo les afectó este encuentro. Pero sé que importa. La verdad es que, *nunca* sabemos qué puede necesitar la gente en un momento dado. Pero con frecuencia, una sonrisa, una actitud atenta, una pregunta sincera sobre su vida, o alguien que los escuche, puede ser exactamente lo que esa persona necesita en ese momento. Y sería tan fácil no hacerlo y permanecer

sumido en nuestros propios pensamientos sin hacer el pequeño esfuerzo de interesarse activamente en lo que sucede a nuestro alrededor, fuera de uno mismo. Pero si lo hacemos, si cultivamos este hábito de la ligera ventaja de crear momentos positivos para todos los que cruzan nuestro camino, considero que con el tiempo se creará un cambio en la negatividad e indiferencia que con tanta frecuencia uno se enfrenta en el mundo.

Trato de hacer lo mismo con mis amigos y familiares, pero en una escala mucho más grande. Cuando nació Amber, sentí que había comenzado el trabajo más importante de toda mi vida. He hecho el esfuerzo de practicar la ligera ventaja con ella en todas la maneras posibles, y he practicado mi actitud habitual positiva, alentadora, de que todo es posible con ella más que con nadie en la vida a partir del momento en que nació. Es hija única, ¡así que no dejé de lado a nadie!

Frecuentemente con los niños es mucho más fácil no poner resistencia, los dejamos comer esa comida chatarra que adoran en vez de cocinar algo sano, les permitimos ver televisión en vez de leerles, los dejamos que jueguen video juegos en vez de interactuar con ellos. Pero hacer el esfuerzo extra vale realmente la pena. Yo me empeñé con gran dedicación en tomar la decisión de la ligera ventaja con ella todos los días y de cada manera que pude, y ha tenido enormes recompensas. Se ha convertido en una mujer que sabe que puede hacer cualquier cosa que se proponga. Ya no puedo tomar las decisiones de la ligera ventaja por ella, pero no me preocupa porque ella sola está tomando sus propias decisiones de la ligera ventaja, no tengo duda alguna de que también se lo transmitirá a sus hijos.

Comentarios de cierre de Jeff

No puedo añadir nada a lo que dijo Amber porque lo expresó de manera perfecta. Simplemente deseaba cerrar el capítulo ofreciéndole unos comentarios sobre lo que significa todo esto.

Amber tiene dos cargos en nuestra compañía: es la vicepresidenta de marketing, y es excelente en su trabajo. Pero también desempeña otra función: vicepresidenta de cultura. En ese cargo se encarga de nuestro movimiento de onda expansiva, que incluye la colaboración con organizaciones como Big Brothers Big Sisters y la Fundación SUCCESS. Ha sido maravilloso verla desplegar sus alas y remontar vuelo. Unos capítulos atrás, en nuestro análisis del poder del tiempo, le mencioné los Diez valores fundamentales que impulsaron nuestra compañía de cero a $100 millones en el curso de un solo año. La persona responsable de impulsar esos Diez valores fundamentales y convertirlos en parte integral y orgánica de la cultura de la compañía, en cada nivel, fue Amber.

Para mí, Amber es la evidencia más grande en mi vida de lo que la ligera ventaja puede hacer.

Estoy sumamente agradecido por todo lo que la ligera ventaja ha hecho en mi vida, por las recompensas financieras y el éxito empresarial, por la buena salud y las grandes amistades, por el aprendizaje continuo y el desarrollo personal. Pero no se puede comparar con la alegría que siento como padre de ver a mi hija florecer y arrojar luz en el mundo como lo ha hecho Amber.

De todas las maneras que pueda definir el éxito, la felicidad y la gratificación, de todas las maneras de demostrar el efecto de la onda expansiva, no se me ocurre mejor ejemplo.

Mejoras positivas

¿Qué mejoras positivas está creando en su vida? Genere una onda expansiva en un tweet #OndaExpansiva (*RippleEffect*) con la diferencia positiva que está creando. Asegúrese de incluir #LigeraVentaja. O publíquelas en nuestro muro de Facebook en www.facebook.com/yourslightedge. ¡Me encantaría saber cuál es la diferencia positiva que está creando!

Relatos personales de los lectores de *La Ligera Ventaja*

Me crié en Mahwah, Nueva Jersey, y las dos constantes de mi vida fueron mi madre y el fútbol americano. Tuve la buena fortuna de contar con una madre que siempre me dijo que su hijo era especial. Mi otra constante, el fútbol americano, era una actividad en la que tuve éxito desde el primer día que pisé el campo de juego.

El deporte me dio la aceptación de los otros, lo cual me hizo sentir que yo importaba. A medida que transcurrió el tiempo, me dediqué plenamente al deporte. Como muchos niños de mi edad, soñaba con jugar en la liga NFL. En la escuela secundaria avancé por los estratos del deporte para convertirme en uno de los jugadores más buscados por las universidades de la zona noreste. Asistí a la Universidad de Iowa y me convertí en un exclusivo jugador de la línea defensiva galardonado con las categorías All Big Ten y All American. En 1989 el equipo de los Giants de Nueva York me reclutó en la tercera ronda. Llegué pronto al pináculo de mi carrera en mi segunda temporada deportiva, cuando jugué en el campeonato Super Bowl XXV contra los Buffalo Bills y ganamos.

Me sentía en la cima del mundo y todo iba a mi favor, pero lo que pronto me atropellaría como un tren fue que había dejado de esforzarme y me sentía cómodo en mi rol.

Satisfecho con mi éxito, tuve dificultades la siguiente temporada deportiva y perdí un partido cuando William "El Refrigerador" Perry me empujó arrastrándome hacia atrás y bloqueó un gol de campo que ganó el partido. Fue el momento más humillante de mi carrera. Yo había conseguido perder personalmente un partido de la NFL. Los medios de prensa me crucificaron y también lo hicieron los directores técnicos. Me confinaron al banquillo y temí que me liberaran del equipo Giants.

Decidí volver a comprometerme conmigo mismo y a dejar de lado los temores. El trabajo arduo tuvo su recompensa. Mantuve mi posición en el equipo, y dos años más tarde, me convertí en uno de los principales jugadores libres de la NFL. Aunque todavía no lo sabía, estaba practicando la ligera ventaja. Firmé un lucrativo contrato y era uno de los defensores mejor pagados de la liga.

Otra vez, dejé que la comodidad se hiciera cargo de mi vida. Había llegado a mi meta financiera, pero no había alcanzado verdaderamente mis metas personales.

Me retiré del fútbol americano, abrí mi propia tienda minorista y comencé a criar a mis hijos. La vida era buena. Ya no había entrenamientos intensivos. Estaba viviendo el sueño de tener mi propio negocio. Luego en el año 2008 la economía se derrumbó y la vida se tornó muy estresante. No era solo la economía. Durante trece años desde que me retiré de la NFL, había dejado que mi peso aumentara sin control. Pesaba 340 libras, mi negocio estaba fracasando y mi cuerpo estaba adolorido por todos los años del deporte y el abandono. Mi vida estaba llena de personas tóxicas. Me entró la depresión y sentí un desgaste emocional.

Por último, mi esposa Kristi decidió regresar a trabajar para contribuir a la economía familiar. Encontró un trabajo en ventas, y parte de su entrenamiento incluyó materiales de audio inspiradores y un libro llamado *La Ligera Ventaja*. Me empezó a alentar a que yo también lo leyera y, aunque al principio me resistí, al ver los cambios en ella, decidí leer el libro.

Realmente no me gusta leer libros, pero *La Ligera Ventaja* atrapó mi atención de inmediato. Aunque nadie lo hubiera sospechado, sentía que había tocado fondo. Comencé a aplicar los principios básicos de *La Ligera Ventaja* a mi vida. Y en forma certera, las acciones positivas y simples repetidas a lo largo del tiempo pronto comenzaron a tener un efecto acumulador. Un efecto que cambió mi vida por siempre.

Las filosofías y las ideas de la ligera ventaja parecen muy simples, pero cuando se aplican constantemente, los resultados son sorprendentes.

Mi salud y mi espíritu dieron un vuelco rotundo. Comencé a comer alimentos nutritivos, y a hacer ejercicio diariamente. No solo comencé a perder peso, sino que cambió mi perspectiva entera sobre el motivo por el que comía fuera de control. En los restaurantes, me sorprendía diciendo: "¡Bueno, es fácil pedir una hamburguesa con queso, enorme y jugosa, pero es igualmente fácil pedir ensalada con pollo asado!"

En el transcurso de un año, adelgacé más de 70 libras, y mi colesterol bajó de 289 a 179 en solo nueve meses. Ahora leo o escucho materiales de desarrollo personal todos los días. Habiendo captado los beneficios de las disciplinas sencillas, practicadas con el tiempo, sé que jamás volveré a vivir una vida insalubre.

Pero lo mejor de todo ha sido ver el impacto de esos cambios en otras personas.

Una vez que me hallé en el ritmo de *La Ligera Ventaja*, me sorprendí y francamente hasta me conmovieron los cambios en mi vida. No me había dado cuenta de que la verdadera bendición de mi despertar con la ligera ventaja sería el efecto que tendría en las personas de mi vida. El valor que finalmente comencé a ver en mí mismo empezó a tener un efecto de onda expansiva en las personas que más quería.

Ahora mis hijos han leído *La Ligera Ventaja* y están implementando esos principios en su vida también. Amigos y compañeros de trabajo notaron un cambio importante en mi actitud de paciencia y seguimiento, y han sido testigos de mi felicidad recién descubierta. Ven que he hallado nuevas ambiciones y metas por lograr, como ser el esposo y el padre que debía ser. Ojalá este libro se hubiera escrito cuando estaba jugando fútbol americano. Pero de todos modos se publicó en el momento acertado para mí. Ahora estoy en la segunda mitad de mi vida, ¡y es la mitad más importante!

Animo a todos los que lean esto y a aplicar los principios en su propia vida también. No solo le cambiarán a usted, sino que cambiarán positivamente a todos sus seres queridos.

— *Robert Kratch, Minneapolis, Minnesota*

Puntos esenciales del Capítulo 8

↗ Todos desean saber que crean una diferencia en el mundo; que sus vidas importan.

↗ El gran éxito también crea una mayor responsabilidad de compartir ese éxito con otros.

↗ Una sola persona clarividente y comprometida puede cambiar el mundo.

↗ Todos tenemos un efecto de onda expansiva en los otros. El asunto es: ¿qué tipo de onda expansiva, negativa o positiva, deseamos tener?

9. Pero debe comenzar con un centavo

> "Un viaje de mil millas comienza con un solo paso."
> —*Proverbio chino*

Todos los días, conté la historia del centavo duplicado a cientos y cientos de públicos distintos, y la gente suele acercarse después para comentar, por ejemplo: "¡Es increíble pensar que se puede empezar con nada y amasar una fortuna!"

Pero eso no es exactamente lo que dice el cuento. El hijo del hombre rico no empezó con nada. Comenzó con un centavo.

"Sí, bueno, pero eso no es gran cosa. Claro que comenzó con un centavo, pero eso es básicamente lo mismo que empezar con nada."

No, no lo es: es comenzar con un centavo. Quizás le parezca una diferencia insignificante, pero posiblemente ahora usted tenga una perspectiva muy diferente sobre la palabra "insignificante". La verdad es que, si bien ese centavo puede ser pequeño, no tiene nada de insignificante.

En efecto, hace *toda* la diferencia del mundo.

Todo empieza en algún sitio

A estas alturas, seguramente ha captado la idea central de este libro: no se necesitan saltos sobrehumanos para lograr cosas increíbles. Cualquiera que sea el éxito que desee crear, las hazañas que aspire a concretar, los sueños que anhele convertir en realidad, es capaz de lograrlos y no tiene que hacer cosas imposibles y extraordinarias para llegar a ellos.

Pero tiene que hacer *algo*. Tiene que empezar con un centavo.

El éxito no surge de la nada. No se puede aparecer como por arte de magia, ni se lo va a traer el genio de la lámpara de Aladino solo porque usted la frotó y tuvo buenos pensamientos. El éxito surge de un comienzo pequeño, a veces tan diminuto que parece invisible y la mayoría de la gente se lo pierde. Pero debe *haber* un comienzo.

Algunas de las compañías más grandes del mundo empezaron con un valor de poco más que un centavo. En el 2003, un estudiante de segundo año de Harvard, llamado Mark, improvisó desde su residencia estudiantil un sitio Web para el alumnado que permitía comparar dos fotos de estudiantes a la vez y votar por la persona más atractiva. A este proyecto lo llamó "Facemash", por el cual casi lo expulsan de Harvard. En la actualidad, diez años más tarde, tiene más de mil millones de usuarios, ha transformado la naturaleza de las comunicaciones globales y Mark Zuckerberg es una de las personas más ricas e influyentes del mundo.

Cuando se le ocurrió a Zuckerberg, Facemash puede haber sido una jugarreta petulante e inmadura más que una idea empresarial seria. Pero el asunto es que a él se le ocurrió. El fenómeno multimillonario de Facebook no surgió de la nada. Comenzó con un centavo.

Treinta años antes de que Zuckerberg se metiera en problemas con Harvard, un joven profesor de inglés de escasos recursos, llamado Steve, luchaba por ganarse la vida en su tiempo libre escribiendo historias para revistas de hombres. Había comenzado un relato sobre una atribulada alumna de la secundaria, pero después de escribir las primeras tres páginas se dio cuenta de que la historia no cuajaba y arrojó las hojas a la basura. ¿Para qué añadir una carta de rechazo más a la creciente pila?

Al día siguiente, la esposa de Steve estaba ordenando y, al agacharse a recoger el cesto de basura, de casualidad vio las hojas de papel onduladas. Las estiró, quitó los restos de cenizas de cigarrillo, las leyó y las puso de vuelta en el escritorio de Steve. "Creo que tienes algo interesante entre manos", le dijo. "Algo que quizás valga la pena terminar."

Tenía razón. Steve terminó la historia y vendió los derechos de la obra por casi medio millón de dólares. No solo eso, sino que el relato de la atribulada joven llamada Carrie lanzó su carrera al estrellato. Propulsado por la novela rescatada de la basura, Stephen King se convirtió en uno de los escritores más exitosos del siglo XX.

Lo que Tabitha King reconoció en el cesto de basura puede haber sido un centavo sin brillo, pero aun así era un centavo.

Remontémonos otros veinte años atrás, a un frío día de diciembre de 1955, cuando una costurera desconocida de cuarenta y dos años de edad, que vivía en Montgomery, Alabama, decidió que ya estaba harta. Estaba cansada después de un largo día de trabajo. Pero, ante todo, estaba cansada del mal trato y cansada de que todas las otras personas de color también fueran tratadas así. Entonces cuando le dijeron que tenía que levantarse de su asiento en el autobús para dárselo a un pasajero blanco, ella se negó aun cuando el conductor la amenazó con el arresto.

No fue una amenaza en vano. Efectivamente la *arrestaron*, la declararon culpable y la multaron por violar una ordenanza municipal. Ese caso fue el catalizador que engendró una nueva organización de derechos civiles. El mismo día de la audiencia para oír el caso de la mujer, la nueva Asociación para la Mejora de Montgomery eligió como portavoz a un pastor joven y relativamente desconocido llamado Martin Luther King, Jr., lanzando así un movimiento que en la próxima década lograría abolir la segregación lícita y transformar radicalmente la faz de la nación.

Rosa Parks fue el centavo.

Continuemos a la última escala de este viaje por el tiempo. Érase una vez, hace una cierta cantidad de años, una gotita de gelatina comenzó a latir con potencial oculto. Era apenas una mota de materia, del grosor aproximado del billete de un dólar, en el umbral mismo de la visión humana. Si hubiera sido más pequeña, habría sido invisible a simple vista.

A pesar de ser tan diminuta, esta manchita insignificante de materia, en la cabeza de un alfiler habrían entrado unas veinte de ellas, contenía instrucciones químicas que, si se hubieran impreso, habrían llenado más de 500,000 páginas. De hecho, se considera entre las estructuras más complejas y organizadas del universo. Durante el transcurso de los próximos nueve meses de acumulación, al estilo de la ligera ventaja, esta gotita de gelatina se convertiría en más de treinta trillones de células y nacería dando un grito al dar su primer suspiro.

Se convertiría en *usted*.

Usted comenzó como un centavo.

El centavo que le hace pensar

Imagínese que en vez de un centavo que se duplica todos los días, es su salud que va aumentando con el valor de un centavo, después dos, luego cuatro, a continuación ocho y así sucesivamente hasta $10 millones. Si pudiera idear algo que lo hiciera sentir un centavo de diferencia mejor,

¿podría hacerlo todos los días? Desde luego. Un poco de ejercicio moderado, una caminata enérgica de una milla, quince minutos en la caminadora. Eleve su ritmo cardíaco un poquito, nada del otro mundo.

¿Y su recompensa? Cuando se levanta a la mañana siguiente, ¿se siente mejor? En realidad, no. Es decir, nada que pueda notarse. Quizás un *poquito*. Digamos, como la diferencia de un centavo. Apenas parece que vale la pena el esfuerzo. Y después de una semana, se sentirá mejor con una diferencia de sesenta y cuatro centavos. Nada del otro mundo. Tuvo que aguantar unos días lluviosos, caminar con músculos doloridos, perderse su noticiero favorito y, después de todo esto, tampoco es que se esté sintiendo como un millón de dólares. Bueno, ¿vale la pena realmente todo esto? Quizás no. Pero, ¿qué si siguiera haciéndolo de todos modos? *Con el tiempo,* ¿se sentiría como un millón de dólares?

No, se sentiría como *diez* millones. Pero tiene que empezar con el centavo.

Ahora imagínese que el centavo es su conocimiento.

Si le dijera que leer el libro *Piense y hágase rico* de Napoleon Hill le va a cambiar la vida, ¿se sentaría a leerlo hasta el final hoy mismo? Le aviso que es un libro de 256 páginas y no de las livianas. O leer otro clásico, *Los siete hábitos de la gente altamente efectiva* de Stephen Covey. Ese es un volumen de 358 páginas pero no de lectura fácil. ¿Leería cualquiera de ellos en un solo día? Lo dudo. Yo no podría. No puedo pasarme el día entero leyendo, y seguro que usted tampoco.

¿Pero podría leer el equivalente al valor de un centavo; digamos, unas diez páginas? Diez páginas del libro de Hill le costarían en realidad unos cincuenta centavos; y diez páginas de Covey equivaldrían a unos diez centavos, pero estoy usando acá el centavo como una metáfora.

No sé cuánto aprendería en diez páginas. Tal vez mucho, tal vez poco. Digamos que apenas saca *algo* de ellos. Pero si pudiera leer diez páginas hoy, ¿podría leer diez más mañana? Claro que sí. Cualquiera que puede leer es capaz de hacerlo.

Si lo hace, ¿le cambiará la vida ese primer día que lea diez páginas? Probablemente no. Y si *no* lee esas diez páginas, ¿empezará a desmoronarse su vida? Claro que no. Pero la gente exitosa hace lo que la gente fracasada no está dispuesta a hacer, aun cuando no parece que está creando diferencia alguna. Y lo hace el tiempo suficiente para que empiece a desencadenarse el efecto acumulativo.

Si lee diez páginas por día de libros como esos, y lo sigue haciendo todos los días durante un año, habrá leído alrededor de una docena de libros clásicos poderosos, asombrosos y capaces de transformar la vida. Se le llenará la mente de las estrategias y los conocimientos necesarios para crear un sorprendente nivel nuevo de éxito. Usted habrá absorbido los pensamientos de los millonarios.

Pero para poder hacerlo, *debe leer esas diez páginas*. Tiene que empezar con el centavo.

El poder del uno por ciento

Usted estará pensando que está bien hablar del centavo que se duplica todos los días. Pero nadie le está ofreciendo duplicar *su* dinero todos los días. Eso no sucede en la vida real.

Tiene razón. Cambiemos la ecuación. Dejemos de lado por un momento la duplicación y el interés compuesto también. En cambio, hablemos simplemente de *añadir* un centavo todos los días. Nada de duplicación mágica ni de interés compuesto, sino la misma acción simple, una y otra vez, de añadir un centavo por día.

Y mientras está añadiendo un centavo por día, imagínese también haciendo una cosa igualmente simple todos los días en *todas* las áreas de su vida que son importantes para usted. Añada un centavo de valor a su felicidad, a su sentido propio, a sus amistades, a su salud, a sus estudios, a las habilidades y áreas del conocimiento que esté buscando. En cada área que sea importante, añada *un centavo* diario.

¿Cómo se añade un centavo de valor en felicidad o conocimiento? De la forma que se explica a continuación.

La palabra "centavo" significa *céntimo*, es decir un centésimo o *1%* de un dólar. Digamos entonces que usted añade el 1% de cualquier valor que desea lograr, en todas esas áreas. Para el final del año, al añadir 1% cada día (suma pura sin interés compuesto), ¿cuánto habrá añadido? Un total de 365%. En otras palabras, multiplicado por tres y medio.

Si sus pequeñas acciones —sus hábitos felices, palabras amables, sesiones de práctica o estudio, gimnasia, hora de lectura y el resto— representaron individualmente una mejora del 1% en esa área, su nivel de logro dentro del período de un año no se duplicaría sino que *se triplicaría y más*.

¿Cree que puede mejorarse a sí mismo, su salud, su felicidad, sus conocimientos, sus habilidades, su dieta, sus relaciones, cualquiera sea el área que desea mejorar, solo por un valor del 1% por día? Esa es una ventaja tan ligera que posiblemente ni siquiera sepa cómo medirla. ¿Pero si lo hiciera otra vez mañana y al día siguiente, y lo siguiera haciendo todos los días durante el próximo año?

Le explico cómo es eso cuando está sucediendo realmente. El primer día usted mejorará por un factor de 0.01, tan pequeño que probablemente sea imposible notar. El segundo día, su mejora será de 0.02; al día siguiente, 0.03. Tan pequeño todavía, que es casi invisible.

Reitero que esa es la razón por la que la gente abandona el gimnasio, evita sus obligaciones y ni se molesta en escribir notas de agradecimiento. ¿Qué tiene de bueno sentirse 0.03 veces más delgado o con un estado físico 0.03 veces mejor? ¿Para qué molestarse? Sin embargo, al encaminarse en esa dirección y añadir solo un centavo por día, para fin de año, tendrá un estado físico más de tres veces mejor, será tres veces más feliz, tendrá tres veces más conocimientos, tres veces más habilidades, será *usted* tres veces mejor, en un solo año.

¿Y cómo lo logra? ¿Intentándolo con el doble o el triple de esfuerzo? No. Además, usted ya lo está intentando. Todos lo estamos intentando. No se trata de hacer más esfuerzo.

Bueno, quizás un poquito más de esfuerzo: solo un 1% más.

Centavo ahorrado...

Hemos estado hablando de añadir un centavo todos los días. Pero el asunto es que, cuando añade un centavo por día, no añade sólo el centavo porque el interés compuesto *sí* sucede. Del mismo modo que sucede con certeza en una cuenta de ahorros, sucede en una relación, una habilidad, su salud y en cualquier otra cosa a la que le dedique esfuerzo. El crecimiento se acumula. No es solo la naturaleza del jacinto de agua, sino la naturaleza de la *vida*.

Probablemente haya escuchado este refrán muchas veces:

Un centavo ahorrado, dos veces ganado.

Es una de esas cosas que la gente dice sin realmente pensarlo bien porque *no es verdad*. Si lo fuera, un centavo entonces sería solo un centavo. Nada del otro mundo. Pero un centavo ahorrado no es un centavo ganado; un centavo *ganado* es un centavo ganado. ¿Cuánto es un centavo *ahorrado*? Es mil dólares, si ahorra el tiempo suficiente con una excelente tasa de interés.

Pero debe empezar con un centavo. Y esa es la ironía de la situación, la triste verdad sobre todos aquellos que escogen el camino más fácil de no hacer las cosas en la vida. Los miles de millones de dólares de deudas personales y la falta descomunal de ahorros en los Estados Unidos es un reflejo del "camino no tomado" pero en este caso, es *el centavo no ahorrado*. El camino que es muy fácil tomar, pero muy fácil no tomar.

Usted camina por la calle y ve un centavo. Parece tan insignificante, tan pequeño, tan tonto, ¿para qué siquiera molestarse en agacharse y levantarlo? Después de todo, ¿se imagina entrar a un banco para depositar un solo centavo en una cuenta de ahorros? ¿Se imagina mirar su libreta de ahorros, caja de depósito o alcancía y hallar un saldo de $0.01? Es como si fuera un saldo de cero, ¿no? Estamos hablando de un *centavo*. ¿Qué puede hacer con un centavo?

Si entiende la ligera ventaja, puede hacer prácticamente cualquier cosa.

Todos los días, en cada momento, usted ejerce elecciones que determinarán si se va a convertir o no en una gran persona con una gran vida. La grandeza no es algo predeterminado, predestinado ni marcado en su destino por fuerzas ajenas a su control. *La grandeza está siempre en el momento de la decisión*. Pero debe empezar con un centavo.

Los centavos y las alas de las mariposas

Permítame contarle sobre el hombre que salvó millones de vidas —y muy posiblemente la suya— con solo lavarse las manos.

A mediados del siglo XIX, una era en la que se desconocía por completo la función que tenían las bacterias de causar enfermedades, la mayoría de las mujeres preferirían dar a luz en la calle que ir a una clínica. Sabían que sus probabilidades de sobrevivir eran mejores en la calle. Sabían que tener a sus bebés en los establecimientos médicos de esa época significaba la probabilidad de muerte para una de cada diez. En el Hospital General de Viena, donde trabajaba un obstetra húngaro llamado Ignaz Semmelweis, la tasa de mortalidad era 1 de cada 3.

Semmelweis presentó una proposición radical: antes de operar, los cirujanos debían *lavarse las manos*. Fue objeto de gran ridículo. Los cirujanos siguieron atendiendo partos con las manos sucias, y las mujeres siguieron muriendo. El establecimiento médico no era capaz de ver cómo algo tan insignificante como lavarse las manos podría hacer diferencia alguna, y debido a ello, miles de personas murieron innecesariamente.

Pero Semmelweis siguió lavándose las manos de todas formas, y con el tiempo su idea se aceptó, lo cual salvó *millones* de vidas. En efecto, si no fuera por la pequeña idea insignificante de Semmelweis, existe una probabilidad bastante clara de que usted y yo no hubiéramos existido porque nuestras abuelas o bisabuelas no habrían sobrevivido el parto.

Es posible que haya oído hablar del "efecto mariposa". Es una famosa proposición de la teoría del caos, que dice que cuando una mariposa aletea en Sudamérica, puede desencadenar una serie de acontecimientos que terminan causando un tifón en la zona sudeste de Asia. La verdad es que usted crea su propio efecto mariposa, aunque no lo sepa, y lo hace todo el tiempo.

Una de mis historias favoritas sobre el efecto mariposa es *¡Qué bello es vivir!*, el famoso largometraje. George Bailey, un hombre de negocios de un pequeño poblado, llega al borde de la desesperación y decide que la vida no tiene sentido y que no hace diferencia. Cuando está a punto de suicidarse, lo visita un ángel con el inverosímil nombre Clarence, quien guía a George por la experiencia de ver cómo sería el mundo si él no hubiera nacido. (Razón por la cual citamos una frase elocuente de Clarence para el epígrafe del capítulo anterior "La onda expansiva".) No hay palabras para describir la experiencia de George. A usted también le sucedería lo mismo si Clarence lo llevara a recorrer su vida por el mismo camino. Pero fuera de Hollywood, no hay ningún Clarence para brindarle esa claridad. Es algo que debemos aprender a ver con nuestros propios ojos.

Las cosas más pequeñas son las cosas más grandes

A George le parecía que su vida era algo pequeño que no importaba. Pero, después de todo, no era una cosa pequeña y tenía mucha importancia. En efecto, tal como se enteró, si no hubiera nacido, el destino de todo el pueblo en el que vivía hubiera sido drásticamente diferente. Marty McFly aprendió lo mismo cuatro décadas más tarde en *Volver al futuro*. Las mejores historias se repiten en cada generación.

A veces incluso las cosas más importantes parecen inútiles o sin sentido en ese momento, mucho antes de poder ver o sentir el impacto final. Como la rana dando brazadas en la crema. Como mirar un centavo convertirse en dos, y luego en cuatro. "Ni que fuera gran cosa... ¿Qué puede comprar con cuatro centavos?" Una vez que se convierte en diez millones de dólares, *lo que se le ocurra*.

Las pequeñas cosas, aquellas que parecen carecer totalmente de poder, pueden crear toda la diferencia del mundo. A veces hasta pueden cambiar el curso de la historia.

Y se lo digo con certeza: le cambiarán *su* historia.

Sin duda han cambiado la mía.

"Pero eso son las películas." Posiblemente, pero lo mismo sucede en la vida real.

Piense en las grandes figuras del siglo XX, la gente que tuvo el mayor impacto positivo en la historia. ¿John F. Kennedy? ¿Jonas Salk? ¿Madre Teresa? ¿Oskar Schindler? ¿Martin Luther King, Jr.? Escoja su héroe y entienda lo siguiente: existe una probabilidad muy real de que si Ignaz Semmelweis no hubiera seguido insistiendo en lavarse las manos, esa figura importante —ese Jonas Salk, esa Madre Teresa— *jamás hubiera existido*.

Dicho sea de paso, en el año 2006, el Instituto Americano de cine clasificó a *¡Qué bello es vivir!* en primer lugar entre los largometrajes más inspiradores de todos los tiempos. *Sesenta años* después de filmado. Después de todos estos años, sigue siendo un mensaje elocuente porque es uno que necesitamos escuchar:

Lo que usted hace, importa.

Relatos personales de los lectores de *La Ligera Ventaja*

Después de sufrir un accidente cerebrovascular, el diagnóstico inicial de mi médico fue que probablemente no volvería a caminar. Cuando comencé el largo camino de la recuperación, apenas podía moverme y había perdido la habilidad de hablar. Sabía que para regresar a la vida que había disfrutado antes del accidente cerebrovascular, debía mantenerme enfocado en mejorar un poquito cada día y no dejarme vencer por las circunstancias actuales.

La Ligera Ventaja me enseñó que si uno hace algo pequeño todos los días, poco a poco, es posible avanzar mucho. Apliqué esa filosofía a mi rehabilitación. Poco a poco, comencé a mover los dedos. Luego la mano y después el brazo. Poco a poco. Hoy en día salgo a andar en bicicleta y dedico treinta minutos por día a la bicicleta elíptica. Me he recuperado por completo, incluso puedo caminar y hablar, y he sido capaz de volver a hacer las cosas que más me apasionan, como tocar música y hablar ante el público. Mis médicos me dicen que la mitad de los pacientes que sufrieron el tipo de accidente cerebrovascular que yo tuve ni siquiera sobreviven y ni hablar de mejorar, pero cuando me ven, ni siquiera pueden darse cuenta de que tuve ese accidente.

A través de todo el proceso de rehabilitación, tuve fe de que si podía mejorar un poquito cada día, acumulado a lo largo del tiempo, sería capaz de recuperarme totalmente. Y sucedió, tal como supe que sería. Todo comienza con un poquito.

— *Al Lewis, Chicago, Illinois*

Hace seis años me enteré de que mi contador había malversado $2 millones de dólares de nuestra compañía. Terminé en bancarrota y durante cinco años me consumió la depresión. Hace unos seis meses, compré un ejemplar de *La Ligera Ventaja* y, tras leerlo, fui capaz de hallar la motivación de dar un pequeño paso todos los días hacia la reconstrucción de mi vida. Hoy en día he regresado a la televisión y a la radio, y he vuelto a escribir otra vez. Reconstruí mi sitio web y he tenido varios adelantos financieros importantes.

De lo que me di cuenta fue que ya no podía cambiar el pasado, pero *podía* rehacer un futuro nuevo dando un pequeño paso cada día en la dirección acertada, tal como el poder del centavo. Como resultado de esos pequeños pasos, estoy más que encaminado a recuperar el éxito del que gozaba antes de perder todo.

— *Jim Paris, creador de ChristianMoney.com, Daytona Beach, Florida*

Puntos esenciales del Capítulo 9

↗ El gran éxito suele empezar con un comienzo diminuto, pero debe *haber* un comienzo. Debe empezar en algún sitio. Usted tiene que hacer algo.

↗ Si añade solo el 1% de cualquier cosa —habilidad, conocimiento, esfuerzo— por día, en un año habrá alcanzado más del triple. Pero debe empezar con el 1%.

↗ La grandeza no es algo predeterminado, predestinado ni marcado en su destino por fuerzas ajenas a su control. La grandeza está siempre en el momento de la decisión.

Parte II
VIVIR LA LIGERA VENTAJA

10. Dos caminos de vida

> "Yo tomé el menos transitado y eso hizo toda la diferencia."
> —*Robert Frost,* El camino no elegido

Suena la alarma. Son las 6 de la mañana. Sin estar por completo consciente, usted da un manotazo y aprieta el botón de repetición de alarma. Un descansito de diez minutos. Luego saca tentativamente el pie debajo de la manta. Brr. Abre un ojo. Todavía no amaneció.

Usted se enfrenta a una decisión.

Puede sentarse, encender la luz, hacer rechinar su cerebro y buscar entre su materia gris atontada tres cosas nuevas por las que está agradecido para poder anotarlas. Luego podría encender la maquinaria de sus cansadas piernas, caderas y espalda para arrastrarse de la cama y hacer los veinte abdominales que se prometió a sí mismo hacer todos los días. ¿Cuando se lo propuso, también quiso decir los sábados? Hoy es sábado. Usted da un bostezo.

O podría acurrucarse otra vez debajo de las sábanas y seguir durmiendo. No, eso es cosa de holgazanes. Transijamos: escuche las noticias. Póngase al día con ese jugoso escándalo político y vea qué está pasando con la persecución del asesino de la semana.

Se estira para alcanzar el control remoto.

Y acaba de decidir el rumbo que tomará su vida.

"¡Vamos!", protestará usted. "¡Hágame el favor! Es sábado a la mañana, unos pocos *minutos* de un sábado a la mañana. ¡Como si fuera a tener consecuencias capaces de alterar la vida!"

Pero sí lo tiene. La grandeza está siempre en el momento de la decisión, y también lo está el destino. El obsequio del hombre rico a sus hijos, la sabiduría de reconocer la ligera ventaja, surge en las pequeñas elecciones rutinarias que hacemos todos los días, y no en un gran momento dramático mientras se escucha en el fondo una orquesta con música conmovedora en crescendo. Y esos momentos privados, sigilosos y cotidianos son lo que determinan el camino que tomará su vida.

Donde usted termine en la vida no tiene que ver con que sea una buena o mala persona, si se lo merece, con su karma o sus circunstancias. Está dictado por las elecciones que realiza, en particular las pequeñas. Sé que no parece así. Parece que está por elegir cómo pasar la próxima hora y no los próximos cuarenta años. Pero *está* eligiendo cómo pasar los próximos cuarenta años.

El motivo por el que es difícil verlo es que parece que sus acciones se mueven a lo largo de una línea recta simple. Usted escribe tres gratitudes, o duerme diez minutos más, hace veinte abdominales o mira las noticias por televisión. De una u otra forma, termina en el mismo lugar, al otro lado de los próximos diez minutos, ¿no?

Pero no. Usted termina en distintos lugares. Porque sus acciones no se desplazan en una línea recta. Se desplazan en curva.

Todo se curva

En una época los habitantes del mundo estaban convencidos de que el planeta era inmóvil y estaba en el centro del universo. Unos pocos visionarios tercamente se rehusaban a aceptar lo que para otros era obvio y, como Copérnico, Galileo y otros más arriesgaron su vida para elegir el camino menos transitado, el resto del mundo finalmente entendió lo que ahora es obvio para todos los habitantes del siglo XXI: la Tierra gira alrededor del sol. En los últimos cien años, hemos descubierto que incluso el espacio es curvo aunque ese concepto le sigue resultando difícil de entender a la mayoría de la gente.

La verdad es que *todo* es curvo. No existe la línea recta verdadera. Todo está siempre en constante cambio. Incluso su vida. Usted está en un recorrido llamado su *camino de vida*, y ese camino no es una línea recta, sino una curva. Al ir transitando por su camino, siempre, cada momento del día, se curva hacia arriba o hacia abajo.

Es posible que hoy le parezca casi igual que ayer, pero no lo es.

Es distinto. Cada día es distinto. Las apariencias engañan. En realidad, casi siempre son engañosas. Habrá momentos en que las cosas parecen estar estables y equilibradas. Esta es una ilusión: en la vida, no existe el permanecer en el mismo lugar. No hay líneas rectas; todo se curva. Si usted no está acrecentando, está decreciendo.

Por encima y por debajo de la ligera ventaja

Visualicemos concretamente la ligera ventaja volviendo a analizar la lección del hombre rico. Al crear un gráfico del centavo duplicado todos los días durante un mes, se vería así:

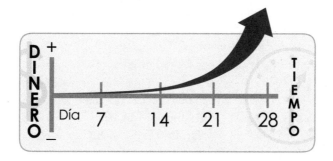

No se trata solo de una representación del interés compuesto, sino de cómo se ve la ligera ventaja cuando está funcionando a *su* favor.

Ahora tratemos de captar cómo se ve y se siente la ligera ventaja cuando está funcionando en su *contra*. Es simple, solo coloque un espejo al pie de la primera ilustración. El gráfico en el espejo le muestra que cuando no está funcionando a su favor, la ligera ventaja puede ser verdaderamente brusca e implacable.

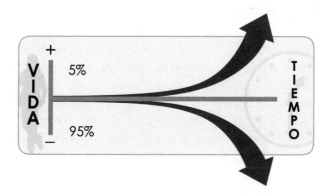

Si usted entiende y vive según la ley del interés compuesto, su vida se verá como la parte superior del gráfico. Si usted no entiende y no vive según la ley del interés compuesto, su vida se verá como la parte inferior del gráfico. La curva superior es la fórmula para el éxito: unas pocas disciplinas, repetidas todos los días. La curva inferior es la fórmula para el fracaso, unos simples errores de criterio, repetidos todos los días.

La curva superior representa esa única persona de cada veinte, el 5% que son exitosos y felices al final de su vida. La curva inferior representa las otras diecinueve personas de las veinte, es decir el 95% que llega a la madurez furioso y amargado, y no tiene idea ni concepto alguno de cómo llegó a esa situación ni por qué. La vida, a su parecer, es injusta y así son las cosas. Pero usted y yo sabemos que ese no es el caso. No se trata de ser justo ni injusto ni de "así son las cosas".

Es geometría pura, la geometría del tiempo.

La mayoría de la gente considera que el tiempo es su enemigo. Buscan evitar el paso del tiempo y se esfuerzan por obtener resultados *ahora mismo*. Esa es una elección basada en una filosofía. La gente exitosa entiende que el tiempo es su amigo. En cada elección que yo hago, cada curso de acción que tomo, siempre tengo presente el tiempo: el tiempo es mi aliado. Esa también es una elección basada en una filosofía.

El tiempo será su amigo o su enemigo; lo promoverá o lo expondrá. Depende puramente del lado de la curva en que decida montarse. Depende totalmente de usted. Si está haciendo las pequeñas disciplinas, el tiempo lo promoverá. Si está cometiendo los pequeños errores simples de criterio, el tiempo lo expondrá, aunque parezca que las cosas le están yendo bien ahora.

La vida es una construcción curva; el tiempo es su constructor y la elección es el arquitecto maestro.

Por qué las personas no vuelan

¿Se preguntó alguna vez por qué las personas no pueden volar? Cuando algo difícil, doloroso o trágico sucede, solemos decir que es algo "pesado". Y, por cierto, así es. La vida es pesada. La fuerza predominante en la Tierra es la gravedad, y la gravedad siempre tira hacia abajo. Si no, pregúntele al Obispo Milton Wright, fundador de la institución universitaria Huntingdon College de Indiana, quien en un sermón pronunciado en el año 1890, declamó esta verdad manifiesta: "Si Dios hubiera querido que el hombre volara, le hubiera dado alas."

Pero algunas personas parecen ser incapaces de aceptar las verdades obvias. Por ejemplo, como los dos hijos del Obispo Wright, quienes trece años más tarde construyeron y pilotearon la primera máquina voladora exitosa, accionada por el hombre y más pesada que el aire. Se llamaban Wilbur y Orville.

La investigación de ciencias sociales dice que, de niño, uno escucha la palabra "no" unas 40,000 veces para cuando llega a los cinco años de edad, antes de siquiera comenzar primer grado. ¿Y cuántas veces escucha la palabra "sí"? Unas 5,000 veces. Es decir, ocho veces más "no" que "sí". Ocho veces más la fuerza lo tira hacia abajo, en comparación con la fuerza que lo eleva. Ocho veces la gravedad contra sus deseos de remontar vuelo.

"¡No hagas eso! No te encorves. No toques eso, está caliente. No hables con extraños. No, no te puedes quedar levantado tarde. No, hasta que no seas más grande. No, ahora no tenemos tiempo. No, no, no..."

Por supuesto que la mayoría de esos "no" tienen buenas intenciones, como el lema de la policía cuyo objetivo es proteger y servir. No estoy criticando los "no". ¿Pero dónde están los "sí"?

En el conocido libro *Word-of-Mouth Marketing* de Jerry Wilson, consultor de empresas Fortune 500, él describe cómo basó su revolucionaria estrategia de "servicio excepcional al cliente" en una sola y trascendental estadística que descubrió en la investigación de marketing: el cliente promedio le contará a otras tres personas sobre una experiencia positiva con un negocio o producto, pero hablará de una experiencia negativa con *treinta y tres* personas. Once comentarios de mala experiencia contra uno positivo; once razones por las que una idea no funcionará y una razón por la que sí surtirá efecto.

Como mencioné antes, sólo alrededor de una persona de cada veinte logrará sus metas y sueños en la vida. Sea cual fuere la esfera de la vida, del trabajo o del esparcimiento de que se trate, veremos un porcentaje promedio del éxito de no más del 5%. ¿Por qué es así? Esas cifras explican la respuesta. Cuando crecemos con 40,000 "no" y 5,000 "sí", treinta y tres negativas para cada tres positivas, no ha de sorprender que el 95% de nosotros esté fracasando.

No ha de sorprender que la mayoría de la gente no vuele.

Si usted es una de esas personas poco comunes y especiales dentro del 5%, que decide ignorar la gravedad y remontar vuelo —una de esas aves extrañas como Orville y Wilbur, que optan por liberarse de la fuerza que ejerce la vida hacia abajo y elevarse a una calidad más alta de logro y éxito, por ser pioneros y arriesgarse a la incomodidad y al ridículo en pos de sus sueños —, le tengo buenas y malas noticias.

La buena noticia es que ya está excepcionalmente bien orientado al éxito.

La mala noticia es que todas esas personas en el 95% le van a estar dando tirones, sentándosele encima, haciéndole comentarios negativos y fatalistas, y esforzándose por jalarlo hacia abajo. ¿Por qué? Porque si triunfa, se refuerza el hecho de que ellos no están donde desean estar. Ellos saben instintivamente que hay solo dos formas de que su edificio sea el más alto de la ciudad: construir uno más alto o derribar todos los otros. Como es muy poco probable que ellos construyan el más grande, y como tarda una eternidad comenzar a ver resultados, y como no tienen conciencia alguna de la ligera ventaja, van a tomar el camino más fácil y dedicarse al negocio de la demolición.

Usted puede utilizar la ligera ventaja para liberarse de la fuerza de la vida que lo tira hacia abajo y convertirse en la mejor persona posible. O la ligera ventaja lo tirará hacia abajo, lo mantendrá aplastado y, con el tiempo, lo eliminará. Depende de usted.

Para que las cosas cambien, *usted* tiene que cambiar. Para que las cosas mejoren, *usted* tiene que mejorar. Es fácil de hacer. Pero es igualmente fácil no hacerlo.

Culpa y responsabilidad

Si desea medir dónde está, si desea saber dónde se halla en la curva del éxito o en la curva del fracaso, o si desea evaluar a otra persona y ver en qué curva está, esta es la forma de hacerlo. Hay una actitud, un estado mental, que predomina abrumadoramente en cada lado de la curva.

El estado mental predominante demostrado por las personas en la curva del fracaso es la *culpa*. El estado mental predominante demostrado por las personas en la curva del éxito es la *responsabilidad*.

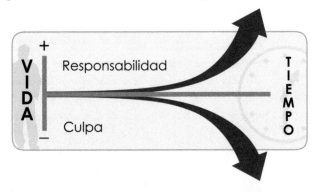

La gente en la curva del éxito vive una vida de responsabilidad. Asumen la responsabilidad total por quiénes son, dónde están y todo lo que les sucede.

Si usted asume responsabilidad, se libera. En efecto, quizás sea el acto singular más liberador que existe. Hasta cuando duele, hasta cuando no parece justo. Cuando usted no asume la responsabilidad, cuando culpa a otros, a las circunstancias, al destino o a la casualidad, está renunciando a su poder. Al hacerse cargo y conservar la responsabilidad total, hasta cuando las otras personas están equivocadas o la situación es genuinamente injusta, usted sostiene las riendas de su vida en sus propias manos.

A todos nos suceden cosas negativas y difíciles. La gran mayoría de ellas son ajenas a nuestro control en gran parte o por completo. La diferencia entre el éxito y el fracaso —lo cual está totalmente dentro de nuestro control— es la manera en que reaccionamos y vemos esas circunstancias y condiciones. Tal como lo dijo el naturalista estadounidense John Burroughs: "Un hombre puede fracasar muchas veces, pero no será un fracaso hasta que empiece a culpar a otros." No se queje de lo que usted permite.

La gente en el 5% que se concentra en la curva superior sabe que no hay excusas; entiende y acepta el hecho de que nadie puede perjudicarlos y que nadie puede hacerlo por ellos. Viven la vida según el axioma: "Si va a ser, depende de mí". Establecen sus propios estándares y son rigurosos. Se dan cuenta de que las únicas limitaciones son las que se imponen a sí mismos. Entienden que lo importante no es lo que les sucede a ellos, sino cómo responden a lo que sucede lo que marca la diferencia entre su fracaso y su éxito. Están conscientes de la ligera ventaja y entienden cómo opera en su vida.

La gente en la curva del fracaso son dueños y amos de la culpa. Culpan a todos por todo: la economía, el gobierno, la crisis petrolera, el tiempo, sus vecinos, los ricos, los pobres, los jóvenes, los viejos, sus hijos, sus padres, su jefe, sus compañeros de trabajo, sus empleados. La vida misma. Los que habitan la curva inferior son las víctimas de la vida, la gran masa a la que le suceden cosas malas.

Yo conocí un hombre que había declarado que su filosofía era la siguiente: "La vida es una broma pesada desagradable, que ocurre en algún momento entre el nacimiento y la muerte." ¿En qué lado de la curva cree usted que vivía este hombre? ¿A dónde se dirigía? ¿Se imagina los resultados que engendrará el pensamiento de que "la vida es una broma pesada desagradable" al magnificarlo con la fuerza del tiempo, al estilo del jacinto de agua?

Usted habrá escuchado la expresión "ten cuidado con lo que deseas porque podría hacerse realidad". Pero ni siquiera se trata de desear algo: tenga cuidado con lo que *piensa*. Porque lo que usted piensa, multiplicado por las acciones y por el tiempo, creará lo que usted recibe.

No se queje de lo que usted permite

La gente en la curva del fracaso está totalmente ajena a la ligera ventaja.

Werner Erhard, el autor y entrenador de desarrollo personal, escribió una definición de responsabilidad que es tan pertinente a nuestro tema, que merece la pena citarla por completo:

La responsabilidad es declararse a uno mismo como causa del asunto. Es un contexto dentro del cual vivir la vida propia.

La responsabilidad no es una carga, falla, elogio, culpabilidad, crédito, vergüenza o culpa. Todos estos incluyen juzgar y evaluar lo bueno y lo malo, lo correcto y lo incorrecto o lo mejor y lo peor. No son responsabilidad...

La responsabilidad comienza con la buena disposición de lidiar con una situación desde y dentro del punto de vista, aunque no esté realizado en el momento, de que usted es la fuente de lo que es, lo que hace y lo que tiene.

No es que declararse a sí mismo como la "causa" del asunto sea lo "correcto" o que sea "verdadero". Es simplemente potenciador. Al representarse a sí mismo como causa, "lo que sucede" cambia de "le sucede a usted" a "solo sucede" y, en última instancia, a "sucede como resultado de que usted es la causa del asunto".

La gente en la mitad superior de la curva de la ligera ventaja es la causa de lo que sucede en su vida. Ellos ven todas las fuerzas que los trajeron hasta este punto —Dios, sus padres, maestros, niñez, circunstancias, lo que sea— con gratitud y apreciación, y sin culpa. Y se ven a sí mismos como la causa de lo que vendrá en su vida.

¿Es usted su propia causa?

La gente en la mitad superior de la curva asume responsabilidad total por todas las elecciones que realiza en su vida y en su trabajo. ¿Usted también? Es fácil de hacer... e igualmente fácil de no hacer. Y si usted no asume responsabilidad completa por sus pensamientos, sus acciones y sus circunstancias ahora mismo, ¿lo matará eso hoy? No, *pero...*

Ese simple error de criterio acumulado en el tiempo absoluta y positivamente lo destruirá.

La gente exitosa hace aquello que la gente fracasada no está dispuesta a hacer: asumen la responsabilidad total de cómo la ligera ventaja está funcionando en su vida. La gente fracasada culpa la ligera ventaja porque su vida no está funcionando. La gente exitosa sabe que no se puede dar ese lujo.

El pasado y el futuro

Probemos este experimento: siéntese en un lugar cómodo y mire el piso. Luego, sin cambiar de posición, dedique los próximos cinco minutos a pensar acerca de su vida. Sobre cualquier cosa y todas las cosas, sea lo que signifique para usted, y solo piense en su vida.

Hágalo ahora...

Muy bien, despeje la mente, camine durante un minuto, y regrese y haga la segunda mitad: siéntese otra vez en ese lugar cómodo, pero esta vez incline la cabeza para mirar el techo. Pase los cinco minutos siguientes pensando acerca de su vida. Sobre cualquier cosa y todas las cosas, sea lo que signifique para usted, y solo piense en su vida.

Hágalo ahora.

No sé qué resultados ha tenido, pero la mayor parte de la gente descubre lo siguiente: cuando mira hacia abajo, es bastante difícil no empezar a pensar en el pasado. Cuando mira hacia arriba, es bastante difícil no empezar a pensar en el futuro.

La gente en la curva del fracaso tiende a enfocarse en el pasado, y los tira hacia abajo. La gente en la curva del éxito se concentra en el futuro. Y usted puede adivinar lo que sucede: los tira hacia arriba.

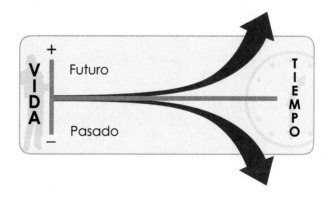

La gente en la curva del éxito no ignora el pasado, sino que lo usa como herramienta, una de las cuantas con las que construyen su futuro. La gente que vive en la curva del fracaso usa el pasado como arma con la cual aporrearse y aporrear a la gente a su alrededor. Arrepentimiento, recriminación, remordimiento y retribución.

Parece que la mayoría de la gente vive con un pie en el pasado diciendo: "Si tan solo las cosas hubieran sido diferentes, yo habría tenido éxito". Y el otro pie en el futuro diciendo: "Cuando esto o aquello suceda, seré feliz y exitoso". Entonces ignoran por completo el presente, que es el único lugar en el que la vida ocurre realmente.

Un amigo mío dice que la gente hace dos listas sobre su cónyuge y las lleva consigo en la cabeza. La lista larga es un recuento detallado de las cosas malas de su cónyuge, y la lista corta es un resumen de las cosas buenas. La lista larga la consultan todos los días. ¿Y la lista corta? Esa es la que leen en el funeral.

La gente en la curva del éxito no espera a la oración de alabanza del entierro. Ellos rompen la lista larga en mil pedazos, la esparcen en el viento, y pasan todos los días leyendo la lista corta. Se hacen expertos en las "cosas buenas" y abandonan las "cosas malas". Jamás guardan rencor, no porque moralmente esté mal, aunque también pueden estar de acuerdo con esto, sino porque simplemente interfiere con la curva en la que se está encaminando su vida. Les aminora la marcha. Están demasiado ocupados moviéndose hacia el futuro como para mirar por el espejo retrovisor.

Una de las rutas más rápidas y directas para subirse a la curva del éxito es bajarse del pasado. Analice el pasado, pero solo con el fin de elaborar un mejor plan. Analícelo, entiéndalo y responsabilícese de los errores cometidos, y úselo como herramienta para hacer las cosas de manera distinta en el futuro. Y no pase demasiado tiempo haciendo eso; el futuro es una herramienta mucho mejor que el pasado.

El futuro es su herramienta más poderosa y su mejor amigo. Dedique seriamente su tiempo y esfuerzo concentrados a crear una imagen clara y nítida del rumbo adonde se dirige. Hacia el final de este libro, destinaremos cierto tiempo a ayudarle a hacer exactamente eso. Por ahora, le diré lo siguiente: cuando usted tiene una imagen clara del futuro y conscientemente invierte tiempo todos los días en dejarse llevar hacia delante por ese futuro, lo arrastrará por la fricción y estática del presente y por los tirones y agarres que pueda sentir del pasado.

Otro último detalle sobre el pasado y el futuro; he guardado lo mejor para el final.

Usted no puede cambiar el pasado. Usted *puede* cambiar el futuro. ¿Prefiere estar influenciado por algo que no puede cambiar o por algo que sí puede cambiar?

¿A dónde se dirige?

¿En qué lado de la curva de la ligera ventaja está parado ahora? ¿En qué dirección está encaminado? ¿Es usted una de las personas del 5%, de aquellos que viven en la curva del éxito y que están ascendiendo? ¿O está entre la mayoría resignada, entre los 95% de la curva del fracaso deslizándose hacia abajo?

¿No está seguro? Tal vez piense que está en el medio.

Lamento informarle que no hay un lugar intermedio. Usted está ascendiendo o descendiendo.

La primera parte de ambas curvas es relativamente chata, y por cierto puede *parecer* que está progresando sobre una base estable y equilibrada, dirigiéndose ni hacia arriba ni hacia abajo. Pero las apariencias pueden ser engañosas. Y por lo general lo son. En un mundo en constante y urgente cambio como el nuestro, no puede permanecer igual que ayer. Usted está en movimiento. No puede hacer nada al respecto. ¿Pero movimiento en qué dirección? Usted tiene *total* decisión al respecto.

Usted está mejorando o disminuyendo en su valor personal y profesional. Está afianzando una mayor felicidad y gratificación o una mayor infelicidad e insatisfacción. Sus relaciones están profundizándose y enriqueciéndose o anquilosándose y distanciándose. Está aprendiendo más y más sobre las verdades de la vida, o cayendo más y más profundamente en la negación sobre las verdades de la vida. Está afianzando su seguridad y libertad financiera a largo plazo, o la está desmantelando. Y su salud se está afianzando día a día o decayendo lentamente.

Antes de continuar, dediquemos un momento a llevar a cabo una autoevaluación franca. Al examinar estas siete áreas de su vida, una a la vez, pregúntese: "En este momento, en mi salud, felicidad, etc., ¿estoy en la curva del éxito o en la curva del fracaso?" Es una pregunta de elección clara en afirmativo o negativo.

Examinemos con franqueza su salud.

¿La está afianzando todos los días? Lo que come, los ejercicios que hace, el tipo de vida que lleva, la forma en que se cuida, ¿le afirman todas esas cosas una mayor sensación de salud y vitalidad todos los días? ¿O siente como que está extrayendo más y más de su cuenta bancaria de la energía de vida y que está disminuyendo constantemente el saldo? ¿Está su salud en la curva del éxito o del fracaso?

Examinemos con franqueza su nivel de felicidad.

¿Dedica tiempo todos los días a notar aquellas cosas por las que está agradecido? ¿Tiene el hábito de ver las cosas desde un punto de vista positivo, en vez de uno negativo? ¿Practica el hábito de saborear el momento y expresar frecuentemente su apreciación por los demás? ¿Se dedica a actividades frecuentes que son significativas para usted, cosas que hace no porque *tiene* que hacerlas sino porque *desea* hacerlas? ¿Está afianzando una mayor felicidad todos los días o la felicidad cotidiana está yendo a la deriva?

Examinemos con franqueza sus amistades y relaciones estrechas.

¿Aumenta todos los años la cantidad de amigos en su vida, de gente con la que mantiene contacto, con quien comparte intercambios significativos y experiencias mutuamente enriquecedoras? Si está casado y tuviera que describir su matrimonio como una planta, ¿diría que la planta está creciendo, madurando, floreciendo y enriqueciéndose con el paso de los años? ¿Y qué hay de su familia: sus hijos, sus padres, sus hermanos, hermanas y otros? ¿Se están profundizando y enriqueciendo estas relaciones o se están distanciando y tornando más superficiales?

Examinemos con franqueza su desarrollo personal.

¿Está aprendiendo más sobre sí mismo, sobre el mundo a su alrededor y sobre cómo actúa la vida cada día? ¿Está aprendiendo nuevas habilidades y agudizando otras ya adquiridas? ¿Se está convirtiendo en una persona más capaz, más interesante de conocer y valiosa de tener cerca? ¿O se encuentra su carácter gradualmente marcado por el tiempo con la decepción, desilusión, aburrimiento y amargura?

Examinemos con franqueza sus finanzas.

¿Está consolidando sus activos y ahorrando dinero en un plan a largo plazo capaz de generar una verdadera libertad financiera? ¿Está creciendo cada año su patrimonio neto? ¿Está viviendo sin gastar más de lo que gana e invirtiendo una parte de sus ingresos en un programa que consolidará su patrimonio con el transcurso del tiempo, creciendo dólar por dólar y adquiriendo impulso a través del poder del interés compuesto para que, al igual que una bola de nieve que rueda por una cuesta invernal, habrá adquirido tremenda masa financiera en los años en que más lo va a necesitar? ¿O está viviendo a crédito, con dinero prestado y tiempo prestado, vaciando sus arcas y acumulando deuda en vez de capital, enterrándose cada vez más en un pozo del cual es más difícil salir?

Examinemos con franqueza su carrera.

¿Está creciendo todos los días su vida profesional? ¿Se está desplazando por una senda que lo llevará a un mayor logro y satisfacción en la ocupación que ha escogido? ¿Está creciendo su trabajo no solo en sus recompensas financieras, sino también en su sentido de contribución valiosa, satisfacción personal y respeto entre sus colegas?

Examinemos con franqueza el impacto positivo que usted tiene en el mundo.

¿Qué tipo de impacto está teniendo en la gente a su alrededor? ¿Por estar en este mundo, de qué forma es diferente? Una vez que usted ya no esté en este mundo, ¿qué dejará como legado y cómo lo recordará la gente? Al sumar su carrera y todos sus logros profesionales, sus relaciones y todos sus logros personales, su sentido de conexión con la naturaleza, la humanidad y Dios, ¿cómo describiría el valor general o significado de su vida? ¿Ese sentido se está fortaleciendo, profundizando, enriqueciendo y tornándose más poderoso todos los días, meses y años?

La vida no es una sesión de práctica. No hay un ensayo general. Llegó el momento. Esto es lo real. Así que no oculte nada y sea real consigo mismo. Analice su vida y diga la verdad sobre la situación en la que realmente se encuentra. Haga este ejercicio conmigo ahora mismo. Busque un lápiz, no un bolígrafo porque recuerde que todo cambia, y marque en el casillero "arriba" o "abajo" junto a cada área de su vida como se indica a continuación.

¿En qué dirección va encaminado ahora?

	ARRIBA	ABAJO
Su salud	___	___
Su felicidad	___	___
Sus amistades y relaciones	___	___
Su desarrollo personal	___	___
Sus finanzas	___	___
Su carrera	___	___
Su impacto positivo en el mundo	___	___

En la vida no existe mantenerse a flote o correr en su lugar porque todo está en movimiento. Si no está mejorando, enriqueciéndose, afianzando, desenvolviendo, si no está añadiendo activos a su valor personal y profesional todos los días, entonces va encaminado curva abajo.

En mi sector de trabajo, hablo mucho del éxito en términos financieros. Pero el éxito genuino es un asunto mucho más grande que uno de pura salud financiera. Una vida verdaderamente exitosa significa su salud, su felicidad, sus relaciones, su desarrollo personal, su carrera, su espiritualidad, su sentido de gratificación, su legado e impacto en el mundo… significa todas estas cosas y más.

Lo mejor del éxito genuino es que *se propaga*. Como la onda expansiva en una laguna, hasta los pequeños éxitos en una de esas áreas comienzan a afectar a todas las otras también. Mejore su salud y mejorará su relaciones; trabaje en desarrollo personal y tendrá un impacto en su carrera. Todo afecta a todo lo demás.

Si le está costando avanzar en un área, digamos en los negocios, actúe para hacer un pequeño cambio positivo en un área no relacionada. Empiece caminando alrededor de la manzana, organice ese cajón de porquerías que lo tiene preocupado. Sentirse exitoso en un área le brindará confianza y energía renovadas para seguir su camino de lograr esa otra meta importante. El éxito en un área llama al éxito en todas las demás.

La clave es *comenzar por alguna parte*. Donde sea que pueda actuar y comenzar a crear pequeños éxitos, *hágalo*. No espere. El resto de su vida le está esperando.

Buenas noticias

Suena la alarma. Son las 6 de la mañana. Sin estar por completo consciente, usted da un manotazo y aprieta el botón de repetición de alarma. Un descansito de diez minutos. Luego saca tentativamente el pie debajo de la manta. Brrr. Abre un ojo. Todavía no amaneció.

Usted se enfrenta a una decisión.

Y esas son buenas noticias porque en cada momento usted *siempre* se enfrenta a una elección. Donde usted está en este momento es suspendido en el presente, con el pasado desplegado detrás de usted y el futuro esperando. En cualquier momento de su vida, usted puede optar por cambiar de qué lado de la curva está. Usted no puede cambiar el pasado. Usted puede categóricamente cambiar el futuro.

¿Está encaminado hacia arriba en la curva del éxito o hacia abajo en la curva del fracaso? En este momento, en esta coyuntura de su vida, con la mano extendida sobre el botón de la alarma, puede responder esa pregunta de cualquiera de las dos formas. Adónde se dirigía no es necesariamente adónde se dirigirá después de dar vuelta esta página o de dejar de lado este libro o de despertarse mañana. El pasado no es igual al futuro.

De hecho, no es posible mirar en ambas direcciones a la vez. Usted puede mirar hacia abajo o mirar hacia arriba; puede mirar hacia atrás o mirar hacia adelante; puede mirar en el espejo retrovisor o al camino que tiene por delante. Toda la información que necesita ya está ahí. Usted ya está haciendo las acciones. Todo lo que necesita hacer es elegir que le sirvan y le potencien—*y seguir eligiendo*.

Súbase a la curva superior, al camino del éxito y con el tiempo será capaz de encaminar cualquier área de la vida: su salud, sus finanzas, sus relaciones, su vida familiar, su carrera, su salud espiritual, su sentido de logro, gratificación y propósito.

Y será en menos tiempo de lo que se imagina.

Relatos personales de los lectores de *La Ligera Ventaja*

Antes de leer este libro, solía tener una vida de culpabilidad. Jamás acepté responsabilidad alguna; nunca era culpa mía, siempre de otra persona, siempre era otra cosa lo que me impedía triunfar. Después de leer el libro, me di cuenta de que tenía que tomar una decisión: seguir el camino del fracaso o cambiar.

A veces parece que es demasiado tarde en la vida como para cambiar las cosas. Me doy cuenta ahora de que nunca es demasiado tarde. Pero hay que empezar *por algún lugar*. De usted depende proponerse hacer el mayor esfuerzo posible, analizar las cosas de su pasado y aspirar a ser mejor en el futuro con unos simples y pequeños cambios.

—*Charleigh Vigil, Dekalb, Illinois*

Soy actriz y es fácil sentir el agobio por todo lo que conlleva esta profesión competitiva. *La Ligera Ventaja* me ayudó a entender que las pequeñas decisiones que tomo a cada momento de cada día tienen un impacto enorme en mi vida. Al vivir en una sociedad con tanto énfasis en el éxito, considero que *La Ligera Ventaja* redefinió lo que significa el éxito para mí. Me ayuda a dar el próximo paso hacia adelante en mi vida diaria y a hacer bien lo siguiente. Sé que esos pasos en última instancia conducirán a una vida muy exitosa y gratificante. Yo atribuyo mucho de mi éxito a los principios simples descritos en este libro.

—*Cara Cooley, New York City*

Mi alcoholismo estaba arrasando cada gramo de bondad y habilidad que tenía. Por suerte, el destino me deparaba un mejor plan. Tomé la decisión de luchar y me inscribí en un establecimiento dedicado a tratar alcohólicos como pacientes externos. En ese mismo momento, ocurrió otro evento positivo: me presentaron *La Ligera Ventaja*.

Los principios simples descritos en el libro fueron una inmensa revelación. Al entender cómo había dejado que mi peor enemigo usara la magia de la ligera ventaja en mi contra, fui capaz de dar los pasos diminutos apropiados para cambiar la curva de mi vida e inclinarla hacia el lado positivo.

Hoy soy libre y feliz. Me levanto en la mañana lleno de energía, consciente de qué pasos son necesarios para lograr mis metas, y sigo un camino que me conduce, un día a la vez, a la realización.

—*Michele Tremblay-Suepke, Tacoma, Washington*

Puntos esenciales del Capítulo 10

↗ Todo está en constante movimiento. Cada día, cada momento, su camino de vida está adoptando una curva hacia arriba o una curva hacia abajo.

↗ Al crecer, oímos cinco veces más "no" que "sí". La vida empuja hacia abajo.

↗ La gente en la curva del éxito vive en la responsabilidad. La gente en la curva del fracaso vive en la culpabilidad.

↗ La gente en la curva del éxito es arrastrada por el futuro. La gente en la curva del fracaso es arrastrada por el pasado.

↗ Sea el lugar donde esté, en cualquier momento puede decidir subirse a la curva del éxito.

11. Dominando la ligera ventaja

> "Hay una cualidad que uno debe poseer para ganar, y es la definición del propósito, el conocimiento exacto de lo que uno quiere, y un deseo ardiente de poseerlo."
>
> —Napoleon Hill, *Piense y hágase rico*

Cuando usted era pequeño, se desplazaba por el mundo gateando sobre las manos y las rodillas. El resto de la gente caminaba y un día a usted se le ocurrió en esa cabecita que quizás podría intentarlo también. Una vez que surgió ese pensamiento, repentinamente dejó de lado el "quizá", usted *tenía* que intentarlo. Era la próxima frontera y punto. No había manera de que usted no lo intentara, fracasar en su esfuerzo y, luego, seguir intentándolo hasta dominarlo.

Entonces paso a paso, literalmente, usted comenzó a desarrollar las habilidades necesarias para caminar.

Primero lo declaró. Tal vez no en esas palabras; las palabras eran un mundo aparte que todavía ni se le había ocurrido explorar. Al igual que el beisbolista Babe Ruth cuando señalaba el perímetro del campo de juego antes de pegar un *home run*, usted balbuceó, gruñó y farfulló, declamando de la única manera que sabía hacerlo: "¡Prepárense, estoy por caminar!"

Luego se aferró de algo más alto que usted y se incorporó hasta ponerse de pie. Ahí permaneció, agarrado del corralito, de una silla o de su animal de peluche más grande. Con las piernas temblorosas y con incertidumbre.

Usted se soltó, sea a propósito o por accidente, y realmente no importó porque el resultado fue el mismo: ¡cataplum! Cayó al piso. Y luego, enseguida, más tarde ese día o al día siguiente, volvió a intentarlo. Y luego lo intentó otra vez, y otra vez... hasta que finalmente pudo ponerse de pie solito. ¡Sin agarrarse de nada!

Acto seguido, dio un paso, y en ese paso usted asumió el manto del dominio.

Sí, el dominio, *en ese momento*.

No, todavía no había aprendido a caminar, no con el paso seguro que adquiriría en el futuro. Y sí, probablemente volvió a caerse un minuto más tarde. Pero eso no importaba. Usted había dado el paso de Neil Armstrong y estaba encaminado.

Pasitos de bebé

Lograr el dominio no es un lugar cacareado y elevado donde solo habitan unos pocos de la elite. La búsqueda de toda meta, objetivo o sueño, sea personal, profesional, espiritual o de otra índole, es un trayecto de la ligera ventaja de mejora, aprendizaje y refinamiento constantes. Pero el dominio no es un estado elevado que yace al final del camino, es un estado mental que yace al principio del mismo. El dominio es el acto de poner el pie en el camino, y no de llegar a su fin.

No es necesario que nazca con habilidades excepcionales para ingresar a la esfera del dominio, ni tampoco está reservada para los super talentosos. Ni siquiera tiene que haber comenzado temprano. El trayecto ascendente del éxito sobre la curva de la ligera ventaja está abierto a todos los que están dispuestos a subirse al camino y permanecer en él. Pero usted llegará a conocer el camino únicamente si se sumerge de lleno en el proceso y en la evolución diaria. Es así como adquirirá y refinará las habilidades y la conciencia que necesitará para dominar la ligera ventaja y, por lo tanto, dominar su éxito y su vida.

Y todo lo que se necesita es dar el primer paso.

Aquí está usted, terminando de dar su primer paso. Sabe que la gente grande que ha estado observando camina dando un paso detrás de otro. Usted los vio hacerlo: pie derecho, pie izquierdo, pie derecho, pie izquierdo. Y entonces lo intenta. Termina de dar ese primer paso tentativo y épico, y se prepara para dar el segundo, cuando de repente ¡cataplum!

Lo intenta otra vez. Y otra vez. Y otra vez. Después de días de caminar alrededor de la mesa de la sala, alternando torpemente los piecitos mientras se agarra de los dedos de mamá o papá, finalmente logra coordinar su primera secuencia de dos pasos, luego tres, y cuatro, y luego solo, sin ayuda y con los aplausos y vitoreo de su orgullosa familia, usted da esos pasitos de bebé recientemente afianzados, uno a la vez *y ya está caminando*.

En el proceso de aprender a caminar, ¿pasó más tiempo cayéndose o levantándose? Si fue como la mayoría de los bebés, fracasó (se cayó) más de lo que triunfó (caminó). No importaba, estaba en el camino de lograr el dominio.

¿Alguna vez se le cruzó la idea de darse por vencido? Se dijo alguna vez: "Parecería que no estoy hecho para caminar. Qué pena. Parece que tendré que gatear el resto de mi vida. En realidad no está tan mal, si uno se detiene a pensar, no será tan difícil acostumbrarme a ello." Claro que no. Estaba en el camino del dominio. Ya era amo y señor. Era solo cuestión de que su destreza para caminar se pusiera al día.

Caerse todo el tiempo era realmente incómodo porque *dolía*, y usted se veía bastante tonto tirado en el piso como un escarabajo panza arriba. Pero siguió intentándolo. ¿Por qué? Porque la gente exitosa hace aquello que la gente fracasada no está dispuesta a hacer.

Y esto es lo fascinante: todos los bebés son exitosos. De bebés, todos somos amos y señores. Así es como fuimos diseñados. Todos los recién nacidos entienden instintivamente la ligera ventaja. Solo abandonamos el empuje natural hacia el éxito y nuestra capacidad de dominio en el transcurso de esos 40,000 "no".

¿Hay alguna situación en su vida de hoy en que se dio por vencido y decidió seguir gateando el resto de su vida, en vez de buscar lo que realmente desea y lo que verdaderamente se merece? ¿Abandonó la capacidad de crear una meta, perseguirla y concretarla? Si es así, debe preguntarse, ¿por qué es tan difícil o imposible hacer algo hoy que no tuvo problema en hacer cuando tenía menos de un año de edad?

La respuesta es tan simple como triste. En algún momento del camino, usted perdió la fe. Se hizo demasiado grande para dar pasitos de bebé, demasiado seguro de que nunca triunfaría para permitirse fracasar primero algunas veces. Usted renunció a la verdad universal de que las pequeñas disciplinas simples, practicadas una y otra vez a lo largo del tiempo, moverían hasta las montañas más grandes. Se olvidó lo que solía saber sobre la ligera ventaja.

Usted se bajó del camino del dominio.

Hay algo traicionero al abandonar esa disposición infantil de intentar e intentar otra vez. Algo insidiosamente peligroso al convencerse de la idea de que "eso nunca funcionará para mí". Es conformarse con menos, renunciar al poder de los pasitos de bebé y acoger el fracaso que pronto se convierten en hábito.

La primera vez que usted se da por vencido, es doloroso. La segunda vez, sigue siendo doloroso pero ahora se siente como algo un poquito familiar, y existe cierto confort en la familiaridad; es el confort silencioso y soñoliento del monóxido de carbono. Y cuanto más se da por vencido, más y más fáciles son las cosas, y más soñoliento se torna frente a la vigilia del logro genuino... y el éxito va alejándose cada vez más de su alcance. ¿Adivina por qué? Así es. Es la ligera ventaja funcionando en su contra.

Antes de que se dé cuenta, la vida se ha tornado pesada. Bienvenido al 95%.

Y como siempre, todo lo que debe hacer es dar vuelta la moneda y hallar las buenas noticias: es *igualmente fácil* retomar el hábito del éxito como lo es deslizarse al hábito del fracaso. Cuanto más viva, más fácil se vuelve.

Usted puede retomar el camino del dominio en cualquier momento que desee.

El deseo

Napoleon Hill escribe en su libro clásico *Piense y hágase rico*: "Hay una cualidad que uno debe poseer para ganar, y es la definición del propósito, el conocimiento exacto de lo que uno quiere, y un deseo ardiente de poseerlo."

El conocimiento exacto de lo que uno quiere. Este es un factor poderoso que merece la pena examinar. Todos nos imaginamos cómo nos gustaría que fueran las cosas, que son distintas de lo que son ahora. Puede ser algo sencillo como desear pesar diez libras menos o algo de gran alcance como desear poder alimentar a los millones de niños de todo el mundo que todas las noches se acuestan con hambre.

¿Deseó alguna vez algo con tanta intensidad que era doloroso? Claro que sí. A todos nos ha sucedido. A veces es un anhelo agradable, a veces no tan agradable, pero de todos modos es una fuerza poderosa. Yo la llamo *la vehemencia del deseo*.

Tener un sueño, una meta, una aspiración no siempre es agradable y placentero; las ambiciones, aspiraciones y deseos pueden ser incómodos y hasta dolorosos.

La palabra "deseo" tiene dos significados. Puede significar que usted anhela algo, pero también que le *falta* algo. Son las dos caras del mismo significado. Tendemos a desear lo que nos falta y nos falta lo que deseamos.

Ese es el motivo por el cual los sueños pueden ser dolorosos. Permitirse tomar conciencia de lo que usted desea pero que no tiene actualmente, significa experimentar el lado de la *falta* de la moneda del deseo, así como el lado del deseo. Significa tomar conciencia plena de lo que usted no tiene. Significa comenzar en su realidad actual con un ojo sobrio y rehusarse a engañarse a sí mismo. Notar que usted no está en la situación que desea estar puede ser incómodo. Cuando Hill dice "un *deseo ardiente* de poseerlo", no está bromeando. El ardor no es algo placentero.

El deseo duele.

Este es un detalle interesante: si darle voz a sus sueños más ansiados puede producirle cierta incomodidad, también puede incomodar a aquellos a su alrededor y con frecuencia hasta mucho más. Dígale a cinco de sus amigos más íntimos sobre su ambición más grande, y véalos retorcerse. ¿Por qué? Porque mostrarles la falta (deseo) de *usted* también les hace tomar conciencia más agudamente de lo que a ellos les falta.

Ese es un motivo por el que, al formular metas y crear una visión de futuro, es importante tener cuidado a quién se lo comenta. Es natural compartir su entusiasmo con las personas de su vida, en especial los que tiene más cerca. También conviene recordar que las personas tienden a responder aguándole la fiesta. No lo hacen maliciosamente ni con el deseo conciente de truncar su entusiasmo. Suele ser con frecuencia una forma de autodefensa. Preferirían no escuchar la visión que usted tiene porque les recuerda la que ellos perdieron.

Cerrando la brecha

El dolor del deseo, el deseo ardiente de poseer lo que usted carece, es uno de los grandes aliados que tiene. Es una fuerza que puede aprovechar para crear cualquier cosa que desee en la vida.

Cuando evaluó francamente su vida en el capítulo anterior y se clasificó entre los que están en la curva ASCENDENTE O DESCENDENTE en siete áreas distintas, estaba esbozando una imagen de dónde se *encuentra ahora*. Este diagrama lo indica como el punto A. Dónde *podría* estar mañana, su visión de lo que es posible para usted en su vida, es el punto B. Y en la medida en que exista una brecha del "deseo" entre los puntos A y B, existe una tensión natural entre esos dos polos. Es como sostener un imán cerca de una pieza de hierro: usted puede sentir la atracción ejercida por el imán sobre el hierro. El deseo es exactamente eso: es magnético. Usted puede palpar sus sueños (B) ejerciendo la fuerza de atracción sobre sus circunstancias actuales (A).

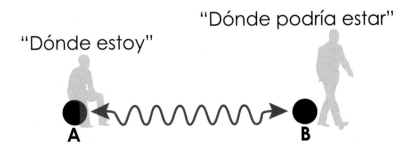

La tensión es incómoda. Es por eso que la gente, a veces, se siente incómoda al escuchar cómo *podrían ser* las cosas. Uno de los motivos por el que el famoso discurso "Tengo un sueño" del Dr. Martin Luther King, Jr. tuvo un impacto tan trascendental en el mundo y se grabó tan vívidamente en nuestra memoria cultural es que incomodó mucho al mundo de agosto de 1963. John Lennon pintó su imagen de un mundo más armonioso en la canción *Imagine*. En esa misma década, lo asesinaron. Gandhi, Jesús, Sócrates... Nuestro mundo puede ser cruel con la gente que habla de una realidad mejor. Las visiones y los visionarios producen incomodidad en la gente.

Esos son ejemplos particularmente dramáticos, desde ya, pero el mismo principio se aplica a los sueños y las metas personales de gente de la que nunca oímos hablar. El mismo principio se aplica a todos, incluidos usted y yo.

Digamos que tiene un hermano, hermana o viejo amigo con el cual se peleó hace años. Usted desea tener una mejor relación, hablar con más frecuencia, compartir más experiencias personales y conversaciones. Entre la situación en la que está hoy y la que se imagina estar, existe una brecha. ¿La siente?

O digamos que usted es muy trabajador, gana buen dinero, pero no tiene un plan sólido de jubilación y no sabe cómo podrá vivir holgadamente cuando llegue a los setenta. Está la situación de cómo *le gustaría estar* viviendo a los setenta y dos, y cómo le preocupa *dónde terminará* viviendo a los setenta y dos si las cosas siguen como están ahora. Entre esas dos, existe una brecha. ¿La siente?

¿Tiene metas de salud o estado físico? ¿Metas profesionales? ¿Metas para sus hijos? ¿Sueños de vivir en otro lugar, de dedicarse a otra cosa? Cada una de esas imágenes que tiene, de cómo *podrían* ser las cosas que en el momento *no lo son*, crea una brecha con su realidad actual.

La mayoría de la gente, cuando se ve enfrentada a problemas más grandes o distintos de los que ya maneja, inmediatamente se siente derrotada o desviada de su rumbo. La mayoría tiende a ver los problemas grandes o distintos como negativos y se infectan la propia vida con negatividad. De lo que no se dan cuenta es de esta filosofía: *el tamaño del problema determina el tamaño de la persona.*

Usted puede evaluar las limitaciones de la vida de una persona por el tamaño de los problemas que lo derrumban. Puede medir el impacto de la vida de una persona por el tamaño de los problemas que resuelve. Si el tamaño de los problemas que resuelve en su trabajo como empaquetador en un supermercado es decidir si poner las latas al fondo de la bolsa y luego el pan arriba, ese es el nivel de su habilidad para resolver problemas y ese es el nivel de su salario. Si puede resolver problemas más grandes, puede graduarse a un sueldo más alto porque el tamaño de su ingreso estará determinado por el tamaño de los problemas que resuelve también.

Lo que la gente llama "problema" es simplemente una brecha, un espacio abierto entre el punto A y el punto B. Si mantiene la mente abierta, es un espacio abierto que usted puede salvar.

Este es el motivo por el que me tomé el tiempo de describir y explicar esta brecha; *esa brecha puede funcionar en su contra o puede funcionar a su favor.* La brecha entre A y B no puede durar por siempre. Tiene que resolverse y se resolverá, de una forma u otra. Es la ley de la naturaleza y no hay nada que pueda hacer para detenerla. Pero usted tiene una elección en *cómo* se resuelve.

La primera forma de resolver la tensión es mover su punto A, la forma en que están las cosas hoy, incesantemente más y más cerca de su punto B. Déjese llevar por el imán de su visión, por la fuerza de atracción del futuro.

¿Recuerda qué atrae a aquellos que se quedan en la curva del fracaso? El pasado. ¿Y qué atrae a aquellos que viven en la curva del éxito? El futuro.

La gente que vive con sueños inmensos, vívidos y claramente expresados se siente atraída hacia esos sueños con tanta fuerza, que se tornan prácticamente imparables. ¿Qué hizo que gente como Martin Luther King, Jr., Gandhi, Madre Teresa, Edison, Thomas Watson de IBM, Wilberforce o Lincoln se convirtiera en una implacable fuerza de la naturaleza que nada podía interponerse en su camino, por más inmensos que fueran los obstáculos o probabilidades en su contra? No era la magia de su personalidad aunque ciertamente se convirtieron en personas de carácter excepcional en su trayecto. Era el poder de sus sueños. La visión atesorada por esos hombres y mujeres creó una fuerza magnética contra la cual no podía interponerse oposición alguna.

Nuevamente estoy utilizando ejemplos dramáticos de gente famosa, pero ocurre exactamente lo mismo con gente de la que usted y yo jamás oímos hablar, gente común que no es famosa, pero que simplemente tiene sueños muy valorados que mantienen vivos todos los días. Esa es la fuerza que puede aprovechar en busca de sus propios sueños.

¿Y qué hay de la otra dirección? Le comenté que había dos formas en que puede resolverse la tensión, y la segunda es la que actúa en su contra. Si no cierra la brecha moviendo su circunstancia actual (A) constantemente hacia sus metas y sueños (B), ¿de qué otra forma puede dejar que se resuelva la tensión?

Dejando de soñar. Simplemente abandone sus sueños, metas, ambiciones y aspiraciones. Confórmese con menos. Haga desaparecer el punto B, elimínelo y, ¡zas! La tensión desaparece. Desgraciadamente, esa es la elección que con el tiempo realiza el 95% que viaja por la curva del fracaso.

No es difícil entender por qué tanta gente elige esa segunda opción. Después de todo, cuando usted está parado aquí en el punto A, mirando en la distancia al punto B, es fácil sentirse intimidado por lo lejos que parece estar. La gente ni siquiera desea poner un pie en el camino si no cree que pueda llegar al final. "¿Para qué siquiera intentarlo? Si la montaña es así de grande, ¿para qué dar el primer paso? Lo más probable es que jamás lo logre de todos modos."

Cuando el recorrido parece adquirir enormes proporciones, la elección de es *fácil no hacerlo* es mucho más atractiva que elegir *fácil de hacer*. Vamos, apriete el botón de repetición de alarma. ¿Quién se va a enterar de la diferencia?

Pero recuerde, usted tiene que ir en una dirección o en la otra. No se puede quedar inmóvil. El universo es curvo y todo está en constante cambio. Existen solo dos posibilidades. O abandona la situación en la que está ahora y llega adonde podría estar, o se aferra al lugar donde está y abandona adonde podría estar. Usted está yendo a conseguir sus sueños o a renunciar a ellos. Estirándose hasta alcanzar lo que podría hacer o conformándose con lo que es. Sencillamente, no hay punto intermedio. Recuerde que esta es la ligera ventaja y no hacer nada significa ir para abajo.

La decisión es suya.

La mayoría engañosa

Las dos curvas de la ligera ventaja, la curva del éxito y la curva del fracaso, típicamente corren paralelas durante un largo tiempo. Los dos caminos pueden estar tan cerca que es casi imposible para la mayoría de la gente siquiera ver la distinción entre ellos. Luego, de repente, dan un viraje. La curva del éxito se dispara como un águila remontando vuelo y la curva del fracaso se desploma hacia abajo como la caída de la bolsa de valores.

La gente que vive arriba, aquellos que asumen responsabilidad, vive una vida que en cierto modo es incómoda. La gente exitosa hace lo que la gente fracasada no está dispuesta a hacer, lo cual significa con frecuencia vivir fuera de los límites del terreno conocido. Cuando usted es uno de cada veinte, siempre va a estar yendo en la dirección opuesta de los otros diecinueve.

La gente del otro lado anda con las masas, y su vida suele ser más cómoda durante ese primer período largo. Pero se vuelve más incómoda a futuro. De pronto, descubren que no tienen finanzas, que no tienen salud o felicidad, que dejaron de tener relaciones personales y que su vida se ha convertido en algo incómodo. En contraste, aquellos en la curva del éxito terminan cada vez más cómodos a medida que avanza su vida porque durante el transcurso del tiempo, siguen teniendo finanzas, salud y felicidad, relaciones y éxitos. En efecto, tienen *más* de esas cosas.

Eso significa cambiar la manera de pensar sobre su terreno conocido. Es un cambio de filosofía. Significa aceptar vivir incómodamente a fin de lograr una vida que sea genuinamente cómoda y no engañosamente cómoda.

Se dice que el gran filósofo alemán Arthur Schopenhauer observó lo siguiente: "Toda gran verdad pasa por tres etapas. Primero, se le ridiculiza. Segundo, se le rechaza con violencia. Tercero, se le acepta como algo evidente." Gandhi lo expresó así: "Primero te ignoran, después se ríen de ti, luego te atacan, entonces ganas."

Ambas citas muestran una perspicacia brillante de la naturaleza del 95%.

La mayoría siempre deja pasar la primera y la segunda fase y espera a que la verdad sea evidente antes de sumarse a la causa. La clave del éxito es identificar esas cosas que con el tiempo van a convertirse en evidentes *antes* de que sean evidentes. O para decirlo en palabras más sencillas: averigüe qué está haciendo la mayoría y haga lo opuesto, que puede ser incómodo. Al menos al principio, cuando el 95% lo está ignorando, se está riendo de usted o lo está peleando. Pero al final, usted gana.

Cuando usted se pasa al bando de la ligera ventaja, *siempre* gana.

Claro que es preciso aplicar inteligencia y discernimiento. No puede pretender que las cosas surtan efecto para usted simplemente porque se está moviendo en contra de lo que está haciendo la mayoría. Ser contrario por contrariar es solo otra forma de conformidad. Usted sigue siendo un esclavo de la mayoría, pero lo expresa en términos de oposición.

No obstante, las probabilidades son excelentes de que cuando usted se suba a la curva del éxito, lo esté haciendo solo. Como lo hicieron Wilberforce, Edison o Lincoln.

Haga lo que la mayoría no se atreve a hacer. Arriésguese a ser el único, y no uno de los diecinueve. ¿Lo criticará la gente? Desde luego. ¿Pero vio alguna vez una estatua erigida para conmemorar a un crítico? No construimos estatuas para el 95%. Las construimos para el 5%.

Lo que aprendí de los funerales

Como mencioné antes, cuando trabajé para Texas Instruments, estaba preparado para ascender entre la directiva, pero la vida tenía otros planes para mí. Me presenté a trabajar y me pusieron en ventas. Me sentí horrorizado. No había manera de que pudiera hacer visitas de ventas sin fracasar miserablemente. No temía el rechazo; le tenía un *terror paralizante* al rechazo. Iba a tener que renunciar a ese trabajo, en ese instante, y volver a estudiar un posgrado como perro con la cola entre las patas.

Pero para ese momento yo sabía que la gente exitosa hace aquello que la gente fracasada no está dispuesta a hacer. Me sentía entre la espada y la pared: *tenía* que hacerlo y lo sabía.

Para mi primera visita de ventas, estudié los archivos de los clientes y encontré la cuenta más pequeña e insignificante que pude: una tienda farmacéutica diminuta en Gainesville, Florida. Supuse que si iba a crear un problema, mejor hacer el menor daño posible.

Manejé dos horas y media para llegar a la tienda, pálido del miedo. Estacioné y me quedé en el estacionamiento una buena media hora, acercando la cara a la rejilla del acondicionador de aire que estaba encendido a toda marcha, y sudando a chorros. Estaba aterrorizado. En ese momento, lo más fácil del mundo hubiera sido quedarme en ese automóvil. En lo profundo, aunque todavía no tenía clara la filosofía de la ligera ventaja en mi vida, sabía que este pequeño error, acumulado durante el tiempo, me despojaría de todos mis sueños.

Al prepararme para hacer mi primera visita de ventas, había estado literalmente orando para pedir ayuda y, como suele suceder cuando uno formula una pregunta con toda sinceridad, se me presentó la respuesta. En este caso, la respuesta fue un artículo que de casualidad había leído en una revista uno o dos días antes. Un artículo, sorprendentemente, sobre funerales.

Según leí, en un funeral normal, unas diez personas lloran.

No podía creerlo. Tuve que leer el párrafo una y otra vez para cerciorarme de que lo había entendido bien. "¿Diez personas *nada más*? ¿Quiere decir que paso por mi vida, dedico años soportando tribulaciones, logros, alegrías y sufrimientos y, al final de todo, hay solo diez personas en el mundo que se molestan en asistir al funeral y llorar por mí?"

Seguí leyendo el próximo párrafo. Fue de mal en peor.

Una vez que esas diez, o menos, personas habían sacado sus pañuelos y se habían sonado la nariz y mi funeral había terminado, el factor número uno que determinaba cuánta gente continuaba del funeral al entierro era el clima.

¿El *clima*?

Sí. Si justo llovía, comentaba el autor del artículo, el 50% de las personas que asistieron a mi funeral decidían que tal vez no iban a presenciar el entierro y se volvían a su casa.

En verdad no podía creerlo. "¿Quiere decir que estoy ahí muerto, en la gran conclusión de todo lo que dije e hice, de todo lo que yo llamo mi vida, en esos momentos finales, cuando mis seres más queridos e íntimos relatan, reconocen y conmemoran mi existencia entera, y cuya vida yo toqué tan profunda e intensamente, y la mitad de la congregación se va en medio de la despedida *porque empezó a llover*?"

Eso me deprimió de verdad cuando lo leí la primera vez. Pero ahora, sentado en mi vehículo afuera de esa pequeña tienda farmacéutica en Gainesville, descubrí que era liberador. "¿Sabes qué?", pensé. "Me importa un bledo lo que piense la gente sobre lo que hago. Si no es muy probable que vayan a llorar en mi funeral, y que sea difícil que se queden para el entierro si el cielo decide llorar por mí más de lo que lloró la gente ¿por qué pierdo tanto tiempo preocupándome por lo que piensan ahora?"

¿Por qué debo temer el rechazo? ¿Qué me importa que me den uno o dos portazos en la cara? ¿Por qué me debe preocupar lo que piensa la mayoría o lo que dice, piensa o hace el 95%?

Enfrentarse a la verdad de su propia muerte también puede acercarlo cara a cara a algunas verdades importantes de la vida. Ese artículo sobre los funerales me había ampliado el territorio conocido y me dio una ventaja de valor, una diminuta ventaja, pero una ventaja que antes no había tenido. Una ligera ventaja.

Finalmente me armé de todo el valor que pude, apagué el motor, entré y di lo que sin duda en mi opinión fue la peor presentación en la historia de las ventas. No compraron ni una cosa. En ese sentido, fue un total fracaso, pero cuando regresé a mi automóvil, estaba eufórico. Había destrozado la visita de ventas, y concretado una victoria en mi vida.

Unos días más tarde, de casualidad estaba pensando en ese artículo otra vez mientras estaba en mi vehículo nuevamente, esta vez detenido en el tránsito. En ese momento miré por la ventana y entendí por qué el tránsito estaba detenido: por un *cortejo fúnebre* que pasaba. Tardó menos de un minuto porque había pocos autos.

A medida que el tráfico comenzó a circular otra vez, pensé en la persona recostada en el coche fúnebre. ¿Había vivido su vida entera preocupándose de lo que pensaba la gente?

Y de pronto me di cuenta. ¿Quién tiene largos cortejos fúnebres? ¿En qué funerales lloran miles de personas? ¿Por quién lloran millones de personas? Por aquellos que hacen lo que otros no están dispuestos a hacer. Por la gente para quien erigimos estatuas. Por Martin Luther King, por Gandhi, por Madre Teresa, por Lincoln. Se ofician gigantescos funerales y enormes multitudes, incluso naciones enteras, lloran la muerte de aquellos que pasaron su vida sin preocuparse de lo que pensaban los otros.

Ese sí que es un efecto de onda expansiva.

Ese sí que es el dominio.

Relatos personales de los lectores de *La Ligera Ventaja*

Al poco tiempo de que naciera mi hija, recurrí a regañadientes al programa estatal WIC de asistencia materno-infantil porque me proporcionaba leche para ella, leche que yo no podía comprar. Fue un momento claro y definitivo en la vida. Tenía apenas más de veinte años y mi vida se estaba desmoronando rápidamente en todas las categorías: finanzas, familia, estado físico, fe, amigos, diversión y libertad.

Me daba cuenta de que mi situación en la vida era el resultado total de las decisiones que había tomado en los últimos cinco años, y casi todas ellas me habían conducido por el camino de la caída gradual. En lo profundo de mi ser, sabía que tenía que pasar de una vida de recibir a una vida de responsabilidad.

Tomé una decisión que fue crítica. Todos los días, mientras cuidaba a mi bebé, tenía un canal de TV encendido de fondo llamado The People's Network. Cada vez que me desviaba de rumbo, escuchaba a alguien en ese canal compartir algo sabio, consejos sagaces que me ayudaban a reencaminarme otra vez.

En esa época asistí a un evento en el que Jeff Olson habló del concepto de la ligera ventaja. Dijo que le había servido bien en la vida y luego añadió: "Creo que a usted le va a servir bien también". Habló de cómo es en el último 20% del tiempo que invertimos en una disciplina donde llegarán las recompensas. Yo necesitaba algo en que creer, y ese día me convencí de su filosofía de la ligera ventaja.

Cada decisión que tomé en los próximos cinco años fue una decisión de la ligera ventaja, solo que eran decisiones que alimentaban esas disciplinas positivas simples en vez de esos simples errores de criterio. La mayoría de mis decisiones ahora me conducían por el camino del crecimiento.

Jamás olvidaré esos días de dificultades: me desviaba del camino, me encauzaba, me desviaba, me encauzaba. Me di cuenta de que el proyecto era yo, y puse manos a la obra. Leí y apliqué lo que había aprendido. Me dediqué y di lo mejor de mí. Apliqué una visión a largo plazo y demoré la gratificación. Sabía que, para tener éxito, debía hacer lo que otros no estaban dispuestos a hacer. Si iba a tener éxito, sería por mí mismo. Si iba a fracasar, sería por mí mismo. No podía culpar a nadie. No lo haría ni lo hice. ¿Fue fácil? No, para nada. ¿Valió la pena? *Inmensamente*.

Con el tiempo, comencé a alcanzar la magia del 20%, ese punto crítico del cambio de la ligera ventaja en mis finanzas, y en mi familia, mi estado físico, mi fe, mis amistades… Y sí, la diversión y la libertad posteriormente. Me convertí en la prueba viviente de que la ligera ventaja funciona.

Desde ese momento, he enseñado la filosofía de la ligera ventaja a audiencias en más de veinte países. Diseñé una tabla de la ligera ventaja para mí y es la misma tabla que mi hija usó para mantenerse encaminada a su meta de llegar al cinturón negro en artes marciales, la misma que usó para desarrollar el hábito de leer quince páginas de un libro de crecimiento personal todos los días, la misma que usó para desarrollar potentes habilidades de razonamiento crítico.

Mi hija recién cumplió dieciocho años y acaba de embarcarse en un viaje de noventa días a Italia. Estoy fascinado por ella y un poco triste. La extraño. Sé que le irá bien; después de todo, la filosofía de la ligera ventaja es ahora parte de su ADN. Ella tiene una hermanita de tres años. Y sí, gracias a *La Ligera Ventaja*, esta vez puedo comprar la leche.

—*Art Jonak, Houston Texas*

Puntos esenciales del Capítulo 11

↗ El arte del dominio comienza en el momento en que usted se sube al camino. El fracaso comienza en el momento en que usted se baja del camino.

↗ Desear es incómodo, pero desear es esencial para ganar.

↗ Hay dos formas de cerrar la brecha entre la situación donde está y donde desea estar: 1) usted puede abandonar la situación en la que está ahora y dejarse atraer hacia su meta, o 2) usted puede abandonar su meta, apretar el botón de repetición de alarma y quedarse donde está.

↗ Lo más probable es que cuando dé el paso hacia el camino del dominio, lo dé solo.

12. Invierta en sí mismo

> "Dame seis horas para cortar un árbol y pasaré las primeras cuatro horas afilando el hacha."
> —*Abraham Lincoln (atrib.)*

El mejor regalo que puede hacerse a sí mismo es también la inversión de negocios más sabia que pueda hacer. También es el paso más crítico para concretar cualquier tarea desafiante, y es el único paso sin el cual todas las otras estrategias del éxito, por más brillantes y demostradas que sean, estarán destinadas al fracaso.

¿Qué es este regalo misterioso? Es su propio desarrollo personal. Invertir en su propia mejora, su propio crecimiento personal y mejoramiento, es todo eso y más.

"Dame seis horas para cortar un árbol y pasaré las primeras cuatro horas afilando el hacha", dice esta cita atribuida a Abraham Lincoln. Lo cual deja solo dos horas para dedicarse a cortar el árbol. En otras palabras, le dedicaría el doble de tiempo a las herramientas del trabajo que a la tarea misma. Y en la tarea llamada *su vida*, ¿cuáles son las herramientas del trabajo? Sólo es usted: *usted* es el hacha. Y nadie sabía mejor que nuestro presidente número dieciséis, quien dedicó enormes esfuerzos durante medio siglo de su vida a convertirse en el hacha más afilada, fuerte y calibrada posible.

¿Qué hace la mayoría de la gente? Cuando hay un árbol en el camino, agarran esa hacha, aunque esté desafilada, y empiezan a dar hachazos. Y si pronto no ven una diferencia en su avance, abandonan el proyecto posiblemente mascullando que se trata de la culpa del árbol.

La manera en que esgrime el hacha, con qué fuerza, en qué arco, con qué ritmo y exactamente en qué lugar del árbol, son todas tácticas que pueden medirse, evaluarse y mejorarse. Pero todo comienza con el hacha misma. El hacha es usted.

Aprendizaje continuo

Anteriormente hablamos del poder del tiempo y cuán vital es que aprenda a aprovechar el poder del tiempo en la pugna por conseguir todas sus metas. Y esa es, ciertamente, la estrategia de todas las estrategias. El tiempo quizás no cure todas las heridas, pero trae como consecuencia el cambio, tarde o temprano. En lo que se refiere a vivir y dominar la ligera ventaja, la fuerza más importante que puede aprovechar para acelerar y amplificar su camino por la vida es el poder del *aprendizaje continuo*.

Cuando digo "aprender", no quiero decir tan solo el aprendizaje de una institución educativa, aunque ciertamente tiene importancia. Y no me refiero a aprender de libros o de un profesor, aunque ya sabe que venero el conocimiento que se puede adquirir de los buenos libros, y lo mismo pienso de los grandes maestros. Tampoco estoy hablando simplemente de aprender del ejemplo de otros, de los consejos de sus amigos, de sus propios errores y de la "escuela de la vida". Cuando digo "aprender" no me refiero a una de esas cosas en particular. Me refiero a *todas* ellas.

Una vez que capte bien la filosofía de la ligera ventaja y esté encauzado en el camino del dominio, educarse por todos los medios posibles es el proceso crítico que lo mantendrá en ese sendero y hará que la ligera ventaja funcione para usted.

Cuando digo "educarse" tampoco me refiero al sentido más estricto de aprender habilidades o temas específicos. Es evidente que debe aspirar al aprendizaje continuo a fin de adquirir el conocimiento y las habilidades para dominar cualquier tema o meta que contribuirá a su crecimiento y desarrollo personal y profesional. Pero no se trata simplemente de adquirir conocimientos específicos. El aprendizaje continuo durante toda la vida es el material con el cual usted afianza constantemente su filosofía y su entendimiento de cómo se desenvuelve en situaciones y circunstancias de la vida real, lo cual también es crítico para dominar la ligera ventaja.

Fíjese en esta estadística que lo dejará anonadado: entre los graduados de la escuela secundaria que no continúan en la universidad, el 58%, es decir más de la mitad, jamás vuelve a leer un libro. Esto significa *por el resto de toda su vida*. Cuando leí esa cifra por primera vez, me quedé atónito, pero no del todo sorprendido. Es un motivo más por el que el 95% deja de nadar, se resbala por la curva del fracaso y se ahoga en la crema. Pasan su vida construyendo los sueños de otra persona no porque no sean capaces de construir el propio, sino porque nunca adquirieron el conocimiento que necesitan.

El analfabetismo es un problema mucho más grave hoy de lo que la gente sabe. Según las Naciones Unidas, de los 7,000 millones de personas que habitan el planeta, más de 1,000 millones no saben leer. ¿Se imagina eso? Una persona de cada siete: *mil millones* de personas. Pero piense en lo siguiente: si usted es del 58% que desde la escuela secundaria nunca más abre un libro, ¿qué diferencia hay entre usted y los mil millones de almas en todo el mundo que no pueden leer ese libro aunque lo tuvieran en la mano? Ninguna diferencia en absoluto.

Y no es solo leer. Es lo que uno lee. Entre esos 6 de cada 7 que *pueden* leer libros, la mayoría solo logra un poco más que entretenerse y pasar el tiempo. No se preocupe, no estoy criticando el entretenimiento. ¿A quién no le gusta divertirse? Solo estoy diciendo que todas las novelas de misterio, los secretos revelados de Hollywood y las novelas de vampiros adolescentes no lo catapultarán por encima de la curva superior de la ligera ventaja.

Mark Twain escribió: "El problema con el mundo no es que la gente sepa demasiado poco, sino que sepa muchas cosas que no son ciertas". También lo hubiera explicado de esta forma al analizar el estado de alfabetismo en este mundo actual enloquecido por los medios de difusión: "El problema no es que la gente *lea* demasiado poco, sino que se llena el cerebro de cosas que no le están haciendo nada bien."

¿Pero qué tal si añade a su pila de libros de verano algunos títulos de John Maxwell, Jack Canfield, Zig Ziglar o Jim Rohn? ¿O *La felicidad como ventaja, Los siete hábitos de la gente altamente efectiva, Piense y hágase rico* y cualquiera de los cientos y miles de otros libros inspiradores, educativos y potenciadores que hay?

Esa sí que es otra historia.

¿Cuándo fue la última vez que asistió a un seminario o tomó una clase de educación para adultos, no porque estaba obligado sino simplemente para mejorarse a sí mismo? ¿Cuándo fue la última vez que fue a jugar boliche? Si su promedio es 200, ¡felicitaciones! Usted es un jugador fenomenal... y tal vez le convenga replantearse las prioridades. Si pusiera en fila a los cien hombres y mujeres más exitosos de Estados Unidos y calculara sus promedios de boliche, le apuesto a que no pasarían de 70. El americano promedio va a jugar boliche 233 veces en su vida y todos tienen algo mejor que hacer. Sé que el boliche es uno de los pasatiempos más comunes de los Estados Unidos, ¿pero no preferiría que el éxito fuera su pasatiempo más frecuente? No me las estoy agarrando en contra de ese juego ni con ninguna otra forma de recreación. Necesitamos equilibrio en la vida, y pasar tiempo en el boliche puede servirle también en muchas otras formas, como su estado físico, sus relaciones con sus amigos, su habilidad de olvidarse del trabajo, de relajarse y de divertirse, que son todas cosas buenas. Sin embargo, la cuestión es si se está desarrollando. ¿Está construyendo sus sueños o solo los de su jefe?

Si lee diez páginas por día, habrá leído un libro entero de 300 páginas en un mes. Tome un libro como *Piense y hágase rico*, repleto de una vida entera de aprendizaje extraordinario sobre el éxito entre sus tapas. ¿Por qué no *desearía* usted pasar un poco de tiempo todos los días durante un mes aprendiendo lo que alguien como Napoleon Hill pasó una vida entera observando y anotando?

Invierta en sí mismo. Afile su hacha. Lea solo un capítulo por día de un libro inspirador y pleno de información. Escuche quince minutos de un audio capaz de transformarle la vida. Tome un curso o seminario con frecuencia. ¿Son fáciles de hacer estas cosas? Por supuesto. Y esas disciplinas simples, acumuladas con el tiempo, como el centavo duplicado cada día durante un mes, lo impulsarán a la cima. ¿Son fáciles de no hacer? No hay duda. Y si no las hace hoy, ahora mismo, ¿se le destruirá la vida? Claro que no. Pero ese error simple de criterio, acumulado con el correr del tiempo, lo arrastrará hacia abajo por la curva del fracaso y lo despojará de todo lo que ansió y soñó.

La agudeza de los libros contra la viveza callejera

Aquí viene una prueba sorpresa. ¿Listo?

Cinco ranas están sentadas en un camalote
Una decide marcharse de un brinco.
¿Cuántas quedan?

Si contestó "cuatro", sus habilidades aritméticas son estupendas. Lamentablemente, no se trata de un problema de aritmética. Es un problema de *vida*. La respuesta correcta es "cinco". Sí, las cinco todavía están sentadas en el camalote. Esa rana solo *decidió* dar un brinco.

Todavía no lo hizo.

Suficiente gente invierte una buena cantidad de tiempo y esfuerzo acumulando conocimientos, pero termina viviendo su vida en la curva del fracaso. ¿Por qué? Porque dominar la ligera ventaja y pasar a la curva del éxito no es solo una cuestión de la cantidad que usted aprende sino de la calidad de lo que aprende, y en particular si incluye *hacer*.

Existen dos tipos de aprendizaje: aprender estudiando, lo cual incluye leer, escuchar audios y asistir a clases y seminarios; y aprender haciendo. Por más apasionado que yo sea sobre auto superarme al estudiar con grandes maestros, excelentes libros, audios y talleres, también sé que todo el estudio del mundo no construirá su negocio, afianzará su salud, creará una vida familiar rica y gratificante ni lo hará más feliz. Eso significa que debe levantarse de su silla y *hacerlo*. La agudeza que le dan los libros no es suficiente, el verdadero éxito está construido sobre una base de estudio más viveza callejera. Si usted desea mantenerse con los pies sobre la tierra y avanzar al mismo tiempo, necesita un equilibrio.

La vida no es un deporte de espectadores, en realidad, es un deporte de contacto físico, sin sesiones de entrenamiento, y usted está en el partido desde el primer día. La vida vive en el ahora y el ahora mismo. Es por eso que Emerson, que era un hombre excepcionalmente bien educado en el sentido de la agudeza adquirida de los libros, advirtió: *Haga las cosas y tendrá el poder*.

Y observe que esta no es una filosofía reversible. No es posible conseguir el poder y *luego* hacer las cosas, aunque la gente, por cierto, trata de hacerlo así y se pasan la vida entera adquiriendo el poder sin hacer nada. *Haga las cosas y tendrá el poder*. La única manera de tener el poder es haciendo las cosas. Hágalo. Aprenda haciendo.

Seguramente habrá escuchado el famoso proverbio chino que dice: "Un viaje de mil millas comienza con un solo paso". Otro ejemplo excelente del entendimiento tradicional de la ligera ventaja. Pero observe que el viaje comienza con un solo paso y no al *pensar* en dar ese paso.

En mi vida empresarial, la gente suele acercarse a mí porque desea saber el secreto del éxito, la fórmula mágica. Me preguntan: "¿Qué es lo que tengo que hacer para garantizar mi éxito?" Mi respuesta es siempre la misma: "Esté aquí, enfrascado activamente en el proceso, durante todo un año a partir de hoy." Esa es realmente la única respuesta. Es la respuesta de la ligera ventaja. Usted no puede construir su sueño por lo que va a hacer o planea hacer o intenta hacer. Solo construirá su sueño construyéndolo. Debe brincar del camalote.

La vida es *hacer*. Si no está haciendo, se está muriendo.

El ritmo del aprendizaje

Puedo leer un libro, como el clásico de James Allen *Como un hombre piensa*, ponerlo otra vez en el estante, regresar un año más tarde y leerlo otra vez, y parece que alguien entró a hurtadillas mientras dormía y lo *reescribió completamente*. En efecto, esto me sucede todo el tiempo. Estoy siempre descubriendo o redescubriendo toda clase de sutilezas en libros que he leído antes, incluso muchas veces antes. ¿Por qué? Porque en ese intervalo, he aprendido haciendo. Mis experiencias han cambiado mi perspectiva. Ahora cuando leo un pasaje o cuestión que pone de relieve el autor, lo entiendo de una manera que no podría haberlo visto hace un año. Y eso, a su vez, informa mi comportamiento. Ahora cuando me preparo para realizar mi actividad del próximo día, puedo aplicar lo que aprendí de Allen de una manera que no se me hubiera ocurrido ni siquiera veinticuatro horas antes.

"El conocimiento sin práctica es inútil", dijo Confucio, pero añadió una segunda línea: "Y la práctica sin conocimiento es peligrosa". No es que la viveza callejera sea *mejor* que la agudeza de los libros. Ambos son críticos. Uno sin el otro, como lo dijo Confucio, es inútil o peligroso y, de cualquier modo, no lo va ayudar a entrar en la curva del éxito.

La agudeza de los libros, la viveza callejera. Aprender estudiando, aprender haciendo. Léalo, aplíquelo, véalo en acción, incorpore esa experiencia práctica al releer, profundice su entendimiento, realice su actividad con ese entendimiento más profundo, es un ciclo sinfín, cada aspecto del aprendizaje se alimenta mutuamente. Igual que subir una escalera: pie derecho, pie izquierdo, pie derecho, pie izquierdo. ¿Se imagina tratar de subir una escalera solo con el pie derecho?

No solo funcionan mejor los dos cuando trabajan juntos al mismo ritmo, amplificándose mutuamente, sino que, lo cierto, es que no pueden funcionar *en absoluto* en forma separada. Al menos no por un largo tiempo. No es posible destacarse puramente con el conocimiento aprendido del estudio; y no es posible destacarse puramente con el conocimiento cosechado de la acción. Ambos deben trabajar juntos. Usted estudia, y luego hace la actividad. La actividad le cambia su marco de referencia, y ahora está en una situación desde la que puede aprender más. Luego aprende más, lo cual le aporta más agudeza sobre lo que experimentó en la actividad, y luego vuelve a encarar la actividad con más sagacidad. Y así transcurre yendo y viniendo.

Vale la pena señalar ese ritmo de vaivén porque no es solo el ritmo del aprendizaje. Es el ritmo del éxito. Es lo que usted comienza a dominar desde el momento que dio sus primeros pasitos de bebé. En efecto, es algo que aprendió hasta antes de alcanzar la etapa de caminar, y es incluso más básico. Los psicólogos han descubierto que gatear es una de las actividades más importantes que jamás logramos porque afecta profundamente el cableado neurológico del cerebro y su capacidad de aprender. El ritmo alternante de mano derecha/pierna izquierda y de mano izquierda/pierna derecha actúa sobre nuestro sistema nervioso como la ola sobre la costa, desarrollándolo, moldeándolo y preparándolo para toda clase de niveles más sofisticados de aprendizaje y concientización más adelante en la vida.

Usted habrá escuchado la expresión "es preciso gatear antes de poder caminar". Tiene una verdad más profunda de lo imaginado.

Ese ritmo alternativo, y su capacidad de coordinar el comportamiento de los opuestos, es una habilidad crítica de la ligera ventaja. Balancear la agudeza de los libros y la viveza callejera es un aspecto, como lo es la estrategia de éxito diaria que examinaremos a continuación: la corrección del rumbo.

Corrección del rumbo

¿Cuál es el camino más corto entre dos puntos? Una línea recta, ¿verdad? Incorrecto. Aunque en teoría eso es verdad, en la realidad jamás lo es. En el universo real, todo es curvo. Y la realidad es donde usted y yo vivimos, y donde triunfamos o fracasamos.

Piense cómo conduce usted en una carretera que es perfectamente recta, o que le da la ilusión de ser perfectamente recta. Por supuesto, no es realmente recta. Está llena de pequeños baches e imperfecciones, y sutiles cambios de elevación, inclinación y torsión. ¿Cómo lo sabe? Piense cuando está conduciendo. Aunque esté viajando en esas autopistas interestatales que parecen una línea recta al infinito, ¿mantiene usted el volante perfectamente inmóvil? No, lo mueve de un lado al otro constantemente, efectuando correcciones diminutas del rumbo al que se dirige. Ese movimiento continuo y regulación del volante es tan familiar, un acto tan reflejo, que probablemente nunca piensa en él.

Pero si decidiera mantener el volante inmóvil, se saldría de la carretera en menos de un minuto. Y la vida es exactamente así.

Dicho sea de paso, la modalidad de corrección constante del rumbo no se aplica solo a conducir automóviles en carreteras asfaltadas de ingeniería imperfecta. Sucede también en los tipos de viaje más sofisticados que jamás se hayan inventado. Sucede en el viaje espacial.

En el viaje en el que los astronautas llegaron sin riesgos a la superficie de la luna, el milagro de la ingeniería moderna que fue la nave espacial Apolo, realmente mantuvo su rumbo solo del 2 al 3% del tiempo. Eso significa que el 97% del tiempo restante que le llevó desplazarse de la Tierra a la luna, estaba *fuera de rumbo*. En un viaje de casi un cuarto de millón de millas, la nave solo mantuvo su rumbo durante 7,500 millas. O, expresado de otra forma, por cada media hora de vuelo de la nave, mantenía el rumbo menos de un minuto. Y llegó a la luna, sin riesgos, y regresó victoriosa.

¿Cómo fue posible tal cosa? Porque el viaje espacial moderno es un ejemplo magistral de la corrección del rumbo de la ligera ventaja en acción.

Si esa nave, que en esa época fue una de las maravillas tecnológicas más sofisticada, costosa y precisamente calibrada jamás inventada, tenía que corregir sus propios errores de rumbo veintinueve minutos de cada treinta, ¿es razonable pretender que usted se desempeñe mejor? Digamos que usted pudiera igualar el grado de precisión de la nave Apolo en aras de sus propias metas: eso significaría que usted estaría perfectamente alineado con su rumbo no más de diez días por año. La próxima vez que sea muy exigente consigo mismo porque siente que perdió el rumbo, piense en el programa Apolo y no se torture tanto.

Para los que no entienden cabalmente la ligera ventaja, desviarse del rumbo es algo que deben evitar a toda costa. En resumidas cuentas, si se desvía de su rumbo, está fracasando, ¿no es cierto? Pero los que entienden la ligera ventaja acogen la filosofía de Thomas Watson sobre el fracaso. Esta es la versión más extendida de la declaración de Watson:

¿Desea que le dé la fórmula para el éxito? Es simple, realmente. Duplique su índice de fracasos… Usted piensa en el fracaso como el enemigo del éxito. Pero no lo es en lo más mínimo.

*Usted se puede desanimar por el fracaso o puede aprender de él.
Entonces anímese y cometa errores. Cometa todos los que pueda.
Porque recuerde que allí será donde hallará el éxito.
Del otro lado del fracaso.*

Recuerde, Armstrong y Aldrin caminaron sobre la superficie de la luna, y el único motivo por el que lo hicieron es que *la nave espacial los llevó hasta allí*. Y usted también puede hacerlo. ¿Por qué? Por la corrección continua del rumbo.

Su giróscopo interno

El dispositivo que permitió a la nave espacial realizar esos ajustes constantes, que le permitió corregir su rumbo cada vez que se desviaba, fue el sistema de guía computarizada, cuyo núcleo era un giróscopo. Es posible que de niño haya jugado con un giróscopo de juguete. Seguro se acordará: debe darle cuerda con un hilo como si fuera un trompo y hacerlo girar, y aunque lo sostenga de distintas maneras y haga distintas cosas con él, permanece derecho mientras esté girando. La fuerza creada por ese giróscopo de juguete es tan poderosa que se lo puede balancear en la punta del dedo o hacerlo bailar verticalmente a lo largo de un hilo. El giróscopo alojado en el sistema de guía de una nave espacial Apolo es esencialmente lo mismo: una masa giratoria montada sobre una base que conserva la misma orientación por más que la base misma se esté moviendo en otra dirección.

Entonces la nave espacial comienza en el punto A (su posición actual) y se dirige al punto B (la luna). Al viajar sus primeras millas, se desvía levemente de su rumbo. Ahora el giróscopo de la nave espacial muestra una lectura, mientras los instrumentos muestran que se está dirigiendo en una dirección ligeramente distinta. Pero el giróscopo siempre está apuntando hacia la dirección *correcta*, la dirección en la que debe viajar la nave.

El procesador computarizado detecta que la nave se desvió de su rumbo y le indica efectuar la corrección. Si el procesador y la nave hablaran inglés, la conversación sería, por ejemplo, esta:

Procesador: "Nave espacial, está 1.27 grados al norte—regrese a 1.29."
Nave: "Bien… listo."

Procesador: "Bien... Cuidado, se pasó demasiado, ahora está en 1.30, cambie 0.01 grados al sur."

Nave: "Ningún problema, eso haré también".

Procesador: "Fantástico. No, espere, demasiado hacia el oeste. Corregir rumbo 0.067 grados."

Nave: "Entendido, considérelo hecho."

Procesador: "Espero, fue demasiado, regrese 0.012."

Nave: "Bien, 0.012... ¿está bien?"

Procesador: "Demasiado hacia el norte otra vez, baje a 1.27..."

Y así sucesivamente, de aquí a la luna, una serie constante de ajustes que convierten lo que es predominantemente una sarta de fracasos en un éxito ulterior.

Usted también tiene un giróscopo, y funciona de la misma manera si se lo permite. Su giróscopo es su visión del lugar donde se dirige; en otras palabras, su sueño. Su procesador es la ligera ventaja: una serie sistemática de acciones diminutas aparentemente insignificantes, fáciles de hacer y fáciles de no hacer, y en este caso, hacerlas conduce directamente a la luna en vez de salir despedido al vacío del espacio sideral.

Usted tiene hambre. Hay un montón de comida basura grasosa que lo llama desde la máquina dispensadora. Su giróscopo está girando, concentrado en su salud. Su procesador hace *clic, clic, runrún...* y usted elige una ensalada o una fruta en cambio.

Hay un muestrario de libros y revistas. Usted se estira para agarrar la revista *Gente* porque tiene un chisme jugoso sobre una estrella de cine que usted muere por leer, cuesta apenas unos dólares, y tiene tiempo mientras almuerza y...*clic, clic, runrún...* en cambio decide ir a buscar su ejemplar de *La felicidad como ventaja* que dejó en el coche. O salir a dar una caminata enérgica veinte minutos por el parque.

Usted está tomando café con amigos y empiezan a quejarse de sus trabajos, sus jefes, sus obligaciones, etc., *clic, clic, runrún...* Y usted halla la forma de cambiar de tema porque sabe que si la charla no se encamina con rumbo positivo, en otros sesenta segundos, tendrá que buscar una excusa para irse.

Al saber adónde desea ir y al saber cómo la ligera ventaja lo lleva a esa meta, efectúa las correcciones automáticamente. Realiza las elecciones correctas, las que le sirven a usted. Hace esas cosas simples y aparentemente insignificantes que impulsan su progreso por la curva del éxito. Usted lee libros buenos. Escucha audios motivadores. Se relaciona con personas exitosas que lo potencian. Usted es de ese 5%, un ganador, un éxito.

Una vez que conoce la ligera ventaja, sabe que en el transcurso de pasar del punto A al punto B, se desviará de rumbo la mayor parte del tiempo. Y sabe que son las correcciones, esos ajustes de rumbo pequeños y aparentemente insignificantes, lo que más poder tienen en su vida.

John McDonald, autor de la obra clásica *El mensaje del maestro*, escribió una bella descripción de este giróscopo interno y cómo funciona:

Usted regresa una y otra vez para adoptar el rumbo correcto, ¿guiado por qué? Por la imagen mental del lugar adonde se dirige.

Posiblemente haya escuchado la expresión: "No es la forma en que planea su trabajo, sino la forma en que trabaja su plan". Eso es *casi* verdad. Pero una sólida estrategia de la ligera ventaja significa hacer ambas cosas al mismo tiempo, un paso pequeño de corrección del rumbo a la vez. La ligera ventaja es un proceso. Usted elige constantemente por qué camino ir, si hacia arriba con el 5% o hacia abajo con el 95%. Uno no toma esa decisión una vez y dice: "Ah, listo, terminé." Realiza esa elección de un momento a otro, y a otro, y lo sigue haciendo, cada mes y cada día, por el resto de su vida. Al principio, exige tener conciencia permanente. Con el tiempo, el giróscopo interno aprende el procedimiento tan bien que se vuelve automático.

Y lo que se torna automático y lo que no, determina la diferencia entre el holgazán y el millonario, la miseria y la alegría, la vida en la curva del fracaso o la vida en la curva del éxito.

El centavo (es decir, los $10 millones) que le hace pensar

Por la mente siempre pasa un comentario constante y lo más probable es que la mayor parte del tiempo ni siquiera nos demos cuenta de lo que está diciendo. A veces ese comentario constante se desborda hacia las cosas que usted se dice a sí mismo en voz alta. Pero la mayor parte del tiempo, es esa voz silenciosa que le susurra en los oídos, y no hay voz más poderosa.

Es la razón por la que Napoleon Hill no tituló su libro *Empiece negocios sólidos y hágase rico*, *Haga lo correcto y hágase rico* ni *Actúe y hágase rico*. Claro que hacer lo correcto, actuar y empezar negocios sólidos son todas cosas buenas. Pero Hill sabía que esa no era la cuestión. Conocía el secreto de cómo sucede realmente la riqueza. Lo llamó *Piense y hágase rico*. Lo hizo por el mismo motivo que James Allen tituló su pequeño clásico fenomenal *Como un hombre piensa* y no *Como un hombre hace*.

Sus propios pensamientos son uno de los ejemplos más poderosos que existen de la ligera ventaja. Sus pensamientos se multiplican por el poder del interés compuesto y, como un jacinto de agua mental, con el tiempo (por lo general, mucho menos de lo que se imagina) llegan a cubrir el estanque de su mente.

Eso es cierto para los pensamientos positivos. Pero lo es también para los pensamientos negativos.

Como vimos antes, ni siquiera se trata de "tener cuidado con lo que desea porque podría hacerse realidad". Olvídese de los deseos. Se trata de lo que piensa y punto final. Porque lo que usted piensa, multiplicado por las acciones y por el tiempo, creará lo que recibe. A través del poder de sus propios pensamientos, usted es la persona más influyente en su vida. Eso significa que no hay ninguna otra persona más efectiva que usted para *socavar* su éxito y ninguna otra más efectiva para *apoyar* su éxito.

El propósito de invertir en sí mismo no es acumular habilidades o soltura en áreas específicas del conocimiento. Si bien eso es válido, no son el objetivo principal. El objetivo principal de invertir en sí mismo es entrenar *la manera en que usted piensa* y *lo que usted piensa*.

Entonces analicemos cómo funcionan realmente los pensamientos. Al igual que el aprendizaje, y que todo lo demás, hay dos tipos y es crítico que sepa cómo funcionan juntos.

El cerebro humano es el dispositivo más complejo de procesamiento de información que se conozca. Su cerebro está integrado por unas cien mil millones de neuronas, y tiene la capacidad de llevar a cabo unas diez cuatrillones de operaciones únicas por segundo. Cada segundo de cada día, su cerebro lleva un control de miles de millones de distintas actividades metabólicas de su cuerpo, sin que usted tenga conciencia de ello, y lo ha estado haciendo cada segundo de cada día desde el día que nació. Pero hay un detalle sobre el cerebro que la mayor parte de la gente no sabe y es en qué lugar del cerebro yace el verdadero poder.

Hay dos amplios y distintos tipos de función: el cerebro consciente y el cerebro inconsciente. Su cerebro consciente es la parte que hace lo que uno considera ser la actividad de "pensar". Se concentra intensamente en una cosa a la vez, como el haz de una linterna escudriñando un cuarto oscuro.

El cerebro consciente es sumamente poderoso en lo que hace, pero tiene un alcance muy limitado. Por ejemplo, la mayoría de la gente no puede retener mentalmente más que un puñado de dígitos cada vez. Haga la prueba: abra el directorio telefónico, lea tres números de teléfono al azar, ciérrelo y vea si puede acordarse siquiera de *uno* de ellos.

¿Y el inconsciente? Puede recordar *trillones* de números de teléfono a la vez. Si su cerebro consciente es como una linterna, iluminando un objeto a la vez, su cerebro inconsciente es como un super reflector, que ilumina todo a la vez, pero solo a nivel subconsciente.

Su cerebro consciente se distrae fácilmente. Una persona normal pierde concentración consciente de seis a diez veces por minuto. ¿Con qué frecuencia pierde enfoque el subconsciente? Qué le parece si le digo "*nunca*".

¿Quién está realmente a cargo?

He aquí la clave de nuestro destino que la mayoría de la gente no capta. Pensamos en nuestras funciones conscientes —nuestra voluntad, nuestras decisiones conscientes y nuestros pensamientos conscientes— como lo que es el "nosotros" y en nuestro subconsciente como algo que vagamente está sucediendo debajo de la superficie que quizás no sea tan importante. La verdad es que el subconsciente está virtualmente a cargo de *todo*.

Pruebe lo siguiente: cierre el puño con el dedo pulgar hacia arriba, como para hacer la señal de que está todo bien, y sostenga el puño con el brazo estirado. Luego mire la uña del dedo pulgar. El área de la uña a esa distancia es aproximadamente el área donde puede enfocar el ojo con su visión focal; todo lo demás yace en su visión periférica. Es similar a su consciente y subconsciente: su consciente puede enfocarse realmente bien, pero solo en una parte diminuta y minúscula de su vida a la vez. Su subconsciente lleva el control de *todo*.

¿Alguna vez condujo o caminó por una ruta conocida mientras la mente le divagaba, pensando en algo que está pasando en la escuela, o dejándose llevar por una película que había visto y de pronto se encontró en su destino? ¿Y fue como que ni siquiera se dio cuenta de cómo llegó? Ese es un ejemplo del piloto automático: su mente consciente había aprendido el trayecto tan bien que se lo entregó a la mente subconsciente. Del mismo modo que usted se ata los cordones de los zapatos, o la forma en que hace caminar a las piernas. Al igual que la forma en que responde "¿sí?" cuando alguien dice su nombre. Al igual que todos los cuatrillones de funciones metabólicas que usted hace sin pensar.

Lo que nos hace pensar es que usted hace el 99.99% de todo en piloto automático.

Lo sorprendente es que hacemos el 99.99% *de nuestra vida* en piloto automático.

En otras palabras, del mismo modo que usted sale a caminar y regresa a su casa sin pensarlo, así es como la mayoría de la gente termina en la vida que está viviendo a los treinta, cincuenta o setenta. "¡¿Cómo llegué hasta aquí?!" Con piloto automático. ¿Qué determina dónde acabaré? Es todo cuestión de la ruta que usted se programó en su subconsciente. Y también es algo que puede dejar que otros le programen (su escuela, padres, maestros, amigos, TV, etc.) o puede optar por programarla usted mismo.

Depende de usted.

Entonces ¿cómo programa esa ruta de vida? ¿Cómo determina las opciones y decisiones que toma su subconsciente al forjar el camino de su vida? De la misma manera que aprendió a atarse los cordones de los zapatos: primero lo crea con intención, con su *mente consciente*, luego lo repite una y otra vez, al estilo la ligera ventaja, hasta que se entrega a su subconsciente, en cuyo momento se desencadenan esas tres palabritas mágicas:

Se convierte en algo automático.

Clic, clic, runrún...

Relatos personales de los lectores de *La Ligera Ventaja*

La Ligera Ventaja me ha resultado especialmente útil en el área de desarrollo personal. Siempre estuve alrededor de gente que creía que sentarse a leer libros era una pérdida de tiempo. Ahora dedico tiempo todos los días a leer al menos diez páginas. En el último año, he leído quince libros y el caudal de conocimiento e ideas que he adquirido es invalorable.

—*Jane Lehman, Lexington, Michigan*

Cuando tenía diecinueve años, me crucé con la filosofía de la ligera ventaja. Antes de eso, jamás me había visto realmente haciendo mucho de mi vida. No podía mantener conversaciones con extraños, y realmente no me interesaba la gente. No diría que era una persona que creaba problemas, pero estaba dispuesta a conformarme con lo mediocre. En la escuela secundaria, era un alumno normal y abandoné mis estudios universitarios al primer año.

Después de leer *La Ligera Ventaja*, me di cuenta de que deseaba más. Comencé a sumergirme en otros libros excelentes, leyendo diez páginas por día, y comencé a transformarme. Pronto descubrí que genuinamente deseaba triunfar, y comencé a hablar con otras personas sobre el éxito. En cada trabajo que tuve, ascendí velozmente a la gerencia, sobrepasando personas que habían trabajado en ese establecimiento durante años. Lo más importante fue que la gente exitosa comenzó a sentirse atraída por mi actitud y mi energía.

Jamás olvidaré el día en el gimnasio en que un urbanizador muy exitoso se me acercó. Me dijo que tenía un lugar magnífico para un nuevo negocio. Me dijo que si me interesaba, se ofrecía a financiar el proyecto entero al comienzo y luego a ayudarme a iniciar la compañía nueva hasta que yo pudiera devolverle la inversión con el flujo de caja del negocio. La oportunidad literalmente me cayó de regalo y me apresuré a aceptarla. El negocio se estableció hace un año y está funcionando con éxito. En un par de años empezaré a expandirlo. Tengo veintidós años, y si no fuera por los principios de la ligera ventaja y por aprender la disciplina de invertir en mí mismo leyendo diez páginas de un buen libro todos los días, no sería el hombre que soy hoy.

—*James Fortner, New Haven, Missouri*

Puntos esenciales del Capítulo 12

- La inversión más sabia que puede hacer es invertir en su propio aprendizaje y desarrollo continuos.

- Aprender estudiando y aprender haciendo –la agudeza de los libros y la viveza callejera– son dos de los pistones esenciales del motor del aprendizaje.

- En el camino hacia una meta, se desviará del rumbo la mayor parte del tiempo. Eso significa que la única manera de alcanzar una meta es por medio de la corrección del rumbo constante y continua.

- La mayor parte de su vida, el 99.9%, está constituida por cosas que usted hace en piloto automático. Eso significa que es esencial que usted se encargue del entrenamiento de su piloto automático.

13. Aprenda de los mentores

> "Levanta la cabeza y no levantes los puños. Digan lo que te digan, no permitas que te hagan perder los nervios. Procura luchar con el cerebro para variar."
> —*Atticus Finch,* en Matar a un ruiseñor *por Harper Lee*

En un capítulo anterior, exploramos la idea de que hay dos tipos principales de aprendizaje: aprender estudiando y aprender haciendo. Pero hay un tercer tipo de aprendizaje también. He guardado el mejor para el final porque utilizar este tercer tipo de aprendizaje acelerará tremendamente a los otros dos. Es el *conocimiento a través de modelar*.

A lo largo de la historia de la humanidad, y mucho antes de que hubiera libros, universidades y programas de formación permanente, ha habido un camino verdadero y comprobado para aprender una técnica, habilidad, arte, oficio o profesión: estudiar con un maestro. Todas las grandes tradiciones de aprendizaje dicen lo mismo. Si desea aprender a hacer algo bien, busque a alguien que ya ha dominado esa habilidad y trabaje de aprendiz.

Francamente, este tercer tipo de aprendizaje no es tan solo un añadido valioso a los otros dos. Es esencial. Aprender la información pura no es suficiente, y si bien añadir la viveza callejera que adquiere al aplicar esa información en su experiencia personal lo puede propulsar hacia adelante, eso no es suficiente para llegar al final del logro exitoso de sus metas. Necesita una forma de procesar toda esa información y experiencia, y de integrarla. Y existe una única manera fiable y sólida de hacerlo: buscar a alguien que ya haya dominado el área de su interés y modelar su comportamiento en función de la experiencia de esa persona.

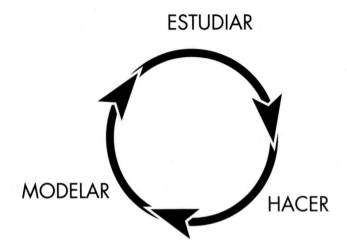

El desarrollo personal no es algo a lo que uno puede aspirar como experto desde el sillón, no es algo que se puede dominar manteniéndose al margen. Debe ser un deporte de contacto físico, en el que usted está en contacto con otros que pueden ayudarle en su camino.

Nos estamos refiriendo al poder del *mentor*.

El hombre que me hizo creer en ser

Como lo dije antes, de joven nunca fui nada más que una persona normal en todo lo que hice. Tuve calificaciones normales, habilidades deportivas normales, destrezas sociales normales, todo era normal. Cuando me dediqué de lleno a los estudios otra vez, después de mi día de disgusto en el campo de golf de Daytona, me apliqué como loco, sabiendo que la única manera de lograr algo más allá de lo normal sería con el puro esfuerzo y persistencia. Como dije, funcionó: me saqué A en todas las materias.

Pero me seguía considerando una persona normal.

No fue hasta que conseguí ese trabajo de pasante en el aeropuerto de Albuquerque que mi opinión sobre mí mismo de ser "no mejor que lo normal" comenzó a cambiar, y cambió únicamente por un motivo: un hombre llamado Clyde Share.

Mi trabajo no era muy emocionante. Como pasante de contabilidad, me pasaba el día calculando números en un escritorio pequeño en una oficina que era un cuchitril en la parte de atrás del edificio. Me parece que nadie sabía de mi existencia allí. Un día, por algún motivo desconocido, el Sr. Share pasó por mi escritorio y me preguntó si quería ir a tomar café.

Clyde Share, un hombre de unos sesenta y pico de años, muy logrado y sumamente exitoso, era el director del aeropuerto. Este puesto de director del aeropuerto era un nombramiento, significaba que dirigía todo el aeropuerto y estaba a cargo de los 140 empleados, además, debía reportarse al alcalde y al ayuntamiento. Clyde gozaba de gran respeto en Albuquerque y en toda la comunidad de la aviación nacional.

Por supuesto que yo sabía quién era. En efecto, durante los meses que había trabajado allí, me lo cruzaba en los pasillos de vez en cuando y nos saludábamos, pero nunca habíamos tenido una conversación. Y ahí estaba, de pie frente a mi pequeño escritorio, invitándome a tomar café con él. Yo sabía que debía decir algo brillante y así lo hice.

Le dije: "Por supuesto".

Fuimos al comedor del personal y hablamos un rato tomando café y de inmediato congeniamos. Ese café se convirtió en algo semanal y luego pasó de una vez por semana a dos veces por semana, después a día por medio, y luego a una rutina diaria.

Y así sucedió que Clyde Share me tomó bajo su tutela. Era la primera vez en mi vida que me sentía reconocido y aceptado por una persona de importancia. Y de pronto cambió la forma en que otros me veían. Me daba cuenta de que la gente del aeropuerto decía: "¿Por qué está el Sr. Share interesado en este joven universitario? ¿Qué le ve él que nosotros no? Tal vez debiéramos verlo de manera diferente también." Y como me empezaron a percibir de otra forma, yo empecé a percibirme a mí mismo de manera distinta y comencé a actuar distinto. Comencé a actuar como alguien de valor, alguien con un propósito.

Mientras tanto, Clyde podía ver que yo trabajaba y estudiaba, y apenas me podía mantener, y después de un tiempo creó un cargo llamado "supervisor nocturno" y me ofreció el trabajo. Como supervisor nocturno, podía quedarme solo en la noche y dedicar ese tiempo a hacer mis tareas. El resto del personal administrativo terminaba su horario a las cinco, y yo entraba a las cuatro y me quedaba hasta la medianoche. En realidad no había nada para hacer, salvo estar presente en caso de que surgiera algún trabajo extra, lo cual era muy poco frecuente. Esencialmente, me estaban pagando para que hiciera mi tarea de la universidad.

A medida que siguió evolucionando mi relación con Clyde, a través de esa conexión me hice amigo del encargado de seguridad, el encargado de mantenimiento y el encargado de operaciones de pistas. Después de terminar mi licenciatura, entré al programa de la maestría y seguí trabajando en el aeropuerto. Con el tiempo Clyde me animó a postularme para el cargo de gerente del aeropuerto cuando se abrió la vacante. Lo hice, así como muchos otros postulantes, pero yo fui el elegido para el trabajo.

Se empezó a propagar la noticia por la comunidad empresarial que este joven de veintitrés años había asumido el cargo de gerente del Aeropuerto Internacional de Albuquerque y creó una sensación. Muy pronto Texas Instruments tocaba a mi puerta. Me pagaron el viaje para entrevistarme y dos días más tarde me estaban enviando a conocer al presidente. Me contrataron, me encaminaron en una carrera gerencial en ascenso (después de mi aterradora experiencia en ventas) y para cuando tenía veintiocho años era gerente de la División de Sistemas Inteligentes de Tecnología Informática.

Y todo comenzó con esa taza de café.

Mi madre siempre ha dicho: "Clyde Share fue el hombre más importante de tu vida". Y tiene razón. Ella vio la transformación que sucedió cuando el Sr. Share me tomó bajo su tutela.

Es sorprendente el impacto que una persona puede tener en su vida, tan solo por la influencia de cómo lo ve, y qué ve en usted que quizás ni usted mismo lo vea. Clyde Share creía en mí. Y como creía en mí, yo comencé a creer más en mí mismo. Es como si él me hiciera *creer* en mi existencia.

Escoja sus héroes

Una de las cosas más valiosas que aprendí de Clyde Share fue el poder del mentor: que el camino más rápido y seguro de incrementar la calidad de su vida es empezar a andar con gente de mucha experiencia y vivencias.

Si desea ser un magnífico orador público, pase tiempo con los grandes oradores. Si desea tener éxito en los negocios, busque la forma de pasar tiempo en compañía de empresarios exitosos. Si para usted es importante ser un excelente padre o madre, lo mejor que puede hacer para conseguir esa meta es pasar mucho tiempo con hombres y mujeres que dominan bien la crianza de los hijos.

Se puede definir una sociedad por los héroes que admira. También se puede definir una persona por los héroes que aspira emular. ¿Quiénes son sus héroes? ¿A quién toma usted como modelo?

El 95% en la curva del fracaso tiende a aceptar los héroes que la sociedad les impone: estrellas de cine, que son la versión americana de la realeza, estrellas de rock, estrellas del deporte. Por cierto que admiro a esas personas, pero siempre me pregunto: "¿Puedo emularlas?" En términos prácticos, ¿puedo convertir mi admiración por esas personas en modelado constructivo que en forma pragmática aumente mi aprendizaje y mueva tangiblemente mi vida hacia adelante?

Si no, posiblemente me convenga buscar otros héroes.

Con demasiada frecuencia podemos hacer héroes de personas que realmente no pueden ayudarnos, cuya vida son fantasías y no modelos de conducta. Fíjese quiénes son sus héroes, haga una lista y examínela. Pregúntese: "¿Puedo ser como ellos? ¿Está haciendo esa gente el tipo de cosas que aspiro a hacer y vivir el tipo de vida que aspiro a vivir? ¿Pueden ayudarme realmente a convertirme en quien quiero convertirme?"

Cualesquiera que sean sus metas, busque personas que han logrado lo mismo o metas muy similares, o que están bien encaminadas en ese rumbo, y acampe en su puerta o haga lo necesario para asociarse con ellos, emularlos y contágiese el entendimiento, alcance y dominio del asunto.

La razón por la que Alcohólicos Anónimos tiene tanto éxito no es la información que distribuye, sino que son los mentores que ofrece, tanto como comunidad y como individuos. Cuando usted se asocia a AA, o a cualquier otro programa de doce pasos, tiene acceso inmediato a una comunidad de gente que estuvo adonde usted se dirige, así como a un mentor individual o *padrino*. Si solo entregaran DVD y folletos, establecieran un sitio Web sobre cómo superar el alcoholismo, y lo dejaran así, ¿cuánta gente cree que podría entrar con éxito en la etapa de la recuperación? No muchos. Por supuesto que necesitan la información, pero lo que hace realmente funcionar el programa es el entorno y las asociaciones que se crean alrededor de esa persona.

Lo mismo se aplica al desarrollo personal y a todo cambio que deseamos ver en la vida. Debe consistir en información *y* un entorno de apoyo.

En AA, su padrino no es solo un amigo. En un sentido muy práctico, esa persona es su héroe: la persona que va adelante, que ilumina el sendero con una antorcha para que usted pueda ver mejor su camino. Eso es lo que hace el mentor. ¿Enseña información, muestra habilidades y transmite conocimientos? A veces. Pero más que eso, ilumina el camino.

La ley de la asociación

Tal vez haya escuchado decir que sus ingresos tienden a igualar el promedio de los ingresos de sus cinco mejores amigos. Es verdad, y el mismo principio se aplica no sólo a sus finanzas, sino a todos los aspectos de su vida. Su nivel de salud tenderá a ser el nivel promedio de salud de sus cinco mejores amigos. Su grado de felicidad tenderá a reflejar cuán felices se sienten sus cinco mejores amigos. Su desarrollo personal estará en el nivel promedio del desarrollo personal de sus cinco mejores amigos. Sus relaciones, salud financiera, actitudes, nivel de éxito en su carrera y todos los otros aspectos de su vida tenderán a ser muy similares al nivel promedio de cada una de esas condiciones de sus cinco mejores amigos y asociados.

Todos entendemos este principio instintivamente y nuestro lenguaje está repleto de expresiones idiomáticas que lo reflejan:

> Dime con quién andas y te diré quién eres.

> Júntate con los buenos y serás uno de ellos.

> Dios los cría y ellos se juntan.

Usted es el promedio combinado de las cinco personas con las que más se asocia, incluida la forma en que camina, habla, actúa, piensa y se viste. Sus ingresos, sus logros, incluso sus valores y filosofía los reflejarán.

Si las cinco personas a su alrededor tienen filosofías negativas, es virtualmente imposible que usted tenga una filosofía positiva. Si las cinco personas a su alrededor constantemente se quejan, viven en el pasado, culpan a otros de sus dificultades, piensan y actúan de manera generalmente negativa, ¿qué probabilidades tiene usted de hallar su camino a la curva del éxito? De pocas a ninguna. Si se asocia sistemáticamente con personas negativas, lo más probable es que no tenga éxito al adoptar y mantener un enfoque positivo sobre su vida.

Cuando me dedicaba a ser "Gorgeous George", el holgazán de la playa, también pasaba mucho tiempo con gente que, francamente, no iba a ningún lado en su vida. Todos nos habíamos sentido atraídos a la capital de las vacaciones por un motivo: nuestra vida era una vacación perpetua de todo, del logro, del éxito, del progreso, de lo significativo. Unos años después, yo pasaba mi tiempo con un hombre muy logrado y de reconocimiento nacional, que dedicaba sus días a ser el director de un importante aeropuerto municipal. ¿Es de sorprender que el camino de mi vida cambiara?

Tome clara conciencia de quién es la persona que está modelando. Tiene que ver por completo con su filosofía y sus actitudes, lo cual tiene más que ver con sus acciones y lo que usted está creando en la vida que cualquier otro factor.

¿Sabe por qué se dice que Dios los cría y ellos se juntan? Porque van todos en la misma dirección. Mire a la gente con quien se junta, en compañía de quién anda: ¿a qué destino van encaminados? ¿Es ahí donde usted desea dirigirse?

Mire a la gente a su alrededor. ¿Es más exitosa que usted? ¿Es gente que vive el tipo de vida que usted aspira vivir o el tipo de vida que espera dejar atrás? ¿De qué lado de la ligera ventaja están viviendo: en la curva del éxito o en la curva del fracaso? ¿Está la ligera ventaja surtiendo efecto a su favor o en su contra? ¿Dónde estarán en veinte años? ¿Lo empujan hacia arriba o lo arrastran hacia abajo?

Esta es una prueba en la que se aprueba o se falla. No hay un intermedio. Recuerde que permanecer quieto no es una opción. Todo se curva. Todos vamos en una de dos direcciones, hacia arriba o hacia abajo. Asociarse con cada persona que conoce lo potencia o no; lo lleva a la curva del éxito o a la curva del fracaso.

¿Cómo puede darse cuenta? Una manera es regresar al tema del futuro y el pasado, de la responsabilidad y la culpa. Cuando usted y ese amigo en particular se juntan, ¿hablan sobre la responsabilidad, los grandes sueños e iniciativas audaces? ¿O le dan la vuelta a la culpa o a los primos de ésta —la envidia, los celos, el resentimiento y la irritación?

¿Se concentran sus conversaciones más en el futuro o en el pasado? Al compartir una historia y experiencias en común, es natural que sea agradable recordar momentos gratos; no me refiero a eso. A lo que me refiero es si su relación tiene un sentido positivo del futuro o si al juntarse con esa persona siempre parecen dar vueltas con el pasado, como un gato que da vueltas incesantemente antes de acomodarse a dormir. Si su relación con otra persona tiene el tema de la culpa y se alimenta del pasado, no será potenciadora. Si tiene el tema de la responsabilidad, autorreflexión y cambio, y se siente como algo que avanza hacia el futuro, será potenciadora.

Todos estamos construyendo nuestros propios sueños o construyendo los de otra persona. Para definirlo de manera más clara: estamos construyendo nuestros propios sueños o construyendo nuestras pesadillas.

A veces debe correr en dirección opuesta

Hay dos tipos de personas en el mundo. Están aquellos que alegran el ambiente desde el momento que entran con su energía positiva y entusiasmo por la vida. Yo los llamo *dadores*. Y luego están los *tomadores*, aquellos que parecen apagar el ambiente con su falta de entusiasmo y panorama depresivo de la vida. Usted conoce gente así. Propagan los últimos chismes de quién está haciendo qué, se quejan de cuánto odian su trabajo y se ríen de otros que ponen lo mejor de sí para ser ejemplos de la actitud positiva. Los *tomadores* y los *bloqueadores* son profesionales en el arte de la distracción, expertos en captar la atención de la gente y desviarla de la tarea siguiente. Si los deja, lo volverán loco.

Los expertos en longevidad nos dicen actualmente que mantener una actitud positiva es un factor tan crítico para la salud y la vida larga como lo es la buena alimentación y el ejercicio. Usted no puede darse el lujo de tener gente a su alrededor que constantemente actúa como un freno de su actitud positiva.

Yo puedo sentir a un bloqueador acercándose a cien pasos. Posiblemente usted también pueda detectarlo. Puede haber cincuenta personas en una sala, pero usted es capaz de sentir el que le está chupando el oxígeno y drenando la vida a los otros cuarenta y nueve.

Hace años, cuando me dedicaba a la energía solar, tenía una mentora llamada Carol Cooke, que sabía todo lo que había que saber sobre la industria solar. También tenía consejos muy sabios sobre la vida y me confió algunos sobre los bloqueadores. Un día me dijo: "Jeffrey, así es como yo veo las cosas. Nace uno cada minuto y lo más triste es que la mayoría vive. Y esto es lo importante: no los vas a cambiar. Pero lo que sí *puedes* hacer es correr en dirección opuesta."

No parece ser la filosofía más compasiva del mundo, pero permítame decirle que no hay nada de compasivo en dejarse absorber en un remolino de negatividad. Lo mejor que puedo hacer para servir al mundo a mi alrededor es mantenerme en un estado donde pueda contribuir de la mejor manera, y no puedo hacerlo si un ambiente de cinismo y queja autocompasiva, me arrastran hacia abajo. Deseo pasar mi tiempo con gente que tenga una actitud infecciosamente positiva, que aporte energía y vitalidad y que alegre el ambiente.

Es posible que ahora usted esté pasando dos veces por semana con algunas personas y que decida que deba reducirlo a dos horas. También puede haber personas con las que esté pasando solo dos minutos y que se dé cuenta de que debe pasar mucho *más* tiempo con ellos: dos horas o dos días. Y hallará momentos en que lo que realmente necesita es desvincularse de alguien. Eso también es parte de la Ley de la Asociación.

Para muchas personas, este puede ser un aspecto difícil de entender y aceptar de la ligera ventaja. Casi todos los otros aspectos de la ligera ventaja, como ya sabe, son fáciles de hacer, pero disociarse de la gente que no lo potencia a usted, puede ser doloroso y difícil. En especial si los quiere. En especial si son viejos amigos o familiares queridos.

No se descorazone, al decir "disociarse" no me refiero necesariamente a cortarlos por completo de su vida. Pero las relaciones casuales merecen tiempo casual y no tiempo de calidad. Hay personas con las que puede pasar dos minutos, pero no dos horas. Hay personas con las que puede pasar dos horas, pero no dos días.

Esta parte del pensamiento de la ligera ventaja exige una *conciencia* compasiva. Tener compasión y tener rumbo no se excluyen entre sí; simplemente exigen reflexión y discernimiento cuidadosos. No es que usted esté juzgando a la gente, sino que simplemente se pide a sí mismo ser franco al evaluar si esas relaciones lo potencian y ayudan a respaldar su propósito y a realizar sus sueños.

Forme una mente maestra

De todos los libros con los que me he topado en mi búsqueda de la excelencia y conocimientos del éxito, la obra maestra *Piense y hágase rico* de Napoleon Hill es la más influyente. Cuando le pregunto a la gente exitosa qué factores contribuyeron en mayor medida a su éxito, este es el libro que mencionan con más frecuencia.

Durante los veinte años que le llevó a Napoleon Hill escribir *Piense y hágase rico*, entrevistó a más de 500 de los hombres y mujeres más ricos y exitosos del mundo, luego analizó minuciosamente lo que aprendió y lo explicó en forma de trece "secretos del éxito". Uno de los secretos del éxito más fascinantes que esta gente tenía en común era algo que él denomina la "mente maestra".

"Nunca dos mentes se juntan sin crear una tercera fuerza invisible e intangible, que puede asemejarse a una tercera mente", escribe Hill. Un grupo de personas de ideas afines, orientadas a los logros, pueden aunarse para crear una asociación mucho más grande que la suma de sus partes, apalancando así dramáticamente el éxito de cada uno.

Los dos ejemplos de lados totalmente distintos del espectro del empeño humano que cita son Henry Ford y Mahatma Gandhi, como maestros del principio de la mente maestra, que define de la siguiente manera: "La coordinación de conocimientos y esfuerzo entre dos o más personas para el logro de un propósito definido, en un espíritu de armonía."

Aplicar el principio de Hill es simple: rodéese de gente de mente similar y distintos talentos y temperamentos con el propósito de cumplir la meta de cada integrante del grupo. Asóciese periódicamente con esas personas.

Recuerde que siempre está tratando con la gravedad: uno contra diecinueve, todo el tiempo. El 95% siempre tenderá a lo cínico, lo escéptico y lo negativo. Aun cuando esas personas estén motivadas por las mejores intenciones, lo atacarán y lo derribarán.

Aplique la Ley de la Asociación. Cree su propia mente maestra, un grupo de aquellos que han optado por vivir entre el 5% y deje que lo apoyen, deje que sean el impulso debajo de las alas de sus sueños.

¿Busca un compañero de mente maestra?

Visite www.facebook.com/yourslightedge. ¡Tenemos una magnífica comunidad de aficionados a la ligera ventaja dispuestos a ayudarle!

Conviértase usted mismo en mentor

Con frecuencia me preguntan: "¿Cómo puedo convertirme en líder?" En nuestro mundo instantáneo, en que todo sucede con solo pulsar un botón, la gente parece querer tomar una ruta corta desde las primeras etapas del aprendizaje directamente hasta el liderazgo. Desde ahora le digo que así no funcionan las cosas.

¿Cómo funciona? El liderazgo no es algo que usted *hace*; es algo que crece orgánicamente desde el ritmo natural del aprendizaje.

Cuando usted comienza algo, está al nivel más alto de ansiedad. Al aprender —mediante el estudio y las acciones, la información y la experiencia, la agudeza de los libros y la viveza callejera— gradualmente reduce su nivel de ansiedad al elevar su nivel de dominio. A medida que sigue subiendo por la escalera del conocimiento (recuerde, pie derecho, pie izquierdo, pie derecho, pie izquierdo, estudiar-acción, estudiar-acción), mantiene la mirada en mentores dignos de su atención, aprendiendo siempre con el modelado mientras su giróscopo del aprendizaje lo mantiene encaminado.

Al usar esas tres dimensiones del aprendizaje, estudiar, hacer, modelar, con la persistencia de la ligera ventaja, con el tiempo, su nivel de dominio aumenta al punto en que un día mira a su alrededor y se da cuenta de que otros lo están modelando a *usted*. Usted mismo se ha convertido en una persona digna de emular, de servir como guía y héroe de otras. La crema se convierte en mantequilla; el jacinto del conocimiento ha cubierto el estanque de su esfuerzo. Usted se ha desarrollado hasta lograr el liderazgo y ahora *es* el mentor.

Relatos personales de los lectores de *La Ligera Ventaja*

Cuando escuché por primera vez la filosofía de la ligera ventaja, acababa de dejar mis estudios universitarios y de tener un bebé. Estaba involucrado con gente y actividades de las que hoy me avergüenzo. Cuando mi esposa, Becky, regresó a casa, quedó atónita al encontrarme con un libro en la mano en vez de un controlador de videojuego.

Pero, avancemos la historia… Hoy estoy orgulloso de la persona en la que me convertí al leer *La Ligera Ventaja* y de aplicarla a mi vida. Nunca me había dado cuenta de lo que uno puede lograr ajustando sus actividades cotidianas, y que me podía convertir en una mejor persona trabajando en mí mismo todos los días. Leer diez páginas al día de un buen libro me cambió totalmente la forma de pensar. Mi autoestima ha aumentado, me desenvuelvo mucho mejor y no temo hablar ante grupos de personas. Ahora la gente pide *mis* consejos y que sea mentor para sus hijos.

Mi hijo Camden, de diez años, lee *La Ligera Ventaja*, cinco páginas por día. Hay una diferencia notable entre él y los otros niños de su clase. Qué gran bendición poder enseñar a los hijos las filosofías apropiadas para que no cometan los mismos errores que quizás cometieron sus padres. Tenemos una biblioteca de libros de superación personal bastante voluminosa, y espero con ansias verla crecer.

El libro *La Ligera Ventaja* lo empezó todo. Literalmente me salvó la vida. Ahora estoy encaminado al éxito y deseo ayudar a todos a aprender la filosofía de la ligera ventaja para que ellos también puedan cambiar.

Algunas personas desean dar un cambio cuántico de la noche a la mañana. A esas personas, le digo que si siguen la filosofía de la ligera ventaja, podrán cambiar *cualquier cosa* de su vida. Su pasado no es igual a su futuro. Lea *La Ligera Ventaja* una y otra vez, aplíquela a su vida y a su negocio, ¡y vea la transformación!

—*Howard Smith, Macon, Missouri*

Puntos esenciales del Capítulo 13

➚ Si desea aprender a hacer algo bien, busque a alguien que ha dominado esa habilidad y trabaje de aprendiz.

➚ Escoja a sus héroes con cuidado: ¿son modelos de conducta genuinos a quienes desea emular?

➚ Escoja a sus asociados: todos los aspectos de su vida reflejan de cerca la vida de sus cinco amigos más cercanos.

➚ A veces uno debe cortar y desvincularse.

➚ Forme y use una mente maestra: dos mentes son mejores que una, y cinco son incluso mejores.

14. Use sus aliados de la ligera ventaja

> "No temas ir despacio, solo ten miedo de quedarte quieto."
> —*Proverbio chino*

Cuanto más se familiariza con la ligera ventaja y su funcionamiento, más logrará reconocer su presencia e influencia en su vida en muchas formas y bajo muchos disfraces.

Es la fuerza irresistible batida por la marea que pule los ángulos afilados del arrecife rocoso y le da la suavidad de la porcelana. Como dijo Lao Tzu sobre el *tao* o camino de la naturaleza: "es como el agua, dando vida a decenas de miles de cosas" y está siempre presente en todos los aspectos de la vida como lo está la molécula de agua en la biología.

La ligera ventaja tiene muchas facetas y todas ellas son compañeras invaluables en la búsqueda de sus aspiraciones más anheladas. En su camino del dominio en la curva del éxito, usted no está solo. Cuenta con poderosos aliados a su disposición, cuatro fuerzas de la ligera ventaja que, una vez que las reconozca en la vida, podrá aprovechar en la búsqueda de sus sueños; como cuatro caballos indómitos enjaezados a un mismo carruaje. Son el impulso, la terminación, la reflexión y la celebración.

Utilice el poder del impulso

¿Quién ganó la carrera: la tortuga o la liebre? Todos sabemos la respuesta. Sin embargo, vivimos en un mundo en el que la mayoría de la gente espera que todo sea instantáneo, y si no se consiguen resultados rápido y más rápido, se dan por vencidos.

Enriquecerse rápido. Vivir a toda máquina. Pedir lo que sea con un solo clic. Ese joven parado frente al horno de microondas mascullando: "¡Apúrate, apúrate!" Nos acostumbramos a esperar resultados rápidos, a *exigirlos*. Pero rápido, más rápido y rapidísimo es una estrategia que, finalmente, lo empujará hacia *abajo*, a la curva de la ligera ventaja de la vida *infeliz*.

Existe un motivo por el que titulé un capítulo anterior "Vaya despacio para ir rápido". La fábula de Esopo estaba muy acertada: rápido no siempre es lo mejor y, con frecuencia, *no* se gana la carrera. Así es como lo describió Peter Senge, profesor de MIT, en su obra clásica sobre los negocios *La quinta disciplina – El arte y la práctica de la organización abierta al aprendizaje*:

> Casi todos los sistemas naturales, desde los ecosistemas hasta los animales y las organizaciones, tienen tasas de crecimiento intrínsecamente óptimas. La tasa óptima es muy inferior al crecimiento más rápido posible. Cuando el crecimiento se vuelve excesivo —como en el cáncer—, el sistema procura compensarlo aminorando la marcha y quizá poniendo en jaque la supervivencia de la organización.

Usted ha visto toda clase de ejemplos de cosas que crecen demasiado rápido para su bien. La empresa que se expandió demasiado rápido y se autodestruyó. Una estrella de rock, de cine, de los deportes o de la política que se propulsó al estrellato para después caer estrepitosamente y quedar reducida a cenizas. La burbuja inmobiliaria a mediados de la década del 2000 y dónde terminó a finales de esa misma década. Ir demasiado rápido o crecer demasiado rápido suele poner en riesgo la supervivencia del sistema (o de la persona). Más rápido puede convertirse fácilmente en más lento.

Parte de aprender la ligera ventaja es hallar su propia "tasa de crecimiento intrínsecamente óptima" y, para ello, siempre es mejor el enfoque paso a paso de mejora constante y eterna, que deposita cimientos macizos y los solidifica una y otra vez. La ligera ventaja *es* su tasa de crecimiento óptima. Disciplinas simples acumuladas con el tiempo. Así es como ganó la tortuga; así es como usted también logrará ganar.

No obstante, permítame preguntarle: ¿cuál es la verdadera cuestión de la fábula de la tortuga y la liebre? Digámoslo todos juntos: *Los lentos y estables ganan la carrera*, ¿verdad? Pero fíjese en algo: la cuestión no es que sea una virtud especial moverse despacio. No hay nada inherentemente bueno sobre la lentitud, y es igualmente posible moverse demasiado lento que moverse demasiado rápido.

La palabra clave de la moraleja de Esopo no es "lento". La palabra clave es *estable*.

Lo estable gana la carrera. Esa es la verdad. Porque lo *estable* es lo que aprovecha el poder de la ligera ventaja.

La fábula de la tortuga y la liebre realmente trata sobre el extraordinario poder del *impulso*. La segunda ley de termodinámica de Newton: todo cuerpo en reposo tiende a seguir en reposo; todo cuerpo en movimiento, tiende a seguir en movimiento. Es por ese motivo que la actividad es tan importante. Una vez que usted está en movimiento, es fácil continuar. Una vez que se detiene, es difícil pasar del reposo al movimiento.

Al entrenar a la gente a construir empresas exitosas, les aconsejo realizar acciones muy simples y fáciles todos los días, tal como los Diez compromisos esenciales que nuestro equipo usó después de la fusión que les comenté en el capítulo 4. He descubierto que es mucho más efectivo adoptar una acción de construcción del negocio por día durante una semana, que adoptar siete o diez o incluso dos docenas al mismo tiempo y tomarse el resto de la semana libre. La gente que elige la primera opción, semana tras semana, construye un negocio exitoso; la gente que elige la segunda, no tiene éxito *aunque adopte efectivamente una cantidad mayor de esas acciones de construcción del negocio más que el primer grupo*.

¿Por qué no? Porque no hay impulso. Después de seis días libres, deben comenzar otra vez, prepararse e inspirarse para retomar la acción. Prepararse para comenzar una nueva actividad puede exigir una cantidad de energía e iniciativa considerables, pero requiere mucho menos para seguir haciéndola una vez que comenzó.

Hay otro motivo por el que una vez por día durante una semana es mejor que siete veces en un día, una vez por semana: el ritmo diario de la cosa empieza a cambiarle a usted. Se convierte en parte de su rutina y, en ese proceso, se convierte en parte integrante de usted como persona. Eso no sucede con un esfuerzo fuerte que se hace de vez en cuando.

Imagínese dar una caminata enérgica de veinte minutos a la mañana y luego a la tarde, y hacer ejercicios en el gimnasio en casa por otros veinte minutos. Ahora imagínese que durante una semana hizo eso todos los días. ¿Cómo se sentiría al final de la semana?

¿Qué le parece, en cambio, si ese primer día diera una caminata de 140 minutos (más de dos horas) y esa tarde pasara otros 140 minutos en el gimnasio en casa, y luego no hiciera nada los próximos seis días?
Lo estable gana la carrera.

Cuando está en movimiento, también es mucho más fácil hacer cambios positivos en su dirección. Es como conducir un vehículo. Cuando el vehículo está detenido, mover el volante es difícil, pero cuando está andando, aun a solo 10 ó 20 millas por hora, girar es facilísimo. Es facilísimo porque usted ya está *en la corriente*.

La ligera ventaja es una corriente, y se mueve a su propio ritmo, automáticamente buscando las tasas de crecimiento óptimas. Entender la ligera ventaja en parte significa aprender a dejarse llevar por la corriente. Usted puede ser todo lo impaciente que quiera, pero no molestará a la ligera ventaja. Ésta se está moviendo siempre a su propia velocidad óptima, con o sin su consentimiento, aunque usted no se dé cuenta de que se está moviendo o no. El atleta campeón de clase mundial Dan Millman, en su magnífico clásico *El guerrero pacífico* (que, de todos, es mi libro preferido) lo expresó de la mejor manera:

Déjalo pasar y déjalo correr.

Para aprovechar lo más posible la corriente de la ligera ventaja, le convendrá equiparar la velocidad de su crecimiento y desarrollo con la progresión natural de la ligera ventaja. Y eso se logra naturalmente, al tener y aplicar constantemente la estrategia de la ligera ventaja. Un cuerpo en movimiento, se mantiene en movimiento. Impulso.

Es fácil permanecer activo. Es fácil no hacerlo. Y si se detiene, no le matará hoy, pero ese error simple de criterio, acumulado con el tiempo, destruirá el logro de cualquier meta que se proponga.

Mary Kay Ash lo dijo simplemente: "Date a ti mismo algo hacia lo que trabajes—*constantemente*."

Utilice el poder de la terminación

Otra manera de adquirir impulso y aprovecharlo para beneficio propio es practicando frecuentemente una actividad llamada *terminación*.

¿Tiene cosas incompletas en su vida? ¿Facturas por pagar? ¿Proyectos no terminados? ¿Pidió prestado un libro o una herramienta que todavía no devuelve? ¿Hay alguien que necesite escucharlo decir que lo quiere, que le pide perdón o que le agradece? ¿Tienen proyectos sin terminar? ¿Promesas no cumplidas, como tomarse un fin de semana de viaje con su cónyuge o llevar a sus hijos a un sitio especial? ¿Hay convenios o compromisos que dejó colgando?

Cada cosa incompleta de su vida o trabajo ejerce una fuerza agotadora sobre usted, chupándole la energía del logro y el éxito al igual que un vampiro le roba la sangre. Cada promesa, compromiso o acuerdo incompleto le socava la fuerza porque bloquea su impulso y sofoca su habilidad de avanzar, progresar o mejorar. Las cosas incompletas lo siguen llamando al pasado para que las resuelva.

He aquí la verdad desafortunada y poderosamente destructiva de ser incompleto: mantiene el pasado vivo. Recuerde, la gente que vive en la curva del éxito se siente atraída por el futuro, mientras que los que se detienen en la curva del fracaso se ven arrastrados por el pasado. Y una manera certera de ser forzado a vivir como prisionero de su pasado es no terminar las cosas.

¿Es fácil de hacer? Sí y también... ¡Espere! Un momento. Detengámonos y analicemos eso un segundo.

No. En realidad *no* es siempre fácil terminar esas cosas incompletas de la vida. No cuando usted tiene una carrada de ellas que atender. Esa pila de cosas incompletas puede alzarse más imponente que un rascacielos. Pueden ser absolutamente aplastantes. En especial cuando usted se da cuenta de la causa que le impidió terminarlas en primer lugar, como el temor a enfrentarse al problema, sentirse intimidado y abrumado por él, preocuparse de que podría ser difícil o incómodo, *eso* también se multiplicó por la ligera ventaja. Esa es la ligera ventaja funcionando otra vez, solo que lo hace en su *contra*.

Así fue como la pila se hizo tan alta al principio. La verdad es que, incluso esas cosas incompletas que parecen difíciles de hacer, hubieran sido mucho más fáciles de terminar cuando se presentaron por primera vez de lo que podrían ser ahora.

Atacar esa pila de cosas sin hacer armado de la ligera ventaja en mano, no solo es la mejor manera de tratarla sino que es la *única* manera. Hágase cargo de esas cosas incompletas de su vida de la misma manera en que emprendió el aprendizaje para caminar. Pasitos de bebé, uno a la vez, dejando que la fuerza de la ligera ventaja trabaje a su favor para ayudarle a completar lo que sea necesario terminar.

Anteriormente conoció a Valerie Thomas, cuya hija pudo derrotar el aumento de peso aplicando la ligera ventaja al tiempo que pasaba en la bicicleta fija. Estas son las palabras de Valerie sobre el poder de terminación:

"Vivía en una casa con un sótano enorme sin terminar que tenía diecisiete años acumulando ropa, artículos, cajas, equipos, juguetes, lo que se le ocurra. Había un pequeño sendero para poder llegar al fondo del sótano donde estaba la lavadora y la secadora. Con el tiempo, llegó el momento en que tenía que mudarme de esa casa.

Pensé que jamás lograría conquistar el sótano. Me abrumaba cada que vez que pensaba en esa tarea. Sin embargo, después de aprender el concepto de la ligera ventaja, decidí que cada vez que bajaba al sótano para lavar ropa o buscar comida, ordenaría una bolsa o caja por vez. Sin darme cuenta, vi la luz y pronto estaba todo el sótano despejado para la mudanza sin contratiempos."

Aborde uno de sus proyectos "incompletos" a la vez. Y si hasta ese proyecto parece como una montaña demasiado inmensa de escalar, rebúsqueselas en las estribaciones hasta que encuentre el paso inicial que pueda dar. Hasta la comida más abundante se come un bocado por vez. Piense en el título del best seller de Art Williams: *Todo lo que puede hacer es todo lo que puede hacer, pero todo lo que puede hacer es suficiente*. Entonces busque algo que *pueda* hacer y hágalo. Haga ese llamado telefónico. Pida disculpas. Despeje ese sótano. Escriba esa carta. Asigne quince días a terminar algo todos los días.

Cada vez que complete algo, logrará moverse con su equipaje un poco más liviano y con un nuevo brío al caminar.

¿Es fácil de no hacer? Absolutamente. Si no lo hace hoy, ¿lo destruirá? Usted ya sabe cómo sigue, así que recítelo.

Utilice el poder de la reflexión

En mi profesión, con frecuencia veo gente que comete el error de pensar que son productivos porque están ocupados. Ser productivo y estar ocupado no son necesariamente la misma cosa. Hacer cosas no crea éxito; hacer las *cosas acertadas* sí. Y si está haciendo las cosas equivocadas, hacer más de ellas no aumentará sus probabilidades de éxito. Simplemente le hará fracasar más rápidamente.

Nadie se propone fracasar. Todos creemos que vamos bien encaminados o que al menos vamos por un camino razonable. La gente se levanta, va a trabajar y trabaja arduamente. Quiere a su familia. Pone una sonrisa en su rostro. Hace todo lo que se supone que tiene que hacer y piensa que tuvo un día productivo, o al menos se propuso tenerlo. Y con mucha frecuencia, lo que realmente sucedió es que pasó el día manteniéndose a flote, como un pato nadando río arriba contra una corriente fuerte, agitando sus patitas palmeadas bajo el agua sin avanzar a ninguna parte.

Todos están ocupados. Todos realizan las acciones. ¿Pero fueron las acciones acertadas? ¿Fueron esas acciones productivas? ¿Dio un paso hacia adelante? Estas son preguntas que la mayoría de la gente jamás se toma el tiempo de analizar.

¿Comió bien o comió mal? ¿Con quién se asoció hoy? ¿Esas personas le potenciaron a usted? ¿Cómo? ¿De qué manera? ¿Escuchó buena información hoy o se dejó llevar por la música con la mente en blanco? ¿Entabló conversaciones positivas o chismorreó o se quejó? ¿Qué leyó que contribuyó a su éxito hoy? ¿Hizo algunas de las cosas que la gente fracasada no está dispuesta a hacer? ¿Qué sueño construyó hoy, el suyo o el de otra persona? En los programas de doce pasos, se le llama "hacer un minucioso inventario moral de nosotros mismos sin temor". Francamente le animo a ser inquisitivo y a ahondar en su persona sin miedo. Mantenga su progreso, o la falta de progreso, frente a sus narices.

Este es un ejercicio impactante: en vez de escribir lo que *va* a hacer (lo más probable es que lo haya estado haciendo toda su vida de adulto, y no lo ha mejorado mucho), escriba al final de cada día lo que *hizo* ese día. ¿Qué acciones tomó hoy que le hicieron exitoso? ¿Leyó diez páginas de un buen libro? ¿Comió comida sana y logró hacer ejercicios? ¿Estableció asociaciones positivas? ¿Hizo las cosas que necesita hacer para tener éxito en su negocio? ¿Le dijo a alguien que lo aprecia?

Al final de una semana, repase sus listas y haga un inventario. No solo conocerá la verdad de su vida diaria, sino que probablemente el solo acto de anotar esta reflexión diaria habrá *comenzado a cambiar* lo que usted hace.

La primera vez que practiqué este ejercicio, descubrí que después de los primeros días, para la diez de la mañana, estaba cambiando mi curso normal del día y dedicándome a acciones de la ligera ventaja más positivas simplemente porque no quería enfrentarme a mi mismo esa noche en el espejo con las manos vacías.

Hay muchas maneras distintas de practicar la autorreflexión sistemática, y no necesariamente recomiendo una más que otra, solo porque cada persona es diferente y lo que surte mejor efecto para mí puede no hacerlo para usted. Algunas personas lo logran llevando un diario. Si usted opta por este método, la clave para que funcione es la siguiente: no se limite a registrar lo que sucedió el día de hoy, junto con sus pensamientos y sentimientos sobre lo que sucedió. Hágase preguntas específicas de la ligera ventaja. "En cada área de mi vida, ¿cuáles son las pequeñas cosas simples y críticas que son fáciles de hacer y fáciles de no hacer? ¿Las hice? ¿Avancé? ¿Me subí a la curva del éxito?"

A algunas personas les gusta llevar un diario, pero les resulta difícil hacerlo todos los días y, en cambio, crean una lista escrita específica de acciones de la ligera ventaja que pueden consultar y marcar cada día. Los días que no tienen tiempo para escribir en su diario, al menos repasan la lista y se formulan estas preguntas: "En cada área de mi vida, ¿hice esas cosas que son fáciles de hacer y fáciles de no hacer? ¿Continué mi impulso sobre la curva del éxito?"

Otras personas prefieren hablar que escribir y les gusta llevar un control de las acciones cotidianas en voz alta, en una conversación. Busque un compañero de la ligera ventaja, un amigo que también desee aprovechar el poder de la reflexión y combinen un momento en que puedan conversar sobre este tema. "¿Cómo fue el día de hoy? En cada área de mi vida, ¿pude...?" Hacerlo cada día es lo ideal, pero igualmente puede lograr buenos resultados con un llamado dos veces por semana o incluso una vez por semana. La clave es la constancia. Al igual que la tortuga, lo estable gana la carrera.

Con mayor frecuencia, la gente está optando por alcanzar un nivel más alto de productividad a través de la reflexión al trabajar con un "coach" o entrenador. La generación pasada pensaba que el "coaching" o entrenamiento solo se aplicaba a los deportes. Luego la gente se dio cuenta de que las probabilidades de concretar sus metas de acondicionamiento físico eran mejores si contrataban a entrenadores personales. Pronto los ejecutivos empresariales de alto nivel comenzaron a recurrir a sesiones de asesoramiento individual con consultores en productividad para que los entrenen en el juego altamente riesgoso de la empresa y las finanzas. Y la represa estalló, de pronto, la gente se dio cuenta de que podía contratar a un entrenador para cualquier cosa, y el campo del *coaching personal* explotó y se convirtió en una de las nuevas ocupaciones más solicitadas.

¿Qué es lo que hace el entrenador? Más que nada, sostiene un espejo y le muestra lo que usted está haciendo, todos los días. El entrenador mantiene la ligera ventaja frente a su cara. Le ayuda a aprovechar el poder de la reflexión. Cualquiera que sea el método que escoja, encuentre la forma de que la reflexión sea un hábito cotidiano, todos los días, sin falta.

Cuando le queda claro que es lo que no mejoró un día y está consciente de eso, para las diez de la mañana siguiente estará buscando mejorarse como un misil termodirigido. Estará leyendo y escuchando cosas y asociándose con gente que le potencien. No podrá *evitarlo*. Se sentirá tan motivado que nada, *nada*, le impedirá mejorar.

Utilice el poder de la celebración

Hay otro motivo crítico por el que el poder de la reflexión es tan importante. No es solo para fastidiarlo y recordarle cuando está haraganeando. Es también para señalarle todos los pasos positivos que está dando.

En 1980, los autores Ken Blanchard y Spencer Johnson escribieron: "Las personas que se sienten satisfechas de sí mismas logran buenos resultados". El pequeño libro donde aparecen esas palabras, titulado *El manager al minuto*, se convirtió en uno de los libros empresariales más influyentes de la historia. Blanchard y Johnson acuñaron una frase que desde entonces es muy trillada en los negocios; instaban a los ejecutivos y dueños de empresas a no recorrer las oficinas tratando de agarrar a la gente haciendo algo mal, sino "agarrarlos haciendo algo bien" y a reconocerlos en el momento. Lo llamaron el "elogio al minuto".

Es fácil olvidar sorprenderse a uno mismo haciendo algo bien.

Si tiene hijos, lo más probable es que todavía recuerde el momento que dieron su primer paso. Y que ese primer paso fue reconocido y celebrado a lo grande. Y lo más probable también es que en una semana, sus hijos estaban caminando horas por días y a nadie le pareció digno de mención, incluidos ellos.

Una vez oí una historia sobre una mujer que había llegado a un punto de sus cincuenta y pico de años en que se sentía tan privada de afecto que no estaba segura si podía continuar su matrimonio. Le dijo a su esposo cómo se sentía y que, durante años, no había podido darse cuenta si él todavía la quería o no. El esposo quedó sinceramente perplejo. "Pero te dije que te quería hace treinta años", exclamó. "¿Por qué pensaste que algo había cambiado?" Pobre hombre. Nunca se le ocurrió que no es suficiente con decir "te quiero" una sola vez. Es algo que debe decirse todos los días y no solo con palabras, sino con acciones también, en especial esas cosas pequeñas y consideradas que dejan traslucir que uno está pensando en la otra persona y que tiene gran afecto por ella.

El poder de la ligera ventaja de la reflexión y el reconocimiento es la celebración.

Saque a la luz sus actividades de la ligera ventaja, sus elecciones acertadas y éxitos graduales donde pueda verlos y celebrarlos. Recuerde que toda la actividad que se necesita para aplicar la ligera ventaja para su éxito es una serie de pasitos de bebé. Confíe en el proceso. Reconozca esos pasos, por más pequeños o insignificantes que puedan parecer en ese momento.

Celebre cada elección acertada y exitosa. Usted podrá sentir, literalmente, que los platillos de la balanza se inclinan a su favor. Nada llama al éxito como más éxito.

Es tan sencillo que es fácil, trágicamente fácil, no hacerlo. Las buenas noticias son que *hacerlo* es igualmente fácil.

Relatos personales de los lectores de *La Ligera Ventaja*

Cuando nos presentaron por primera vez los principios de la ligera ventaja, nuestra situación financiera era caótica. No teníamos la capacidad de pagar nuestros propios gastos y facturas, ni pensar en bendecir la vida de otros. Después de enterarnos sobre la filosofía de la ligera ventaja, comenzamos a aplicarla en cada área de nuestra vida, ejecutando cuidadosamente los principios en nuestro negocio familiar y utilizando los "aliados de la ligera ventaja".

Como equipo, nos concentramos en las actividades diarias que sabíamos que, con el tiempo, nos darían el impulso necesario para lograr nuestras metas. Nos aseguramos de terminar las tareas y cumplimos nuestras promesas para que nada pudiera atarnos al pasado. Pasamos tiempo reflexionando sobre la forma en que nuestros esfuerzos podrían ser más productivos como equipo, y buscamos cada oportunidad de celebrar nuestros éxitos y de reconocer a los que nos ayudaron a conseguirlos.

Los resultados han sido más grandes de lo que jamás nos imagináramos. En el transcurso de los cinco años siguientes, nuestro ingreso se multiplicó diez veces. También hemos podido iniciar una fundación sin fines de lucro para ayudar a los desafortunados. El logro que más nos llena de orgullo ha sido recaudar más de $100,000 dólares para un orfanato de niñas en Guatemala. También hemos comenzado a organizar viajes cada noventa días para que otros voluntarios puedan ir a los orfanatos.

Al implementar estos principios simples en nuestra vida, no solo mejoramos drásticamente la calidad de nuestra propia existencia, sino que hemos podido acercarnos y ayudar a los necesitados, lo cual es más importante.

—*Mike, Steve y Kim Melia, Wilmington, Carolina del Norte*

Puntos esenciales del Capítulo 14

Nuestro camino del dominio tiene cuatro aliados poderosos:

- El poder del impulso: *lo estable* gana la carrera.

- El poder de la terminación: resolver las cosas por hacer y las incompletas.

- El poder de la reflexión: enfrentar a su propia imagen en el espejo.

- El poder de la celebración: sorprenderse haciendo algo bien.

15. Cultive los hábitos de la ligera ventaja

> "Siembra un acto y cosecharás un hábito.
> Siembra un hábito y cosecharás un carácter.
> Siembra un carácter y cosecharás un destino."
> —*Charles Reade (atrib.)*

El capítulo sobre invertir en uno mismo concluyó con tres palabras: *se vuelve automático*. En esas tres palabras sencillas y mágicas yace uno de los secretos más grandes pero subestimados, no valorados e incomprendidos de la ligera ventaja: el poder del hábito.

Todos sabemos lo que son los malos hábitos. Luchamos contra ellos, hablamos sobre ellos, escribimos libros sobre ellos y miramos interminables programas de televisión sobre ellos. Son los malos hábitos que sabemos que deberíamos cortar, pero no lo hacemos; son los hábitos fastidiosos que otras personas tienen y que deseamos que no tuvieran. Conocemos bien el poder insidioso y destructivo que los malos hábitos pueden tener en nuestra vida aunque no estamos tan conscientes de los propios como lo están los de los otros. Pero a pesar de estar tan conscientes sobre esos hábitos, tendemos a pasar por alto el enorme poder positivo de los hábitos *intencionales*.

No es que no existan los buenos hábitos, o que no los tengamos. Claro que los tenemos, pero típicamente los damos por descontados.

Hábito y elección

Existen dos tipos de hábitos: los que le sirven y los que no. Cepillarse los dientes es un hábito que le sirve; comerse las uñas, no. Analizar las cosas usted mismo, le sirve; aceptar ciegamente todo lo que lee en Internet o escucha de los rumores, no le sirve. Buscar lo mejor de las personas le sirve; prever lo peor, no. El primer tipo de hábito empuña la fuerza de la ligera ventaja en su nombre y lo mueve a lo largo de la curva del éxito; el segundo, convierte la ligera ventaja sutil e implacablemente en su contra y lo arrastra hacia la curva del fracaso.

Un hábito es algo que uno hace sin pensar. Uno regresa a casa del trabajo, entra, saca una cerveza del refrigerador y enciende el televisor mientras habla con alguien en el teléfono. No toma una decisión consciente de que lo que necesita exactamente ahora es una cerveza o que hay algo que necesita urgentemente ver por televisión. Estaba concentrado en la llamada telefónica. La cerveza y la novela eran solo hábitos.

Levantarse temprano puede convertirse en hábito. Como lo puede ser también levantarse tarde y quedarse tarde a la noche. Expresarse quejumbrosamente y criticar pueden convertirse en hábito, como también, elogiar y apreciar. Gastar más de lo que gana puede convertirse en hábito, como lo es destinar parte de cada cheque a una cuenta de jubilación. Buscar el lado positivo de cada desafío puede convertirse en hábito, como lo es decidir que no hay mal que por bien no venga.

Y este es el factor decisivo: cada uno de esos hábitos, los buenos y los malos, tienen su raíz en la elección, en las pequeñas decisiones que usted realiza y sobre las que tiene control completo.

Control completo al principio. Hasta que se convierten en algo automático y adoptan vida propia; una vida que determinará la dirección de *su* vida. Entonces cabe preguntarse qué comportamientos desea que adopten una vida propia.

La forma en que un comportamiento se convierte en hábito es repitiéndolo una y otra vez hasta que se torna automático. La creación de hábitos es una ligera ventaja pura: actos pequeños y simples, repetidos a lo largo del tiempo. El efecto acumulativo de esos hábitos con el tiempo actuará en su favor o en su contra, dependiendo de si se trata de hábitos que le sirven o de hábitos que no. Sus hábitos son aquello que lo propulsará a la curva del éxito o que lo derribará hacia la curva del fracaso.

J. Paul Getty, uno de los primeros multimillonarios del mundo, que fue considerado el hombre más rico del planeta durante su vida, describió el poder del hábito de esta manera:

"El individuo que desea llegar al primer lugar en los negocios necesita apreciar el poder y la fuerza de los hábitos, y debe entender que las prácticas son lo que crean los hábitos. Debe estar pronto a romper los hábitos que pudieran romperle a él, y apresurarse a adoptar aquellas prácticas que se convertirán en los hábitos que le ayudarán a lograr el éxito que desea."

Es interesante señalar de dónde provienen realmente los hábitos. Surgen de sus acciones, por supuesto, ¿pero de dónde provienen sus acciones? ¿Recuerda esto?

SU FILOSOFÍA crea SU ACTITUD SUS ACCIONES SUS RESULTADOS crea SU VIDA

Sus hábitos surgen de las actividades cotidianas acumuladas a lo largo del tiempo. Y sus actividades son el resultado de las elecciones que realiza en el momento. Sus elecciones surgen de los hábitos de pensar, que son el producto de su pensamiento, y proviene de la visión que tenga del mundo y su lugar en él; es decir, de su filosofía.

Razón por la cual, la clave de su éxito, de dominar la ligera ventaja a través del efecto a largo plazo de sus hábitos diarios del pensamiento y la acción, es su filosofía.

El punto de este libro es ofrecer una estructura para diseñar su éxito. Una vez que sea consciente y entienda cómo usar la ligera ventaja para que surta efecto a su favor, puede empezar a triunfar a propósito. El sentido intuitivo de la ligera ventaja se convierte en su piloto automático. Lo guía, lo mantiene encaminado y le ayuda a medir su progreso. Sopesa y mide cada uno de sus hábitos, descartando aquellos que no le sirven y diseñando nuevos que sí lo son.

La clave es realizar esas elecciones acertadas.

Cambiando los cables de acero del comportamiento

¿Vio alguna vez los inmensos cables de acero que sostienen los puentes colgantes como el Golden Gate en San Francisco o el Puente Verrazano-Narrows en Nueva York? Son flexibles, pero tan gruesos y fuertes que dan la impresión de que ninguna fuerza terrenal podría romperlos.

Las sogas del comportamiento, constituidas por las pequeñas elecciones cotidianas que usted hace, son iguales que esos enormes tendones de metal que sostienen esos puentes. Cada elección es como un largo de cable de acero. Por sí solo, no es gran cosa, pero cuando se los trenza y acumula a todas las otras elecciones que usted hace, esos delgados cables forman líneas de tensión anchas como el tronco de un árbol y de una asombrosa fuerza. Como escribió Ovidio, el poeta romano: "Nada hay más fuerte que el hábito".

Los cables formados con sus elecciones acertadas lo mantendrán y apoyarán a usted. Aquellos formados con las elecciones equivocadas, lo encarcelarán y refrenarán. Esos cables son sus hábitos de pensamiento y actitud.

¿Desea saber dónde lo está llevando la ligera ventaja? Analice sus hábitos de pensamiento predominantes y los tipos de elecciones que hace habitualmente.

Sus hábitos operan a nivel inconsciente, lo cual significa que normalmente no está consciente de ellos. Es únicamente al traer a un hábito a su esfera consciente que usted puede observar lo que está haciendo, cómo lo potencia y le sirve o no. Al desarrollar el pensamiento de la ligera ventaja, y en especial al utilizar el aliado de la reflexión de la ligera ventaja, alumbrará la luz brillante de la conciencia sobre sus hábitos.

Una vez que esté consciente de un hábito que no le sirve, ¿cómo lo cambia o lo elimina? Todo lo que necesita es saber dónde concentrar su energía. Eso, más *tiempo*.

Tratar de deshacerse de un hábito no deseado es como tratar de no pensar en un elefante (cuanto más trata de no pensar en él, más se obsesiona pensando). Eso es porque aquello en lo que uno se concentra, termina creciendo. Ese es el motivo por el que la gente que dedica mucha energía a concentrarse en lo que no desea, hablando de ello, pensando en ello, quejándose de ello o preocupándose de ello, normalmente consigue lo que no deseaba.

Es difícil deshacerse del hábito que no desea enfrentándose a él.

La manera de lograrlo es *reemplazar* el hábito no deseado con un hábito que sí desea. Y crear hábitos nuevos y mejores, aquellos que le potencian y le sirven, es algo que usted sabe cómo hacer. Se hace de la misma manera en que construye un hábito que ya adoptó: un paso a la vez. Pasitos de bebé. La ligera ventaja.

A continuación se explican siete hábitos positivos y productivos de actitud y comportamiento, esos cables de acero que estoicamente lo aguantarán bajo cualquier circunstancia y le apoyarán en el camino a sus sueños.

Hábito núm. 1: Preséntese

Sea la rana que no solo *decide* brincar del camalote, sino que *brinca* efectivamente. El mundo está plagado de dudas, la piedra angular de la mediocridad.

Cuando usted habla con gente que logró cosas extraordinarias y le pregunta cómo las concretó, es sorprendente con qué frecuencia le dirán algo similar a esto: *simplemente decidí hacerlo*. Las destrezas, el conocimiento, la experiencia, las conexiones, los recursos, el refinamiento, la idoneidad, todas esas cosas son parte del recorrido, pero ninguna de ellas es posible hasta que se inicie el recorrido mismo.

Haga las cosas y tendrá el poder.

Cuando mi hija Amber empezó su primer año de la universidad, se sintió intimidada. Había sido una buena alumna en la escuela secundaria y se había graduado con excelentes calificaciones, pero estaba por entrar en un entorno en el que *todos* se habían graduado con excelentes calificaciones.

Eso me quedó claro durante la sesión de orientación para alumnos nuevos, que se llevó a cabo en un enorme auditorio de la Universidad de Florida. Sentados entre el público de miles de otros alumnos y sus padres, el decano anunció desde el podio que ese año ingresaban 6,700 alumnos; que en ese grupo el promedio de calificaciones era un GPA de 4.0, ¡el promedio! Y que los puntajes del examen SAT estaban entre el primer 10% a nivel nacional. No estoy seguro si el objetivo del discurso era motivarlos o atemorizarlos, pero a juzgar por la expresión en el rostro de Amber, si el decano intentaba sembrar el miedo, lo había logrado.

Después de la orientación, ella comentó: "Papá, me estoy enfrentando a los mejores de los mejores aquí. ¿Cómo voy a adquirir una ventaja sobre mis compañeros?" Ella estaba desesperada por desempeñarse bien y salir entre los primeros de su clase, pero no veía la forma de que fuera posible.

Le dije exactamente lo que le digo a usted ahora: preséntese. Si solo se compromete a presentarse, ahí mismo habrá ganado la mitad de la batalla. Con solo hacer acto de presencia, puede elevarse por encima de la mitad de la población en cualquier circunstancia.

La novelista Anne Lamott, autora de *Ayuda, gracias y wow: tres plegarias esenciales (Help, Thanks, Wow: The Three Essential Prayers)*, escribió lo siguiente sobre el poder de hacer acto de presencia:

La esperanza comienza en la oscuridad, la obstinada esperanza de que si te asomas y tratas de hacer lo correcto, llegará el amanecer. Esperas, observas y trabajas: no te rindes.

Espere, observe y trabaje: y no se rinda.

Hábito núm. 2: Sea constante

Según Woody Allen, el ochenta por ciento del éxito es presentarse. Es una filosofía a la que me suscribo sin reservas, pero le añadiría algo más. El ochenta por ciento del éxito es presentarse *todos los días*. Ahora hay una verdad que le llevará dondequiera que desee ir. Tan esencial como es el acto de presentarse, es la constancia lo que multiplica enormemente su poder. Presentarse *constantemente* es donde sucede la magia.

Tom Seaver, el gran beisbolista del Hall de la Fama, lo expresó perfectamente:

En el béisbol, mi teoría es trabajar por ser sistemático, no preocuparme por los números. Si haces demasiado hincapié en las estadísticas, perderás de vista la meta a largo plazo. Si tu objetivo es ser sistemático, los números ahí estarán.

Después de esa intimidante orientación para alumnos nuevos, le dije a Amber que no solo debía presentarse todos los días a clase, sino que tenía que amplificarlo con al menos dos horas de estudio por día. Yo sabía cuán fácil era descarrilarse y quedar atrapada en la vida universitaria. Sabía que sus nuevos amigos la animarían a faltar a clase para hacer otras actividades que son parte de la experiencia universitaria. Sabía cómo era el ciclo seductivo pero vicioso de holgazanear y luego tener que prepararse brutalmente para los exámenes a último momento. ¿Qué le aconsejé a Amber? Deja eso para los otros. Preséntate y sé constante.

"Es así", le dije. "Preséntate a clase todos los días. Estudia dos horas por día". No es tan difícil. En realidad es fácil. Pero desde luego es igualmente de fácil no hacerlo.

Tres semanas más tarde, Amber llamó y dijo: "Papá, ¿recuerdas esa clase que tenía con 400 alumnos? Bueno, ahora son solo ochenta los que se presentan a clase." Nadie había reprobado; ni siquiera habían dado su primer examen. Pero en solo tres semanas, el 80% de su clase había desaparecido.

Así es el mundo. Es por eso que prevalece la mediocridad. Es por eso que el 95% vive en la curva del fracaso y solo el 5% vive en la curva del éxito.

Cuatro años más tarde, Amber se graduó entre los mejores de su clase de administración de empresas haciendo esas dos cosas sencillas, presentarse y ser constante. Ella no era ni mejor ni más inteligente que cualquiera de los otros alumnos. Eran *todos* alumnos excelentes y de primera. Pero Amber tenía una ventaja marcada que los otros no tenían. Tenía una filosofía que la impulsó a mantenerse encaminada aunque todo el mundo estaba haciendo lo opuesto. Ella se presentó sistemáticamente y triunfó porque tenía una filosofía simple que aplicó todos los días, llueve o truene.

Si usted se compromete a presentarse constantemente, todos los días, pase lo que pase, entonces ya habrá ganado *mucho* más que la mitad de la batalla. El resto depende de las destrezas, el conocimiento, el empuje y la ejecución.

Hábito núm. 3: Adopte una actitud positiva

A fines de los años noventa, un psicólogo positivo llamado Marcial Losada llevó a cabo fascinantes investigaciones con equipos empresariales. Agrupó esos equipos de personas de negocios en distintas salas de conferencia equipadas con espejos unidireccionales y un sofisticado sistema de monitores y software que le permitían llevar un control, por separado, de cada declaración efectuada por cada persona del salón durante el curso de una conferencia de una hora de duración. Los grabó y los analizó, clasificándolos como provenientes de una actitud más positiva o negativa, más centrados en otros o en sí mismos, y más abiertos, quienes formulaban preguntas, o más cerrados, quienes defendían su punto de vista.

Lo hizo durante años.

Después de analizar las declaraciones de sesenta equipos empresariales distintos, Losada asoció los resultados con el desempeño real de los equipos y de los individuos en el mundo verdadero de los negocios. Jamás adivinará los resultados.

Bueno, tal vez sí.

Parece ser que, cuanto más positiva era la actitud de las personas, más productiva y creativa era la interacción del equipo y mayor fue su éxito empresarial concreto a largo plazo.

Este es solo un ejemplo de los cientos y miles de proyectos de investigación realizados en las últimas dos décadas que confirmaron lo que la experiencia y el sentido común sugieren: abordar los eventos de la vida cotidiana con una actitud constantemente positiva, lo propulsa hacia sus metas.

Según las investigaciones, las personas que practican ver sistemáticamente las oportunidades en vez de los problemas, que se concentran en lo mejor de una situación en vez de lo peor, que notan las mejores cualidades de otra gente y pasan por alto sus cualidades deficientes, que ven el vaso *al menos* lleno por la mitad en cada circunstancia, son más felices, más creativas, ganan más dinero, tienen más amistades, tienen una mejor respuesta inmunitaria, tienen menos enfermedades cardíacas y accidentes cerebrovasculares, tienen matrimonios mejores y más duraderos, viven más tiempo y tienen más éxito en su carrera.

En efecto, la gente que se ha formado el hábito de la actitud positiva no solo ve el vaso medio lleno, lo ve rebalsando. Y como lo ven de esa forma, porque esa es su actitud, termina sistemáticamente siendo de esa manera para ellos.

La actitud crea acciones, las cuales crean resultados, y estos, crean el destino.

Dan Buettner, autor de *Las zonas azules: lecciones para vivir más de la gente que más ha vivido* (*Blue Zones: Lessons for Living Longer From the People Who've Lived the Longest*), viajó por el mundo estudiando los hábitos cotidianos de vida de la gente que es más sana y longeva en el planeta. De todos los factores que posiblemente influyan en la salud, la vitalidad y la longevidad, Buettner y su equipo compilaron una lista de nueve. Esas personas (1) viven una vida activa, (2) cultivan un propósito y motivo por el que levantarse cada mañana, (3) dedican tiempo a deshacerse del estrés (apreciación, plegarias, etc.), (4) dejan de comer cuando están un 80% llenos, (5) ingieren una dieta rica en verduras, en especial frijoles, (6) beben alcohol moderadamente (en particular, el vino tinto), (7) intervienen activamente en una comunidad congregada en torno a la fe, (8) se enfocan intensamente en la familia y (9) integran círculos sociales de ideas afines y hábitos similares.

Como señala Buettner, los factores fisiológicos como el ejercicio y la alimentación desempeñan un papel, pero no es tan preponderante como se supone. Una gran parte obedece a factores que tienen que ver con la actitud, los hábitos del comportamiento y con quién se asocian.

Y mientras estamos hablando de ser positivo, déjeme aclarar en este instante un error muy generalizado sobre la actitud positiva.

Cultivar una actitud positiva *no* significa que usted siempre esté contento. No significa que la vida no lo deprima. No significa que va por todas partes con una sonrisa idiota en la cara aun cuando está dolido; y no significa vivir en la negación, ignorando las realidades del dolor y la lucha, ni dejar su cerebro de lado. La gente que cultiva una actitud positiva genuina también pasa por momentos difíciles; cuando nos cortamos, sangramos sangre roja como cualquier otra persona.

Hay días en que me levanto y estoy deprimido. Tal vez ni sepa por qué, pero la vida se siente pesada y deprimente, y no quiero levantarme de la cama.

Cuando eso sucede, lo primero que hago es un inventario de las cosas por las que me siento agradecido. Según los psicólogos positivos, el hábito de la gratitud es una de las características más comunes de la gente que es sistemáticamente más feliz. Tengo gente que me quiere, tengo excelentes relaciones personales, estoy sano, tengo un negocio exitoso, me encanta lo que hago, y así sucesivamente. Pero a veces esa sensación deprimente no desaparece. En realidad, a veces lleva horas o incluso días salir de esa nube depresiva.

Por más exitoso que uno sea, esa sensación deprimente a veces nos aplasta. Le llega a todos. Sin discriminar.

Y a veces hay una buena razón para sentirse deprimido. Las cosas malas suceden y nadie tiene una vida de encanto e invulnerable. La verdad es que la vida a veces duele, y así será siempre.

Cuando eso sucede, sepa ante todo que está en buena compañía. La nube depresiva encuentra a todo el mundo. Pero he aprendido lo siguiente, y me ha salvado y me ha sacado de esa depresión más de una vez: No hay forma de entender el amor si no he sentido el dolor de la soledad. No puedo saber lo que es el bien y cómo se siente, sin haber conocido el mal. No puedo sentirme feliz y satisfecho sin sentir la nube depresiva. La vida es como la marea que sube y baja. Todo se curva.

Entonces cuando las cosas malas le suceden, reciba la depresión. Eso también es cultivar una actitud positiva. Cuando hay algo difícil y la adversidad llamó a su puerta, recíbala porque le hará más fuerte y su vida se enriquecerá. No es posible conocer la felicidad a menos que haya sentido tristeza. Si lo acepta como parte del proceso, su vida cambiará.

La vida lo aplastará y la depresión lo derribará. Acéptelo y luche para superarlo sabiendo que no está solo. Dé pasitos de bebé, recuerde todos los aliados de la ligera ventaja que tiene y sepa que hay un camino que lo sacará de la depresión.

Hábito núm. 4: Comprométase a largo plazo

Presentarse es esencial.

Presentarse constantemente es un acto poderoso.

Presentarse constantemente con una actitud positiva es más poderoso todavía.

Pero hacer todo eso durante una semana… es solo hacerlo por una semana.

Probablemente haya visto esos programas para adelgazar y hacer ejercicios que prometen cambiarle la vida y "mejorar su persona" en noventa días. No estoy diciendo que no den resultados, pero el problema de los programas de noventa días es que no dan suficiente tiempo para consolidar un nuevo nivel de confianza en uno mismo que uno pueda continuar una vez que terminan los noventa días.

Esta no sería una campaña de marketing muy aceptada, pero *es* la verdad. Usted no necesita un programa de noventa días. Necesita un programa de 250 días. (Es decir, 365 días con 115 días libres para tener en cuenta el factor humano.) Y si lee diez páginas por día de material positivo y poderoso dirigido a mejorar su vida, y lo hace sistemáticamente durante 250 días, habrá leído unas 2.500 páginas o diez libros aproximadamente.

¿Se imagina absorber y poner en práctica las agudezas adquiridas de diez libros poderosos y efectivos? Eso sí que puede "mejorar su persona". Hasta todavía más si lo hace otra vez el año próximo y nuevamente al año siguiente.

Los agricultores saben que deben esperar una temporada entera para cosechar. En este mundo postindustrial, en el que gran parte de la vida diaria es accesible con el clic del ratón, es más fácil que nunca olvidar ese concepto. Pero no significa que no sea cierto.

Sembrar, cultivar, cosechar. Y la segunda coma, entre *cultivar* y *cosechar*, suele representar un período de tiempo sumamente largo. Tal como lo expresó una vez la gran figura literaria John Leonard:

Lleva mucho tiempo cultivar un viejo amigo.

En su extraordinario libro *Fuera de serie (Outliers)*, Malcolm Gladwell rastrea la verdadera cantidad de tiempo que lleva convertirse en un "éxito repentino" al estudiar superestrellas de diversas disciplinas, desde los Beatles hasta Bill Gates, y documenta lo que él llama la regla de las 10,000 horas: la clave para conseguir un éxito descomunal en cualquier emprendimiento es dedicar unas 10,000 horas de práctica. En serio. No es broma. Diez mil. (Gladwell mismo es un buen ejemplo, y el libro no sólo debutó en primer lugar en la lista de best sellers del *New York Times*, sino que ocupó ese lugar durante once semanas consecutivas.)

Si dedica ocho horas por día, cuarenta horas por semana, cincuenta semanas por año, durante cinco años, son 10,000 horas. Cuando Amber pasó cuatro años estudiando marketing en la universidad, si añade las horas de clase, estudio y tareas, probablemente invirtió unas 10,000 horas. ¿Y los alumnos que ya en la cuarta semana faltaban a clase? No tantas.

Sea lo que esté intentando lograr, debe preguntarse: ¿estoy dispuesto a dedicar 10,000 horas o más para conseguir lo que deseo?

Hábito núm. 5: Cultive un deseo ardiente respaldado por la fe

Anteriormente en este libro, comenté que no va a poder conseguir algo con solo desearlo. Y es verdad, pero no significa que el deseo no sea un ingrediente necesario. Pensamos en el deseo como una fuerza poderosa porque lo sentimos con mucha intensidad. Sin embargo la verdad es que el deseo en sí mismo suele ser algo bastante caprichoso y débil. Uno desea algo, y luego la sensación pasa. Como los bebés, desean un objeto brillante y una vez que lo tienen en la mano, la atención se les desvía a otra cosa y el objeto brillante que tanto anhelaban hace apenas momentos se les cae sin darse cuenta.

Otras veces el deseo se entierra profundo y empieza a arder, y cuando eso sucede, arde durante años. Ese es el tipo de deseo que lo impulsa a levantarse temprano y lo mantiene despierto hasta tarde. Es lo que le motiva a persistir ante la adversidad. Un deseo de esa clase puede mover montañas y alterar el curso de los ríos.

Esta es la verdad sobre el deseo ardiente: es una fuerza poderosa, y funciona en ambas direcciones *dependiendo de lo que vea*. La mayoría de la gente sueña con los grandes logros, pero no se ve realmente concretándolos. Los pocos que consiguen grandes logros son aquellos que no solo deseaban apasionadamente concretarlos sino que claramente *se ven a sí mismos concretándolos*. Esa es la clave para aprovechar el poder del deseo; es como un grupo de caballos salvajes que necesita un arriero que los guíe en la dirección acertada, y ese arriero es su *visión*.

He mencionado varias veces la obra clásica *Piense y hágase rico* de Napoleon Hill, la cual se gestó de la siguiente forma. Cuando era un joven periodista, se le encomendó a Hill escribir un artículo sobre Andrew Carnegie, uno de los hombres más exitosos del mundo. En el transcurso de la entrevista, que según relató Hill más tarde fue el momento crucial de su vida, Carnegie detalló su simple filosofía para el éxito y le propuso a Hill embarcarse en un proyecto para entrevistar a unos 500 hombres y mujeres más exitosos a fin de documentar los principios y las filosofías que tenían en común. Hill aceptó el desafío y los años que pasó en pos de ese proyecto dieron lugar a uno de los libros más vendidos de la historia.

De todas las personas entrevistadas por Hill, que sumaron más de 500, la característica principal que halló fue lo que llamó el *deseo respaldado por la fe*.

Escribió: "Creo en el poder del *deseo* respaldado por la *fe* porque he visto cómo ese poder elevaba a hombres desde comienzos humildes a posiciones de poder y riqueza; he visto cómo saqueaba la tumba de sus víctimas; cómo servía de medio para que los hombres llevaran a cabo su rehabilitación después de haber fracasado en un centenar de formas distintas."

El deseo ardiente respaldado por la fe simplemente significa un anhelo profundo y apasionado de conseguir algo y de saber, no de desear o esperar, sino de *saber* que usted va a llegar a ese fin. En otras palabras, debe existir coherencia entre su deseo y su fe. Si existe una desconexión, si desea algo pero genuinamente carece de la fe de que las acciones que está realizando lo llevarán a su fin, entonces se está tendiendo su propia trampa del fracaso. Por otra parte, si lo que desea es enorme, tan grande que parece muy lejos en el momento, pero su fe en las acciones que está tomando de la ligera ventaja coincide con ese deseo, entonces usted se está preparando exactamente para el tipo de éxito que describe Hill.

En el transcurso de su recorrido, le aparecerán toda clase de obstáculos. Y usted puede determinar el tamaño de la persona por el tamaño del problema que la mantiene derrotada. La gente exitosa mira un problema y ve una oportunidad.

El deseo ardiente es lo que le motiva a usted a enfrentarlo, en vez de darse vuelta y marcharse corriendo. Pero es el deseo ardiente respaldado por la fe lo que le permite *atravesarlos*.

Hábito núm. 6: Esté dispuesto a pagar el precio

Cuando me enfrenté al día de disgusto en el campo de golf todos esos años atrás, lo que me impactó fue que si no optaba por hacer algo para tener éxito, irremediablemente fracasaría *el resto de mi vida*. También me di cuenta de que optar por esa decisión significaría pagar un precio. Y que vale la pena pagar el precio de todo lo que vale la pena tener.

Me imagino que muchos harán un gesto de dolor ante la frase "esté dispuesto a pagar el precio". Sé lo que están pensando: "¡Ajá! ¡Lo sabía! Es esto: para ser exitoso, voy a tener que hacer este sacrificio gigantesco y doloroso. ¿Qué tengo que hacer, arrojar mi televisor a la basura? ¿Despedirme de toda la diversión y privarme de mis comidas favoritas?"

En realidad, no es tan dramático. Sus sueños podrán ser grandes, y en efecto espero que sean *enormes*, pero los pasos que tomará para llegar a ellos serán *siempre* pequeños. Y el precio que paga surte el mismo efecto. No tiene que pagar su sueño de un millón de dólares con un cheque personal por esa misma cantidad. Puede pagarlo con, bueno, un centavo por día.

Pero debe entender lo que es ese centavo; y debe estar dispuesto a pagarlo. Sea cual sea el sueño o la meta, debe pagar un precio y, claro está, eso significa renunciar a algo.

Puede ser algo tan sencillo como renunciar a cierta comida basura habitual por el bien de su salud; o algo tan sutil como renunciar a su derecho a tener razón o su hábito de ejercer control de una conversación por el bien de una relación personal. Puede significar renunciar a dormir un poco más tarde cada mañana para dedicar tiempo antes del trabajo a escribir tres cosas por las que está agradecido, hacer esas abdominales, prepararse un desayuno decente en vez de agarrar algo colorido, sabroso y venenoso de camino al trabajo.

Tal vez signifique la gratificación demorada de aplazar ciertas compras o adquisiciones, dejar pasar algunos placeres por el bien de alcanzar su objetivo a largo plazo.

Como dije antes, mi habilidad atlética siempre fue normal, pero siempre tuve gran dedicación a los deportes. En un momento dado integré un equipo de softbol. Habíamos entrenado mucho tiempo y con gran intensidad y éramos un equipo bastante bueno, al punto que viajábamos y ganábamos torneos a diestra y siniestra. No me molesta confesarle que fueron momentos emocionantes. Hasta que llegué a una coyuntura crítica. Llegué a un momento decisivo en el que había sufrido contratiempos graves en mi negocio y perdí todo, y sabía que tenía que volver a encaminar mi carrera. Era hora de rehacer mi vida, restablecer mi enfoque mental y seguir adelante.

También sabía que no podía hacerlo sin cambiar algo. Tenía que pagar un precio. Fue una elección difícil, pero abandoné el equipo de softbol.

Mis amigos no podían creerlo. "¡¿Renuncias al equipo?!" Les contesté: "Ustedes siguen siendo mis amigos y los aprecio mucho, pero búsquense otro jugador." Tenía que dedicar el tiempo que pasaba en softbol e invertirlo en otra cosa. No tuve que cambiar mi vida por completo, pero necesitaba redirigir diez horas por semana. Podría haberlas sacado del tiempo para mi familia o mi trabajo, pero iban a salir de *algún lado*. Ese era el precio.

Recuerde que no hay muchos millonarios que tiren más de 100 al jugar boliche. ¿Por qué no? Porque dejaron la liga de boliche para construir su fortuna. La pregunta que solo usted puede responder es si eso es un precio demasiado grande de pagar. Recuerde que cualquiera sea el precio que pague, va a ser mucho más grande si *no* lo hace que si lo hace. El precio del abandono es mucho peor que el precio de la disciplina. En efecto, el precio que pague por el éxito no es nada comparado con el precio que pagará por el fracaso. Puede llevarle cinco años y 10,000 horas encaminar su éxito, pero lleva una vida entera fracasar.

Hábito núm. 7: Practique la integridad de la ligera ventaja

Todos saben que la puesta en marcha de un negocio tiene un alto porcentaje de fracasos. La razón principal que suele mencionar la gente es la falta de capital suficiente, lo cual ciertamente es importante. Pero hay otra causa que suele yacer invisible y no reconocida, y es tan importante como la falta de capital: la falta de suficiente integridad de la ligera ventaja.

Hay muchas definiciones de integridad, honestidad y veracidad. Congruencia entre las palabras y los hechos. El aspecto de la integridad que se aplica más a la ligera ventaja es lo que usted hace cuando nadie lo está mirando.

Es hora de acostarse al final de un día largo y difícil, y usted está extenuado. Se dirige a la cama y ahí está su libro, esperándolo. Usted se comprometió a leer diez páginas por día. Pero hoy está muy *cansado*. Ni siquiera sabe si podrá mantener los ojos abiertos. ¿Qué debe hacer? Usted se dice a sí mismo: "Si solo esta noche omito las diez páginas, no va a pasar nada." ¿Y sabe qué? Tiene toda la razón. No va a significar una enorme diferencia, de una manera u otra. *No* es un problema grave.

En ese momento es cuando descubre quién es realmente.

Es en la decisión de ese momento, cuando nadie más lo está mirando y nadie jamás se enterará, cuando su elección es muy leve, sutil e insignificante; es en *ese* momento que hallará si tiene o no la integridad de la ligera ventaja.

Hallar tres cosas nuevas hoy por las que está agradecido. Dejar el tenedor antes de sentirse lleno. Ponerse los zapatos y dar esa caminata de media hora aunque haga frío. Hacer las tres llamadas telefónicas que dijo que haría aunque nadie se entere si los hizo o no.

Nadie, salvo usted.

La integridad de la ligera ventaja es uno de los grandes secretos del éxito empresarial. Cuando usted tiene su propio negocio, nadie le va a decir que debe presentarse a trabajar ni le gritará en el oído que haga esas llamadas de ventas. Nadie está ahí para asegurarse de que usted esté supervisando a sus proveedores y que sus libros contables estén actualizados. Todo depende de usted ahora. Usted no tiene jefe.

En realidad, eso es erróneo. Sí *tiene* un jefe y ese jefe es usted. Actuar como su propio jefe y hacerlo exitosa y sistemáticamente, día tras día, exige un grado de integridad de la ligera ventaja muy singular y, honestamente, muchos dueños de negocios no lo tienen. Se intoxican con la libertad de trabajar por cuenta propia y son incapaces de mantener el tipo de estructura necesaria para triunfar. Sin esa integridad en las pequeñas cosas diarias, un negocio nuevo no puede mantenerse a flote por mucho tiempo.

Y en caso de que piense que este no es su problema porque no es un empresario y no tiene negocio propio, le tengo una sorpresa: sí, lo es y sí lo tiene.

Vivir la vida, a decir verdad, *es* ser un empresario. Usted podrá ser uno de decenas de miles de empleados de una gigantesca empresa, dueño único de un puesto de helados o un padre o madre ama de casa a cargo de administrar el hogar, pero es la única persona a cargo de desenvolver constantemente el curso de su vida. Su vida es una nave espacial Apolo que se encamina a lo desconocido, y no hay nadie al timón salvo usted.

Usted es un novelista, y la historia que está inventando, con su rica trama e imaginativa paleta de personajes diferenciados y creíbles, es su vida.

Usted es el guionista, director y productor de un largometraje épico, que durará años.

Al igual que Edison, usted es un inventor; al igual que Fritjof Nansen, un explorador; al igual que Emerson, un filósofo; al igual que Steve Martin, un artista; al igual que Lincoln, un hombre de estado; al igual que Wilberforce, un libertador paciente. Usted es todas esas cosas y más, y la trama del tapiz en el que está componiendo esta historia está hecha de las hebras pequeñas que pocos jamás notarán a medida que las entreteje.

Pensará que estoy exagerando. No es así. Usted es capaz de grandes cosas. Lo sé porque he observado la condición humana, y todo ser viviente es capaz de grandes cosas. La mayoría jamás las logrará o vivirá. Pero todos pueden hacerlo con solo entender cómo funciona el proceso.

Preséntese.

Preséntese constantemente.

Preséntese constantemente con una actitud positiva.

Esté preparado y comprométase a largo plazo.

Cultive un deseo ardiente respaldado por la fe.

Esté dispuesto a pagar el precio.

Y haga las cosas que se comprometió a hacer aun cuando nadie lo está mirando.

¡Los hábitos que le sirven son críticos!

Escriba en un tweet un hábito positivo e incluya #LigeraVentaja o publíquelo en nuestro muro de Facebook www.facebook.com/yourslightedge. ¡Me encantaría que lo comparta con la comunidad de *La Ligera Ventaja*!

Relatos personales de los lectores de *La Ligera Ventaja*

Me he dedicado al boxeo desde que tenía once años. Me crié en un vecindario difícil y mis padres, que eran muy jóvenes, tenían dificultades económicas. No había suficiente dinero para el entrenamiento personal que yo necesitaba, pero apliqué los principios de la ligera ventaja, y simplemente me presenté al gimnasio a practicar todos los días, pasara lo que pasara. *Nadie* podía impedirme presentarme al entrenamiento.

Durante años perdía en las finales o salía ganando una medalla de bronce. Con gran frecuencia perdía en las finales de encuentros nacionales. Pero aun cuando estaba disgustado porque perdía, tenía una firme convicción en los principios de la ligera ventaja y la acumulación de mis esfuerzos. Sabía que con solo presentarme, constantemente y con una actitud positiva, me estaba colocando en la delantera del juego.

Han transcurrido diez años y estoy comenzando a ver los frutos de mi labor. A la fecha de este relato, soy el campeón de peso pluma con un récord invicto de 15-0, y recientemente defendí mi título en Atlantic City.

Ahora que soy un poquito más grande y sabio, creo firmemente en todas las filosofías de *La Ligera Ventaja* a un nivel más profundo. He aprendido a usar mi pasado como arma para que mi viaje al futuro sea un poco más fácil. Estoy totalmente convencido de que si mantengo mi rutina simple cotidiana de manera constante, sin sofisticaciones, al seguir refinando mi arte y continuar nadando en el cubo de crema, se convertirá en mantequilla.

— *Jorge Diaz, New Brunswick, New Jersey*

Para cuando cumplí los treinta años, tenía una fortuna de un millón de dólares en papel. Era dueño de terrenos, negocios, pozos petroleros e incluso era presidente de la Cámara de Comercio local y se me consideraba un ciudadano íntegro de la localidad. La vida era buena. En la década siguiente todo eso cambió y para cuando tenía cuarenta años, me hallé divorciado y en quiebra, con cinco hijos que mantener. Mi amor propio estaba destrozado.

Un encuentro casual con un viejo conocido cambió todo. Tenía un puesto vacante en su empresa que me ofreció. También lo importante fue que me recomendó libros y recursos excelentes para empezar a leer y reencauzar mi estado mental. Cuando hablamos de sueldo, le dije que trabajaría gratis y que él luego podía decidir cuál era mi valor.

Yo sabía que tenía en mi interior la habilidad de rehacer mi vida y que, para que sucediera, necesitaba practicar los principios de *La Ligera Ventaja* todos los días. Eso exigiría establecer metas y hacer las disciplinas diarias que con el tiempo me llevarían a concretar la visión que tenía de mi vida. En mi trabajo de operador de telemarketing, hice cientos de llamados en frío todo el día, todos los días, con todas las contestaciones imaginables, la mayoría no muy favorable. Dormía en el piso de la oficina porque no tenía dinero para pagar mi propia casa. Lentamente, día a día, dominé lo rutinario. Después de seis semanas en este puesto, todavía no había conseguido ni una venta, pero no me di por vencido, sabiendo que estaba desarrollando mis habilidades como operador de telemarketing y que con el tiempo rendiría sus frutos.

Ese día llegó cuando me informaron que una de las compañías más grandes de seguros había comprado más de 150 boletos para sus agentes y que haría lo mismo para otro evento que estábamos promocionando. Fue la venta individual más grande jamás concretada en esta compañía. Con el tiempo, ascendí a vicepresidente y me convertí en socio igualitario en la compañía.

Todo esto sucedió porque hice acto de presencia constantemente con buena actitud durante un largo período. Tenía un deseo ardiente y fe, y estaba dispuesto a pagar el precio. Además, estaba dispuesto a hacer todo esto hasta cuando nadie estaba mirando. Ahora estoy viviendo mis sueños y creando una diferencia positiva, compartiendo los principios profundos pero simples de la ligera ventaja.

—*Steve Fleming, Santa Fe, New Mexico*

Puntos esenciales del Capítulo 15

↗ Existen dos tipos de hábitos: los que le sirven y los que no.

↗ Usted tiene la elección de sus hábitos al elegir sus acciones diarias.

↗ La forma de eliminar un mal hábito es reemplazarlo con un hábito positivo.

↗ Estos son siete hábitos poderosos y positivos de la ligera ventaja:

1. Preséntese: sea la rana que da el brinco y deja el camalote.
2. Preséntese constantemente: siga presentándose cuando otros desaparecen.
3. Cultive una actitud positiva: vea el vaso rebalsando.
4. Comprométase a largo plazo: recuerde la regla de las 10,000 horas.
5. Cultive un deseo ardiente respaldado por la fe: no esperando ni anhelando, sino sabiendo.
6. Esté dispuesto a pagar el precio: a veces hay que dejar el equipo de softbol.
7. Practique la integridad de la ligera ventaja: haga las cosas que se comprometió a hacer aun cuando nadie lo está mirando.

16. Tres pasos hacia sus sueños

> "Primero viene el pensamiento, luego, la organización del mismo en ideas y planes; después la transformación de esos planes en realidad. El comienzo, como observarás, está en tu imaginación."
>
> —*Napoleon Hill*, La ley del éxito

Hay libros enteros escritos sobre cómo fijar, aspirar y concretar sus metas, y algunos de ellos son realmente buenos. Depende de usted si necesita un libro entero sobre este tema. A mí me gusta mantener las cosas lo más simples posibles porque lo simple suele ser mucho más efectivo. También lo más importante es que *simple* es lo que mejor funciona con la ligera ventaja. Recuerde *fácil de hacer*, y no se apartará demasiado de tener el control sobre la ligera ventaja.

Mientras todos tienen un enfoque diferente para fijar metas, hay tres pasos simples y fundamentales que debe seguir para que sus sueños se conviertan en realidad. Todos los que han creado éxito, ya sea que lo hayan formulado conscientemente de esta forma o que hayan utilizado este lenguaje específico para describirlos, han pasado por estos tres pasos en distintas versiones. Son los tres pasos universales para alcanzar un gran sueño.

Para que una meta se convierta en realidad:

Debe definirla específicame, asignarle una fecha límite y escribirla.
Debe mirarla todos los días.
Debe tener un plan para comenzar.

Primer paso: Escríbalo

La destreza más crítica para lograr el éxito en cualquier ámbito, desde los deportes hasta las altas finanzas, desde la salud radiante hasta las relaciones gratificantes, es la destreza de *visualizar*. Visualizar algo significa simplemente tener la habilidad de crear una imagen vívida de algo que todavía no ha sucedido en concreto y de conseguir que esa imagen sea tan vívida que se sienta real.

Visualizar no sucede con óptima efectividad simplemente creando una imagen en su mente. Si sus sueños y aspiraciones están transcurriendo solo en su mente, fácilmente terminan siendo meras ilusiones. Es como decir: "voy a intentarlo", que como dijo Yoda, eso no sirve. "Hazlo o no lo hagas, pero no lo intentes" fue pronunciado por una marioneta en el papel del Maestro Jedi Yoda, pero no deja de ser una verdad potente y aleccionadora.

Visualizar significa literalmente crear algo de la nada y *hacerlo real*. Por definición, eso no es posible dentro de los confines del cerebro. Debe convertirse en algo físico y debe involucrar los sentidos. En otras palabras, debe escribirlo. Incluso mejor es formar imágenes, que la gente suele llamar "tablero de los sueños". Decírselo en voz alta a otra persona es lo más poderoso de todo. Y si no puede hacerlo, escríbalo. En cuanto lo haga, ha empezado a convertirse en realidad.

¿Con qué sueña? Escoja un sueño, cualquiera: su casa de ensueño, su lugar, sus vacaciones, su trabajo, su matrimonio, su carrera de ensueño. Escoja un sueño que verdadera y profundamente desearía que se hiciera realidad. Anótelo, describiéndolo en unas pocas palabras, en el primer renglón de abajo. Luego escoja otro y otro, hasta que haya identificado e indicado cinco sueños.

Si duda, sepa lo siguiente: esos sueños pueden ser tan enormes o pequeños como desee; ninguno es "mejor" ni vale más o menos la pena convertirlo en realidad.

1. _____
_____

2. _____
_____

3. _____
   _____

4. _____
   _____

5. _____
   _____

Bien. Ahora, añada dos descriptores que concretarán más su sueño: *qué* y *cuándo*.

Primero regrese a cada sueño y añada las palabras que necesite para hacerlo absolutamente específico. Quizás necesite otra hoja de papel o empezar un documento en su computadora. Por ejemplo, si tuvo el sueño de "tener libertad financiera", ¿qué significa específicamente? ¿Cuánto dinero necesita en el banco o en las inversiones, o como entrada anual, para lograr lo que usted considera ser la *libertad financiera*? Si hay otras condiciones que deben reunirse, como estar totalmente libre de deudas, añádalas también.

Digamos que uno de sus sueños es la "salud radiante". ¿Cómo puede definirlo más específicamente? Una forma sería describir exactamente cómo se siente, a qué tipo de actividades se dedica y qué le hacen sentir. Imagínese leyendo su sueño a un ser querido, quien le dice: "No estoy seguro de que entiendo lo que quieres decir. ¿Me puedes explicar exactamente qué intentas?"

El segundo descriptor es "cuándo". Se ha dicho que las metas son "sueños con fechas límite". Reestructuremos nuestros sueños en metas tangibles y prácticas dándoles un cronograma. Regrese a cada sueño y responda a la pregunta: "¿para cuándo?"

Probablemente oyó hablar del Principio de Pareto, o comúnmente denominado la regla del 80/20, que dice que, por ejemplo, el 20% de la gente de un plantel de ventas produce el 80% de los resultados. Vilfredo Pareto, el economista italiano que enunció esta teoría a principios del siglo XX, en realidad llegó a esta fórmula, que es un poco más compleja que un simple 80/20, para describir la tendencia de que la riqueza, la innovación y la iniciativa se concentra en una elite auto seleccionada, independientemente del sistema social o económico externo. En otras palabras, Pareto estaba describiendo realmente la curva del éxito y la curva del fracaso, las dos caras de la ligera ventaja.

Esta es otra aplicación de la Ley de Pareto: el 80% de todo lo que usted hace tiende a terminarse en el último 20% del tiempo disponible. Esa puede ser una verdad insidiosa. Porque si no crea una fecha límite concreta, ese último 20% jamás parece presentarse, y usted siempre está viviendo en el 80% diciendo: "Algún día..."

Algún día... el día que nunca llega.

Anote sus sueños; hágalos vívidos y específicos; asígneles un cronograma concreto para realizarlos; y habrá dado un paso gigantesco para convertirlos en realidad.

Segundo paso: Mírelo todos los días

La única razón contundente de escribir sus sueños es para que pueda mirarlos y leerlos todos los días. El motivo por el que debe mirarlos todos los días es el mismo motivo por el que necesita rodearse de la compañía de gente positiva: debe contrarrestar la fuerza de gravedad. O, en otras palabras, la fuerza de la mediocridad.

Recuerde que las probabilidades son diecinueve a una en su contra y debe recordarle constantemente a su cerebro dónde va encaminado o se desviará del camino del dominio y se perderá. Si no se mantiene a sí mismo constante y reiteradamente concentrado en su destino, será como un cohete sin giróscopo: simplemente avanzará sin rumbo en el espacio exterior del fracaso, jamás acercándose ni remotamente a la luna. O de regreso a la Tierra otra vez.

Después de la fe y el deseo ardiente, el tercer factor que Napoleon Hill halló en su estudio de más de 500 hombres y mujeres exitosos de su día fue lo que denominó *autosugestión:* el poder de decirse y volver a decirse, frecuente y sistemáticamente, cuáles son sus metas. Descubrió que, en promedio, esas personas lo hacían dos veces por día, *todos* los días. Debe preguntarse a sí mismo, ¿por qué los titanes de la industria, los estadistas de clase mundial y otras figuras destacadas en sus ámbitos sintieron la necesidad de decirse a sí mismos todos los días qué era lo que estaban haciendo? Ciertamente no era porque fueran estúpidos o tuvieran mala memoria. Era porque entendían el poder del subconsciente. Sabían que tenían que alimentar permanentemente las metas a su mente subconsciente, para que estuviera alerta a lo que se cruzara por su camino en apoyo de esas metas, e ignorar las distracciones que se lo impedían.

Rodéese de ellas, mantenga la conciencia siempre presente y mírelas todos los días. Su cerebro es mucho más complejo y potente que la computadora más grande del mundo, y su propio subconsciente es, sin duda, la mayor distracción que tiene.

Recuerde cuántas veces escuchó la palabra "no" para cuando había empezado primer grado: más de 40,000 veces, y había ejercido un impacto *ocho veces* más fuerte que los 5000 "sí". Su cerebro ha registrado una preponderancia ocho a uno de "no", que se traduce en: "No puedo hacerlo. Jamás funcionará. Es imposible. ¿Por qué siquiera intentarlo?" Todos llegamos a este asunto del éxito con un bagaje imponente de acondicionamiento negativo.

Y está bien. No podemos volver a vivir la infancia, pero no lo necesitamos para poder conseguir nuestros sueños. Lo que podemos hacer, y debemos hacer, es *rodearnos de nuestros propios "sí"*. Rodéese de mensajes que le digan que sus sueños son reales, sus sueños son reales, sus sueños son reales.

No solo son posibles: son *inevitables*.

Ese es el mensaje en el que debe sumergirse su subconsciente en forma permanente.

Tener sus sueños concretamente identificados, en papel, de la forma más vívida y específica posible, y con un cronograma muy tangible y preciso, le ofrecerá un entorno positivo de "sí" para sus metas, sueños y aspiraciones. Y cuando esa fuerza de gravedad de diecinueve contra uno empieza a fugarse de su subconsciente y a susurrar: "Sí, pero ¿*realmente* se van a concretar?", debemos responder instantáneamente y sin duda: *¡Sí! ¡Sí! ¡Sí! ¡Sí! ¡Sí!*

He aquí lo extraordinario, que tantas veces vi suceder y nunca deja de sobrecogerme: cuando define clara y tangiblemente sus metas, la vida halla la forma de reacomodarse, desatando una serie de eventos que usted jamás hubiera previsto ni planeado, para que usted pueda llegar adonde desea. Si se queda sentado y trata de dilucidarlo, no sucede. Pero cuando se rodea de la expresión vívida de sus metas tangibles, su cerebro subconsciente comienza a trabajar en ello, y si tiene la filosofía adecuada, la filosofía de la ligera ventaja, entonces se le ocurrirán las acciones acertadas y seguirá repitiéndolas… y se desencadenará una serie de eventos, incluidas circunstancias que jamás se hubiera imaginado, que lo llevarán adonde desea.

Tercer paso: Comience con un plan

Este es el punto que suele descarrilar a la gente. Es fácil suponer que necesita armar el plan que lo llevará adonde desea; en otras palabras, el plan *acertado*. El plan que funcionará. No es así.

La cuestión no es idear el esquema brillante que le garantiza llevarlo hasta la línea de llegada. La cuestión es simplemente idear un plan que lo lance de la *línea de largada*. No es que el plan de largada no lo lleve necesariamente adonde desea; *seguramente* no lo llevará a destino, al menos no el plan exacto que usted concibió originalmente. Nadie posee ese grado de precisión perfecta en la planificación a largo plazo, y existen demasiadas variables y sorpresas a lo largo del camino que exigirán efectuar ajustes al plan. Tiene que empezar con un plan, pero el plan de largada no será el plan que lo lleva a destino. En efecto, solo para recalcar, lo voy a decir otra vez:

Tiene que empezar con un plan, pero el plan de largada no será el plan que lo llevará a destino.

Es posible que parezca no tener sentido. Lo que quiero decir es que si este plan no lo va a llevar a su meta, ¿para qué molestarse diseñándolo? ¿Qué sentido tiene? La cuestión es que usted necesita un plan para comenzar, de la misma manera que necesita un centavo para empezar antes de que nada pueda duplicarse. La manera en que dio su primer pasito de bebé. La manera en que frunció el entrecejo, frunció los labios e hizo el esfuerzo de leer la primera oración.

¿Hubiera ese centavo financiado un imperio? Claro que no. ¿Hubiera ganado la Maratón de Boston con ese primer paso? ¿Hubiera conseguido una maestría en literatura con esa primera oración? No, no y no. Pero sin ese centavo, sin ese primer pasito tambaleante, sin el tropiezo de esa primera oración, su sueño jamás se hubiera materializado por más intensamente que lo hubiera deseado.

El poder de un plan no es que lo llevará a su meta. El poder de un plan es que le dará el puntapié inicial.

La gente comete el error de pensar que necesita el plan perfecto. No existe el plan perfecto. Por definición no es posible porque *un plan no es llegar a destino, es solo su punto de largada*. Y ese es exactamente el motivo por el que necesita un plan: si no tiene un punto de largada, no podrá dar ningún salto. Mañana seguirá en el camalote con las otras ranas. En efecto, si dedica demasiada energía al plan y se fastidia tratando de que sea perfecto, lo más probable es que lo despoje de toda la vitalidad, espontaneidad, intuición y alegría de *hacerlo*.

Haga las cosas y tendrá el poder.
No trate de tener todo solucionado.
Si desea el doble de éxito, duplique su índice de fracasos.

Usted comienza con un plan, luego pasa por el proceso de aprendizaje constante al estudiar y hacer, efectuando ajustes todo el tiempo como una nave espacial con destino a la luna, con el rumbo desviado el 97% del tiempo, su giróscopo alimentando información a la computadora de sus sueños para corregir el curso y continuar en el camino del dominio hacia su objetivo con el cual sueña apasionadamente.

El éxito es la realización progresiva de un ideal encomiable.

Siga atesorando esta expresión como filosofía, y generará las actitudes y las acciones necesarias para continuar la realización progresiva de un plan cada vez mejor. Necesita un primer plan para poder llegar al segundo plan, y éste para que pueda llegar al tercero, y con éste poder llegar al cuarto. Su plan de largada no es el plan que lo llevará finalmente adonde desea, pero lo necesita para tener un punto de partida.

En mi profesión, la capacitación es un componente enorme de lo que impulsa el éxito de un negocio. La capacitación es el gran ecualizador. Trabajamos con cantidades muy grandes de personas con una gama de diversidad muy amplia, de todos los estratos sociales, capacitamos, volvemos a capacitar y capacitamos una vez más. No es que haya mucho que aprender. Es como aprender a tocar música, donde al final de cuentas, hay solo doce notas. Pero para aprender a tocar música, hay que escucharla y practicar una y otra vez. Es la ilustración más vívida del éxito de la ligera ventaja que he visto.

Al mismo tiempo, desecho totalmente las capacitaciones que le dicen: "Así es exactamente como debe hacerlo" porque la secuencia real de acciones y eventos que surte efecto será distinta para cada persona, en cada ocasión. Usted puede entrenar a la gente en los conceptos, en cómo pensar y qué tipos de acciones han sido efectivas, pero no puede diseñar la secuencia específica con todo detalle porque las circunstancias siempre son distintas y siempre cambian. La vida se curva.

Es por ese motivo que tiene un plan de largada, pero no puede comenzar con el plan que lo llevará adonde desea. Debe comenzar con la *filosofía* que lo llevará a su meta; con la filosofía acertada, hallará el plan.

Para darle un ejemplo de la vida real del poder perfecto de un plan imperfecto, este es un relato verdadero de cómo armé los planteles de venta y distribución más extensos en toda Alemania para una de mis anteriores empresas, que desde entonces se ha convertido en una de las organizaciones más grandes de ese tipo en toda Europa y una de las más exitosas en la historia de ese sector.

Anatomía de un adelanto decisivo:
Cómo construí un plantel de ventas alemán

Un viernes en la mañana, me desperté y encendí el televisor mientras me vestía. Alguien estaba hablando de una exposición comercial en Albuquerque. Se me ocurrió la idea de participar en la exposición. Llamé a los organizadores de la exposición, les pregunté si tenían vacantes y dijeron que sí. Entonces cambié mi plan del día y pasé las próximas ocho o diez horas buscando y comprando cosas para mi stand, creando cartelitos y paquetes para regalar.

A la mañana siguiente, me presenté a la exposición de franquicias y busqué mi pequeño stand. Jamás había participado en una exposición. Estaba rodeado de stands muy profesionales y de calidad, mientras yo atendía mi estúpido puestito casero tratando de repartir pequeños folletos. Frente a mí, una persona de otro stand estaba inflando globos en forma de osos. Así estábamos. El "Hombre Oso" y yo.

Todo el santo día, la gente se paraba a ver los globos del "Hombre Oso" y yo trataba de repartir mi información, pero nadie me prestaba atención. Tenía trescientos paquetes que distribuir y tenía la esperanza de conseguir nombres y teléfonos de unas diez o veinte personas, pero ni siquiera podía *regalar* mis cosas.

Por último, encontré una frase que surtió efecto. Cuando una persona pasaba caminando para ver los globos del "Hombre Oso", capté su atención y le dije: "¿Le interesaría una gran propaganda?" Se detuvo, se rió y dijo: "Claro". Usé esa frase el resto del fin de semana, repartí los trescientos paquetes y conseguí unos veinte nombres.

Uno de esos nombres fue de un médico llamado Shapiro. A la semana siguiente llamé al Dr. Shapiro, tuvimos una agradable conversación, pero nada sucedió. Lo volví a llamar y seguí llamándolo. Al cabo de un mes y medio de seguir en contacto, se asoció a mi negocio.

Para ese entonces, me había enterado de que nuestra compañía estaba planeando incursionar en Alemania en unos seis meses. Reuní a mi grupo de mente maestra y dije: "Gente, esta es nuestra oportunidad. Vamos a abrir en Alemania." Ellos me respondieron: "¿Cómo?" Bueno, no tenía ni idea de cómo hacerlo. Lo único que sabía hacer era duplicar mi índice de fracasos.

Haga las cosas y tendrá el poder.

Lo analizamos y decidí que lo que necesitábamos era buscar alemanes. Entonces en nuestras reuniones comenzamos a enseñar esta increíble y sofisticada estrategia que habíamos desarrollado: *buscar alemanes*. Con el tiempo, a alguien se le ocurrió la idea de pasar por el concesionario local de Mercedes y otro visitó el club alemán de la zona. Una por una, las ideas se empezaron a percolar.

Unas dos semanas más tarde, el Dr. Shapiro vino a una reunión y dijo: "Encontré un alemán". Yo le pregunté: "¿Qué quieres decir?" Me contestó que estaba hablando con su vecino mientras cortaba el césped y le preguntó si conocía a algún alemán y éste le contestó que sí, que conocía a un hombre que vivía en Alemania.

Le dije al Dr. Shapiro que le enviara a este señor en Alemania toda mi información porque planeaba ir en unos meses. Él me preguntó: "Jeff, ¿no estás planeando dar una charla en Miami en unos meses?" Ese era mi plan. "Ah, porque este señor está viajando a EE. UU. ¡y creo que va a estar en Miami también en esa fecha!"

Unos meses más tarde, fui a Miami y ciertamente este señor se me acercó y me dijo que se llama Vin, que es alemán y que estaba muy entusiasmado de regresar a su país a ayudarnos a abrir nuestro negocio en unos meses.

Salvo que, después de que Vin regresó a Alemania, pasaron tres meses y la compañía no abrió en Alemania al fin de cuentas. Las cosas no están listas. El plan tiene que cambiar. Debemos retrasar la apertura al menos otros tres o cuatro meses.

Entonces llamé a Vin y le dije: "Mira, no estamos abriendo en Alemania todavía, pero acabamos de abrir en Inglaterra, así que ¿por qué no vas y empiezas a trabajar allá? Puedes practicar y cuando abramos en Alemania, ya estarás muy familiarizado y preparado."

Entonces Vin y su esposa Birgitte se mudaron a Inglaterra, alquilaron un departamentito y empezaron a trabajar allí.

Un día Vin y Birgitte estaban caminando cuando se detuvieron a charlar con un señor que estaba pintando una casa. Mientras charlaban le preguntaron, y prepárese para esto. ¿Adivinaron ya qué brillante pregunta le hacen? Exactamente. Le preguntan: "¿Conoce a algún alemán?" Y el señor responde: "Sí, conozco este señor en Alemania que tiene mucho éxito allá."

Meses más tarde, cuando llego finalmente a Alemania, voy de ciudad en ciudad, conociendo gente en vestíbulos de hoteles, en Hamburgo, Düsseldorf, Colonia, Heidelberg, Munich, Frankfurt…. Yo no sé nada de Alemania y no hablo ni una palabra de alemán, pero Vin estuvo conmigo todo el tiempo, a mi lado, interpretando, ayudándome y mostrándome todo.

Al principio, yo hablaba ante un grupo, Vin interpretaba, yo decía otra cosa y él volvía a interpretar. Pero pronto comenzaron a suceder cosas extrañas: decía algo y antes de terminar mis pensamientos, Vin arrancaba en alemán rapidísimo y hablaba durante cinco minutos sin parar. No necesitaba que yo terminara mis oraciones. ¡Lo estaba haciendo sin mí!

Para cuando me fui de Frankfurt, habíamos lanzado Alemania y hoy en día Vin y el amigo alemán del pintor son multimillonarios y cuentan con planteles de venta en toda Europa.

Entonces, esta es la pregunta que deseo hacerle: ¿*planeé* yo todo esto?

Quizás se formuló así:

Un día, estaba sentado en la cama, poniéndome los calcetines y preguntándome: "¿Cómo puedo crear un enorme plantel de ventas en Europa?" Pensé un rato sobre este asunto, luego me di una palmada en la frente y dije: "¡Ya lo tengo! Todo lo que necesito hacer es encender el televisor y probablemente estén hablando de una exposición comercial.

Y si voy a esa exposición, es muy probable que me pongan en un rincón con un tipo llamado "Hombre Oso" que roba la atención de toda la gente que pasa por mi stand, y me impide repartir pequeños folletos, lo cual me obligará a ingeniar algo que decir como "¿Le interesaría una gran propaganda?", y si lo hago, no solo repartiré los trescientos paquetitos, sino que también conseguiré veinte nombres…

Y uno de esos nombres podría ser un médico en Albuquerque que no estará realmente interesado al principio, pero que aunque me lleve unas tres semanas llamarlo, tal vez finalmente aparezca mientras estoy enseñando a la gente cómo preguntarle a todo el mundo si conocen a algún alemán, y este médico hablará con su vecino de al lado un día mientras corta el césped (y qué bueno que no será un día lluvioso porque de lo contrario este plan meticulosamente preparado no daría resultado) y le preguntará si conoce a algún alemán.

¡Y así lo hace! Él conocerá a esta persona que no solo vive en Alemania, sino que justo está viajando a Miami al mismo tiempo que yo voy a viajar a esa misma ciudad, lo cual funcionará realmente bien.

Porque aunque este señor regresará a Alemania todo entusiasmado de abrir una compañía allá, si este plan que estoy elaborando acá funciona bien, entonces eso no sucederá porque lo que pasará es que la compañía no estará lista para abrir en Alemania, pero eso será perfecto porque entonces le diré a este señor: "¿Por qué no vas a Inglaterra en cambio unos meses?", lo cual, él probablemente haga, e incluso quizá alquile un departamento con su esposa.

Lo cual será perfecto, tal como yo lo había planeado, porque un día cuando salgan a caminar, pasarán por esta casa, y se sincronizará perfectamente (porque, desde ya, ese día tampoco estará lloviendo), y ellos se detendrán a charlar con este pintor de casas, lo cual es *perfecto* porque yo los habré entrenado a preguntar: "¿Conoce a algún alemán?", y harán esa pregunta y si todo va de acuerdo a mi plan, el pintor ni siquiera tendrá que detenerse a pensar porque dirá simplemente: "Sí, en efecto, conozco un hombre en Alemania, y de hecho es un tipo exitoso allá", y eso será perfecto también porque cuando yo finalmente viaje a Hamburgo, aunque parezca que no tengo ni la menor idea de lo que estoy tratando de concretar en Alemania, la verdad es que este señor que conocí en Miami (el amigo del vecino de al lado del médico de la exposición) y el hombre exitoso de Alemania (el hombre que conoce el pintor de casas del señor de Miami) se reunirán conmigo en el hotel y viajarán conmigo como mis intérpretes y como están interpretando para mí, entenderán el negocio mejor que nadie para cuando yo termine la visita.

Y luego esas dos personas construirán las organizaciones de ventas más grandes de Alemania y una de las más grandes de toda Europa.

"Sí", asentí con sabiduría. "Todo eso debería funcionar sin complicación alguna. ¡Qué buen plan, Olson!"

Y me terminé de poner los calcetines y los zapatos.

¿Cree que fue así como sucedió? Claro que no. Entonces ¿*cómo* sucedió?

La simple verdad es que *comencé con un plan*. Mi plan era este: le dije a la gente que le preguntara a otra gente si conocían a algún alemán. Eso fue todo. Ese era el plan maestro brillante.

¿Y sabe qué? Funcionó. Un plan simple, y se podría decir que era tan simple que parecía estúpido. Pero si comienza con un plan y practica esas disciplinas diarias simples, un plan da lugar al próximo, y ése da lugar al siguiente y así sucesivamente.

¿Se imagina cuántas veces se podría haber desarmado esta cadena ridículamente improbable de eventos? Algo tan inocuo como una lluvia por la tarde la hubiera saboteado por completo, no solo una vez sino *dos veces*. ¿Por qué no fue así? Porque comenzamos con un plan y luego permitimos que la ligera ventaja funcionara.

La forma infalible en que funciona un plan sencillo, unido a la búsqueda ferviente de los hábitos y disciplinas de la ligera ventaja, fue expresada bellamente por W.H. Murray, el alpinista escocés, en este famoso pasaje de *La segunda expedición al Himalaya*:

> *Mientras no estemos totalmente comprometidos habrá indecisión, existirá la probabilidad de echarse atrás y habrá siempre ineficacia. En relación con todos los actos de iniciativa y de creación, hay una sola verdad elemental, cuya ignorancia mata innumerables ideas y planes espléndidos: en el momento en que uno se compromete firmemente, la providencia se pone también en movimiento. De repente ocurren toda suerte de cosas que, de otra manera, jamás habrían sucedido. Un caudaloso torrente de acontecimientos emana de esa decisión, que atrae a nuestro favor todo tipo de incidentes imprevistos, encuentros casuales y asistencia material que nadie habría imaginado encontrar. He encontrado un profundo respeto por las coplas de Goethe:*
>
> *"Todo aquello que eres capaz o que sueñas que eres capaz de hacer, comiénzalo.*
>
> *¡La audacia entraña genio, poder y magia!"*

Un caudaloso torrente de acontecimientos… que nadie habría imaginado encontrar. Es una excelente descripción de cómo surgió el plantel de ventas alemán.

No trate de tener toda la carrera solucionada. Simplemente planee dónde poner el pie para la línea de largada. Simplemente comience. Dé un paso audaz en el camino del dominio. El resultado parece increíblemente compuesto, pero no lo es. Jamás lo es. Son siempre las pequeñas cosas simples que lo llevan adonde desea.

Todo lo que haga, cada decisión que tome, está construyendo su sueño o construyendo el sueño de otro. Cada cosa individual que haga lo está alejando de las masas o arrastrándolo *con* las masas. Cada cosa individual que haga es una decisión de la ligera ventaja.

Nuestra estrategia para abrir en Alemania parecía absurdamente simple. Lo que marcó la diferencia fue que lo hicimos todos los días. ¿Tuvimos éxito en Alemania después de un día, una semana, incluso un mes? Claro que no. No teníamos nada, solo unos nombres. Ese era nuestro centavo. Y un día, apenas unos meses después, esos nombres habían cubierto Europa con un imperio económico.

Al igual que el jacinto de agua.

Relatos personales de los lectores de *La Ligera Ventaja*

Después de muchos años de trabajar en el sector de las propiedades inmobiliarias, me levanté una mañana y me di cuenta de que ya no podía hacerlo más. Tenía casi cuarenta años y ya estaba en modalidad de agotamiento completo. Me fui de vacaciones a Montana para tratar de rejuvenecerme y me enamoré de la zona del "inmenso cielo". Desde las montañas hasta los ríos me susurraban y sabía que ahí era donde quería vivir algún día.

Regresé a Texas, dejé las propiedades inmobiliarias y comencé mi propio negocio, impulsado por mi sueño de vivir en Montana.

Comencé a soñar en grande, *muy* en grande. Pensaba en mi rancho en las montañas de Montana, respaldado por miles de acres del Servicio Forestal con árboles, ríos y arroyos cruzando la propiedad. Tendría caballos, por supuesto, y mucho lugar para que todos mis amigos y familiares pudieran visitar y disfrutar. Construiría un centro de convenciones en el rancho para organizar retiros para mujeres y celebrar encuentros familiares ahí mismo.

La realidad de mis condiciones de vida en ese momento era muy inhóspita en comparación. Pero no presté atención a nada de eso. En cambio, me concentré un 100% en dónde estaría en cinco a diez años, miraba mis metas todos los días y me veía concretándolas, y me dediqué a las acciones diarias sistemáticas que me llevarían a destino.

Durante años, estudié minuciosamente planos para mi casa de ensueño, trabajando en mi negocio constante e intensamente. Un domingo otoñal a la tarde, mientras paseaba para ver el cambio de follaje a color oro de los álamos temblones, literalmente me topé con mi lugar de ensueño.

Ahí estaba, en medio del bosque nacional, con muchos árboles y un arroyo cercano, y en la tranquera había un cartel que decía DUEÑO VENDE. Subí por la colina y golpeé a la puerta. Como se dice, el resto es historia. En treinta días había comprado una bella propiedad de ochenta acres que era exactamente igual a lo que había visualizado durante más de diez años. Pasé un año renovando la casa para que se viera igual a las fotos que había coleccionado durante años.

Mis amigos y familiares se preguntaban cómo lo había logrado. Le diré exactamente cómo: aplicando la ligera ventaja a cada aspecto de mi vida. Desde mis convicciones, filosofías, acciones, disciplinas, todos los días. Cambié el lenguaje de "no puedo, tal vez, no sé" a "puedo, seguro, me las voy a ingeniar". Cambié mi patrón de pensamiento y cuando me enfrentaba a la desilusión o al fracaso, me preguntaba: "¿Qué aprendí?" La filosofía de la ligera ventaja cambia la vida por completo y ahora la estoy transmitiendo. Le estoy enseñando a mis hijos y nietos los mismos principios para que puedan ser tan afortunados como yo lo he sido.

Espero que sueñe en grande y vaya en pos de sus sueños con todo su corazón. Si aplica la ligera ventaja sistemáticamente en cada decisión que haga, los concretará muy pronto.

—*Kathy Aaron, Helena, Montana*

Puntos esenciales del Capítulo 16

Hay tres pasos simples y esenciales para concretar una meta:

- Escríbala: asígnele un *qué* (descripción clara) y un *cuándo* (cronograma).

- Mírela todos los días: téngala presente; sumerja su subconsciente en ella.

- Comience con un plan: haga un plan simple. El propósito del plan no es que lo lleve adonde desea, sino que le dé el puntapié inicial.

17. Vivir la ligera ventaja

> "Señores, esta es una pelota de fútbol."
> — *Vince Lombardi*

Con esas palabras el legendario director técnico de fútbol americano iniciaba cada nueva sesión de entrenamiento, jamás dando nada por descontado y siempre viendo a cada uno de sus jugadores como una página en blanco a pesar de que eran todos expertos jugadores. La primera vez que Lombardi expresó esa famosa frase, Max McGee, el conocido jugador de los Green Bay Packers, contestó con estas inmortales palabras: "Eh, Coach, ¿puede ir más lento? Va demasiado rápido para nosotros", lo cual hizo que hasta el imperturbable Lombardi se riera entre dientes.

El mundo de negocios moderno tiene una expresión para este modo de pensar: "No presuponga nada." Los budistas zen lo llaman "mente de principiante". Es un modo de pensar con humildad, abierto y libre de preconceptos, buscando siempre el mayor significado e importancia en las cosas más pequeñas. No hallo mejor manera o forma más elocuente de expresarlo que "Señores, esta es una pelota de fútbol".

Por más grandes que sean sus aspiraciones, por más elevado que sea el sueño y por más enorme que sea el salto que estas representan, la verdad de la ligera ventaja que se repite eternamente es que siempre está construida de pasos pequeños y simples. Fácil de hacer e igualmente fácil de no hacer. No vaya demasiado rápido y no deje que el orgullo le impida detenerse. Analice su vida y piense: "Esta es una pelota de fútbol".

Para el director técnico, la pelota de fútbol americano era el paso individual que comenzaba el viaje de mil millas de los jugadores. La pelota de fútbol era el centavo de Lombardi.

Ahora llegó el momento de encontrar el suyo.

¿Qué actividad simple y única puede hacer, todos los días, que tendrá el mayor impacto en su salud, su felicidad, sus relaciones, su desarrollo personal, sus finanzas, su carrera y su influencia en el mundo?

Anteriormente hizo un breve ejercicio en el que evaluó su vida para determinar si estaba en la curva del éxito o en la curva del fracaso en estas siete áreas específicas. Volvamos a repasarlo, pero esta vez voy a pedirle que haga un mapa simple para cada una de las áreas, que tenga tres elementos: 1) sus sueños en esa área, expresados como metas específicas, vívidas y con un cronograma, 2) un plan sencillo para comenzar (y cuando digo *sencillo*, piense "buscar alemanes"), y 3) una disciplina diaria simple que usted se comprometa a hacer todos los días de ahora en adelante.

Anímese ya y emprenda este paseo por su vida, armado de un lápiz como bastón.

La ligera ventaja y su salud

Se dice que al corazón del hombre se llega por el estómago. No sé si sea cierto, pero lo que sé con certeza es que es el camino de su destino. Esa es quizá la elección más importante, día tras día y hora a hora: si dejar que sus hábitos de comida y actividad física le construyan sus sueños más anhelados o le caven la tumba. Hamlet se preguntó: "Ser o no ser". Usted tiene la suerte de hacerse esa excelente pregunta, y de responderla, con cada comida.

Siempre comienzo con el área de la salud porque cuando estoy en buen estado físico, pienso con más claridad, puedo concretar más y me siento mejor acerca de todas las cosas. No hay nada más básico en su vida que su salud, y es en esta área de la vida en la que la ligera ventaja actúa más vívidamente, sea a su favor o en su contra.

Mi disciplina diaria simple para mi salud solía ser correr al menos media hora por día. Cuando empecé a hacerlo, debo admitir, no estaba nada contento. Ese primer día que salí a correr fue una carga total. Me había descuidado físicamente y era más difícil de lo que pensé. Ese primer día corrí solo diez minutos. A lo largo de las semanas siguientes, lentamente empecé a llegar a la media hora diaria. Pero incluso antes de terminar esa primera semana, me sentí mejor de lo que me había sentido en meses.

Por lo general digo que la ligera ventaja no actúa rápidamente, pero en realidad cuando se trata de su salud es frecuente que *consiga* resultados positivos bastante rápido. Así sucedió con mi meta de correr.

En la actualidad, en vez de correr, mi disciplina diaria de salud es hacer ejercicio físico durante treinta y cinco minutos por día. La gente me suele preguntar por qué treinta y cinco minutos. La respuesta es simple: he descubierto que ese es mi ejercicio físico equivalente a diez páginas de lectura por día. Si dijera que voy a hacer cuarenta y cinco minutos o una hora, sé que hay días en que sería muy difícil hacerlo. Pero tengo la certeza de que por más ocupado que esté, puedo hacer treinta y cinco minutos y así es.

Entre los miles de lectores que nos han escrito desde la publicación de la primera edición de este libro, varios han sido médicos que comentan haber incorporado los principios de la ligera ventaja al régimen de salud que recomiendan a sus pacientes. Tomar el control de su salud está solo a unas pequeñas acciones diarias de distancia.

Dedique unos momentos a idear su propio plan de la ligera ventaja para su salud. No se sienta limitado ni restringido por este ejercicio. Siempre puede cambiar y modificar lo que escriba aquí. Use un lápiz. Hágase el favor de no saltar esto y siga leyendo más abajo. Verdaderamente dedique tiempo a llenar cada sección, anotando al menos algunas ideas para comenzar. Puede añadir o refinar detalles más adelante.

Así es como funciona la ligera ventaja y no se supone que lo haga perfectamente la primera vez.

Mis sueños para mi salud (específicos, vívidos y con un cronograma):

_____

_____

_____

_____

Plan para comenzar:

_____

_____

_____

Una disciplina diaria simple:

_____

_____

_____

La ligera ventaja y su felicidad

Si la salud viene primero, la felicidad le sigue de cerca porque una vez que empieza a practicar las disciplinas diarias simples que aumentan sus niveles de felicidad, se dará cuenta de que alimentan todos los otros aspectos de la autosuperación que está tratando de implementar.

Recuerde, el éxito no conduce a la felicidad. Es al revés. Ser más feliz es lo que conduce a tener más éxito. Crear más felicidad es mucho más simple, mucho más fácil y mucho más accesible de lo que la gente piensa.

El primer paso para aumentar su felicidad es entender lo que las investigaciones de la psicología positiva nos han estado diciendo durante los últimos quince años, que los factores más significativos sobre su nivel de felicidad día a día y de instante a instante no son circunstanciales. No son hereditarios. No están dictados por sus genes ni causados por eventos externos. Los factores más significativos de su felicidad son *sus acciones*. Lo que hace todos los días.

Se puede desglosar la mayor parte de las investigaciones sobre la felicidad en tres áreas. Su felicidad se ve afectada por 1) su actitud, es decir, cómo opta usted por considerar los eventos y las circunstancias de su vida diaria; 2) acciones específicas con impacto positivo; actos como anotar tres cosas por las que está agradecido o enviar e-mails apreciativos, realizar actos de bondad al azar, practicar el perdón, meditar y hacer ejercicios; y 3) hacia adónde destina su tiempo y energía, y en especial invertir más tiempo en las relaciones importantes y las actividades con significado personal.

Es fácil crear su propio plan de ejercicios para la felicidad, al igual que un programa personal de ejercicios físicos, y ni siquiera necesita un entrenador o director técnico. No hay músculos que pueden desgarrarse si lo hace mal. En efecto no existe hacerlo "mal". Al final de este libro, incluimos varios de los mejores libros sobre la felicidad.

Lo más importante que debe saber sobre cómo mejorar su felicidad es que se trata de algo que usted puede hacer consciente e intencionalmente, pero no sucede automáticamente ni con solo declarar "estoy decidido a ser más feliz". La felicidad es como la salud. Hay pasos concretos que debe adoptar para que suceda.

No hay duda de que cambiará y desarrollará su plan y las rutinas de *hábitos felices* aún más a medida que aprenda más sobre esta área, pero escriba ya su plan inicial en base a lo que sabe hasta ahora.

Mis sueños para la felicidad (específicos, vívidos y con un cronograma):
_____
_____
_____
_____

Plan para comenzar:
_____
_____
_____
_____

Una disciplina diaria simple:
_____
_____
_____
_____

La ligera ventaja y sus relaciones

He aquí la irónica verdad de la existencia humana: por más grandes que sean nuestros logros, cobran significado en última instancia gracias a otras personas. Un motivo por el que el largometraje *El ciudadano Kane* sigue clasificándose entre las películas más importantes de la historia, más de setenta años después de su estreno, es que encarna elocuentemente esta verdad. A pesar de todos sus millones, su poder y sus logros inconmensurables, en los últimos momentos de su vida, Charles Foster Kane estaba obsesionado por un único pensamiento: la angustia de haber sido arrancado de su niñez y empujado al mundo solo a los ocho años. El "gran hombre" no tenía a nadie con quien compartir sus conquistas y logros.

Todo el éxito del mundo no significará nada si no hay con quien compartirlo.

Las relaciones personales, al igual que la salud, se construyen o se destruyen de las maneras más sutiles. Como la mayoría de la gente no conoce la ligera ventaja, el progreso de sus relaciones tiende a ser un misterio. ¿Qué hace que un matrimonio se enriquezca más con los años para una pareja y se torne viciado, vacío y amargo para otra? Diecinueve de cada veinte veces, no hay una sola respuesta grande y significativa. Son las pequeñas cosas, día a día, que se van acumulando con el tiempo hasta convertirse en satisfacción inquebrantable o sufrimiento insalvable.

Como dice la expresión, son las pequeñas cosas las que cuentan. Los cumpleaños recordados, los pequeños obsequios, los gestos, las palabras amables, recordar el color preferido. Los cinco minutos, robados de un día ajetreado, para dejar todo y escuchar las noticias del otro. La palabra de aliento, recordarle al otro que usted cree en él. Escuchar. Se ha dicho que las declaraciones más importantes de amistad se suelen decir en cinco palabras o menos. Esa es la sabiduría de la ligera ventaja, esos pequeños pensamientos y gestos que son sorprendentemente fáciles de hacer y trágicamente fáciles de no hacer.

El futuro de cada relación que tenga, como el de su salud, es una elección que siempre está en sus manos y no es más grande que un centavo. La clave es hacer la elección y seguir haciéndola.

Dedique unos momentos a pensar en las relaciones de su vida y anote algunas ideas de cómo crear su propio plan de la ligera ventaja para profundizar, fortalecer y enriquecer esas relaciones. Posiblemente esta sea el área más personal de las cinco y para no revelar sus sentimientos (ya que alguien podría leer este ejemplar de *La Ligera Ventaja*), copie la hoja de trabajo siguiente en su diario y conteste las preguntas allí. De todas maneras, tómese el tiempo de reflexionar y crear sus propias respuestas. Esta es su vida; esta es la razón por la que está leyendo este libro.

Mis sueños para mis relaciones (específicos, vívidos y con un cronograma):
___
___
___

Plan para comenzar:
___
___
___

Una disciplina diaria simple:
___
___
___

La ligera ventaja y su desarrollo personal

Si pudiera agitar una varita mágica y tener un millón de dólares en el banco o la mentalidad del millón de dólares, ¿cuál escogería? Yo no lo dudaría un momento, preferiría tener un *valor* de un millón que *tener* un millón. Si no tengo un céntimo pero tengo la mentalidad del millón de dólares, entonces no pasará demasiado tiempo antes de que acumule el millón de dólares también. Pero si no tengo la mentalidad del millón de dólares, incluso con un millón contundente en el banco, no pasará demasiado tiempo antes de que vuelva a quedarme sin un céntimo.

Sus ingresos nunca superarán por mucho su propio nivel de desarrollo personal. Puede significar un salto por circunstancias fortuitas o un golpe de suerte. Pero si su propio desarrollo no aumenta rápidamente para equipararse a ese nuevo nivel, rebotará otra vez al estancamiento donde están los límites de su desarrollo personal del mismo modo certero como si estuviera en una goma elástica. Como los ganadores de la lotería.

En *Como un hombre piensa,* la excelente obra clásica sobre el desarrollo personal, James Allen expresó lo siguiente:

Llegarás a ser tan pequeño como los deseos que te controlan, tan grande como tus aspiraciones dominantes.

Usted ya conoce mi recomendación de la ligera ventaja más importante: leer al menos diez páginas todos los días de un libro poderoso y capaz de transformar la vida. Al final de este libro, hay una lista de algunos de mis favoritos. Añada más a esa lista y hágala suya. Formar su propia biblioteca de autosuperación puede ser la única inversión más valiosa e importante, después de su salud personal, que pueda hacer.

Los audio libros son una manera excelente de hacerlo. La persona promedio pasa de 250 a 350 horas por año conduciendo de un lugar a otro, lo cual representa de cuarenta minutos a una hora por día. Si pasa ese tiempo escuchando material educativo y de autosuperación, tendrá el equivalente a un doctorado en cualquier tema que escoja en unos pocos años. Y comenzará a notar una diferencia en cómo ve la vida en unos meses e incluso antes.

Escuchar audio libros es una herramienta de la ligera ventaja especialmente poderosa porque puede convertir su "tiempo de inactividad" en tiempo de *actividad* y duplicar su productividad. Escuche mientras conduce al supermercado, al trabajo, a la escuela o a la universidad. Escuche mientras corre, camina, hace ejercicio, al viajar en avión o esperar en fila. Alimente su mente con información y sagacidad capaces de transformarle la vida.

Fácil de hacer. Fácil de no hacer. Razón por la cual el 95% no lo hace. ¿Lo hará usted?

Dedique unos momentos a idear su propio plan de la ligera ventaja para su desarrollo personal. No salte al próximo paso: hágase el favor de anotar algunos pensamientos iniciales.

Mis sueños para mi desarrollo personal (específicos, vívidos y con un cronograma):

_____

_____

_____

_____

Plan para comenzar:

_____
_____
_____
_____

Una disciplina diaria simple:

_____
_____
_____
_____

La ligera ventaja y sus finanzas

No es por accidente que nuestra exploración de la ligera ventaja comenzó con la historia de un centavo duplicado. El mundo de las finanzas es uno de los lugares más fáciles de ver, objetiva y lógicamente, el poder de la ligera ventaja en acción.

Como lo mencioné antes, todos *creen* que conocen el poder del interés compuesto, pero en realidad la mayoría lo desconoce. En efecto, solo alrededor del 5% entiende verdaderamente este poder, y son aquellos que están en la curva del éxito de la ligera ventaja. He aquí otro fragmento conciso y expresivo de sabiduría de Vince Lombardi que se aplica perfectamente a las finanzas personales.

Ganar es un hábito. Lamentablemente, también lo es perder.

Si usted ha desarrollado hábitos perdedores en sus finanzas, es hora de cambiarlos por hábitos ganadores. Resuelva dejar de seguir el lamento de la Ley de Parkinson: *Todo lo que tengo, lo gasto.* Escoja no ser parte del 95%. Trate sus finanzas personales como el recurso valiosísimo que es. Emule a los maestros de economía de la ligera ventaja descritos en *El millonario de al lado*. Sea como mi madre: gaste menos de lo que gana. Establezca un modesto plan de ahorros y cúmplalo.

Probablemente ya tenga algunos pensamientos concretos sobre esta área. Quizás ha estado analizando mentalmente esto en el trasfondo desde que leyó la historia del hombre rico y sus dos hijos. Ahora llegó el momento de anotar sus pensamientos y esbozar un plan inicial para concretar sus sueños y metas financieras.

Mis sueños para mis finanzas (específicos, vívidos y con un cronograma):
_____
_____
_____
_____

Plan para comenzar:
_____
_____
_____
_____

Una disciplina diaria simple:
_____
_____
_____
_____

La ligera ventaja y su carrera

Una vez le preguntaron a Sigmund Freud qué necesita la gente para poder vivir una vida plena y feliz. Respondió con tres palabras: "Lieben und arbeiten." Amor y trabajo.

El trabajo es uno de los aspectos más firmes y de mayores ramificaciones de nuestra vida. Moldea y establece casi todos los aspectos de nuestra existencia cotidiana; es algo que hacemos prácticamente todos los días y que *haremos* prácticamente todos los días durante la mayor parte de la vida.

Cuando alguien le pregunta: "¿A qué se dedica?", lo que realmente está preguntando es: "¿De qué trabaja? ¿Qué carrera tiene?" Y aquí yace la triste ironía del trabajo en el mundo del 95%: a la mayoría de la gente no le gusta su trabajo. Un gran porcentaje, en efecto, odia su trabajo.

Eso no sucede con el 5%. El 5% aprendió uno de los grandes secretos de una vida larga y feliz: amar su trabajo.

Antes de ir a trabajar mañana, hágase esta pregunta: "¿Por qué lo estoy haciendo?" Podría haber toda clase de razones, pero en general se reducen a estas dos:

a) Porque tengo que hacerlo.
b) Porque deseo hacerlo.

Ahora, si va a ser franco, su respuesta probablemente necesite incluir algo de la primera opción. Asegúrese de que también incluya una dosis saludable de la segunda.

Y he aquí las buenas noticias: su entendimiento recién descubierto de cómo funciona la ligera ventaja, su nueva filosofía, puede transformar su carrera del mismo modo que transformará su salud, su felicidad y sus relaciones. Dedique unos momentos a establecer dónde desea llegar en su carrera, y haga un plan inicial sencillo (que no sea más complejo que "buscar alemanes") para encaminarse en esa dirección, junto con una acción diaria simple que lo llevará adonde desea.

Mis sueños para mi carrera (específicos, vívidos y con un cronograma):

_____
_____
_____
_____

Plan para comenzar:

_____
_____
_____
_____

Una disciplina diaria simple:

_____
_____
_____
_____

La ligera ventaja y su impacto positivo en el mundo

En un taller típico dedicado a establecer metas, se le suele pedir a los participantes que fijen metas para dentro de un año, cinco años, incluso diez años. Una vez fui a un seminario que tenía un método singular en el que se nos pidió fijar metas a *cien años*.

¿Qué tipo de meta fijaría para dentro de cien años? ¿Qué tipo de impacto se imagina dejar en el mundo que dure más allá después de que su vida haya terminado? ¿Qué recordará la gente de usted después de que se haya ido?

Yo solía pedirle a la gente que pensara en su carrera, sus actividades sociales y comunitarias y su vida espiritual como áreas distintas y diferentes, tal como su salud y sus finanzas. He cambiado de opinión en cierta medida y ahora formulo una pregunta más amplia que abarca todas ellas (la carrera, el impacto social y la vida espiritual), así como muchas otras: *¿Qué quiero que signifique mi vida?*

Esta es el área más grande de todas porque incluye a todas las demás. Pero no deje que el tamaño ni el alcance le intimide. Después de todo, estamos buscando cosas simples y pequeñas que pueda hacer todos los días. Cosas que sean fáciles de hacer (aunque también fáciles de no hacer). La clave es no pasar demasiado tiempo en esto. Haga las cosas y tendrá el poder. Vamos, tome el lápiz y bosquéjelo. Recuerde que es su vida. ¿Qué le gustaría que significara?

Mis sueños para mi vida (específicos, vívidos y con un cronograma):

_____
_____
_____
_____

Plan para comenzar:

_____
_____
_____
_____

Una disciplina diaria simple:

_____
_____
_____
_____

Todo lo que hace es importante

Arroje una piedra en una laguna y verá la onda expansiva de su impacto que se propaga hasta llegar a la orilla opuesta. Lo mismo sucede en la vida. En la mayoría de los casos jamás ve esa onda expansiva. Clyde Share partió de este mundo mucho antes de poder ver los múltiples éxitos en los que tuve el privilegio de intervenir, pero fueron las ondas expansivas de Clyde lo que los crearon.

Todo lo que hace es importante. Cuando le sonríe a un niño y lo anima o cuando lo regaña y le dice que no es bueno para nada, en ambos casos, puede ver la salpicadura que provoca y quizás llegue a ver la primera o la segunda onda expansiva, pero el impacto va mucho más allá de lo que usted puede ver. No se ven todas las ondas expansivas.

Usted le enseña a alguien a leer diez páginas de un buen libro por día y podrá ver cómo lo cambia, pero lo más probable es que no vea cómo cambia a sus hijos, a los amigos de sus hijos y a sus amigos. Y a medida que se propagan esas ondas expansivas, crecen más y a mayor profundidad. Para mejor o peor, con impacto positivo o impacto negativo, incluso sus acciones más pequeñas crean un efecto de onda expansiva que posee un impacto incalculablemente más grande en el mundo a su alrededor.

Y recuerde también que por más altruistas o a largo plazo que sean sus sueños de vida: "Señores, esta es una pelota de fútbol." Comienza con un centavo. Empiece a buscar sus centavos.

¿Está listo para vivir la ligera ventaja?

Haga público su compromiso y envíe un tweet incluyendo #LigeraVentaja o publíquelo en nuestro muro de Facebook www.facebook.com/yourslightedge. ¡Me encantaría saber qué actividad diaria de la ligera ventaja está haciendo hoy!

Relatos personales de los lectores de *La Ligera Ventaja*

Al poco tiempo de leer *La Ligera Ventaja*, decidimos lanzar como empresa nuestros seminarios sobre salud del hogar que ahora llega a personas y familias en todo el mundo. El nombre que elegimos para nuestra compañía, The Healthy Edge (La saludable ventaja), se inspiró en *La Ligera Ventaja*. El fundamento base de The Healthy Edge consta de cinco metas diarias que, cuando se hacen sistemáticamente, transforman la salud, la actitud, la autoestima y el peso de la gente.

Los principios de *La Ligera Ventaja* ejemplifican el método *exacto* que utilizamos para enseñar a la gente a alcanzar su salud y peso ideales. Nos dedicamos a potenciar a la gente para que tome pequeñas decisiones cada día, eliminando el enfoque en la balanza y centrándonos, en cambio, en el recorrido. No es una comida mala para la salud o faltar a una clase de ejercicios lo que le hace aumentar veinticinco libras; son las decisiones insalubres diarias que se van acumulando durante el curso de un año o dos que causan las veinticinco libras.

El mismo principio se aplica a liberar veinticinco libras. No son una o dos decisiones sanas, sino el efecto acumulativo de las decisiones sanas diarias a lo largo de un período prolongado.

—*Amber Thiel, Seattle, Washington*

Me estaba costando mucho concentrarme en mis estudios y me resultaba difícil mantener el ritmo. En la casa de mi padre empecé a leer al menos diez páginas de un buen libro por día, comenzando con

> *SUCCESS for Teens: Real Teens Talk About Using the Slight Edge* (ÉXITO *para adolescentes: charlas de adolescentes reales sobre cómo usan La Ligera Ventaja*). Comencé a implementar hábitos diarios de estudio y di pequeños pasos para mejorar mi éxito académico.
>
> Con el tiempo, mis calificaciones mejoraron al nivel del cuadro de honor AB. Al finalizar el año académico, recibí un premio para distinguir al alumno que más mejoró. Al año siguiente, seguí el régimen de diez páginas por noche. Ese año recibí una carta de mención de honor del Presidente Obama por logro académico y desde entonces me mantuve en el cuadro de honor AB. Hace poco recibí una mención de honor de Duke University por salir calificado entre el primer 5% en la nación en un examen estandarizado.
>
> —*Alex Cross, Dallas, Texas*

Puntos esenciales del Capítulo 17

Anote sus metas y sus sueños, un plan inicial simple y una sola disciplina diaria:

- Para su salud.
- Para su felicidad.
- Para sus relaciones.
- Para su desarrollo personal.
- Para sus finanzas.
- Para su carrera.
- Para su impacto en el mundo.

18. A dónde ir desde aquí

> "Mantén tus ojos en el premio."
> —*Alice Wine, activista de derechos civiles*

Abraham Lincoln habló de dedicar el doble de tiempo a afilar el hacha que a talar el árbol. En su vida, usted es el hacha; la ligera ventaja es cómo la afila. Afílese y busque su camino a través de esas disciplinas simples, pequeñas y fáciles que, acumuladas a lo largo del tiempo, lo llevarán a la cima.

Si está dispuesto a:

- Realizar una disciplina diaria simple en cada una de las siete áreas clave de su vida —su salud, su felicidad, sus relaciones, su desarrollo personal, sus finanzas, su carrera y su impacto— que propulse su éxito en cada uno de esos ámbitos;
- Formar el hábito de repasar diariamente, de alguna manera, esas actividades de la ligera ventaja, ya sea llevando un diario, una lista, trabajando con un compañero de la ligera ventaja, un entrenador u otro medio frecuente y sistemático; y

→ Pasar horas de alta calidad con hombres y mujeres que hayan concretado metas y sueños similares a los suyos; en otras palabras, modélese con mentores, maestros y aliados exitosos y hágalo diaria, semanal y mensualmente.

Es así que se encontrará en la curva del éxito y *convertirá* sus sueños en realidades.

Ya sabe el resto

Se dará cuenta de que, en comparación con los otros capítulos de este libro, este es corto. Muy corto. Existe un motivo: no necesita saber nada más. No necesita otro capítulo extenso. Su vida le está esperando.

Usted sabe lo que se necesita para seguir sus sueños y realizarlos. Usted sabe lo que se necesita para dar el paso en el camino de dominio, para comenzar a vivir su vida del lado del éxito de la curva de la ligera ventaja.

Usted sabe lo que debe hacer para tener éxito porque sabe lo que hace la gente exitosa.

La gente exitosa hace lo que la gente fracasada no está dispuesta a hacer. Todos los días ponen la ligera ventaja a trabajar a su favor y no en su contra. Se rehúsan a dejarse llevar por sus sentimientos, sus estados de ánimo o sus actitudes. Dirigen su vida con sus filosofías y hacen lo que sea necesario para hacer el trabajo aunque no sientan ganas.

La gente exitosa no busca atajos ni espera el gran "golpe de suerte". Están siempre abiertas a los saltos cuánticos, sabiendo que esos momentos oportunos se presentan de vez en cuando, pero se concentran en su propia tarea y en hacer lo que se propusieron. Se suben al camino del dominio y, una vez que dan el primer paso ahí, se mantienen en ese recorrido el resto de su vida.

La gente exitosa jamás culpa las circunstancias ni a otras personas; en cambio, asume responsabilidad total de su vida. Utilizan el pasado como lección, pero no se quedan estancados en él, al contrario, se dejan llevar hacia arriba y hacia adelante por la fuerza persuasiva del futuro. Saben que el camino que conduce a la curva del éxito y el que conduce a la curva del fracaso tienen una diferencia infinitesimal, separados solo por la distinción de acciones simples e "insignificantes" que son igualmente fáciles de no hacer como de hacer, y es esa la diferencia que, en última instancia, crea la diferencia total.

La gente exitosa sabe cómo usar la tensión natural para cerrar la brecha desde el punto A, adonde está, hasta el punto B, adonde desea estar. Entienden por qué la tortuga venció a la liebre y por qué una rana vivió y la otra murió. Saben que "lo estable gana la carrera" y que la ligera ventaja es la tasa de crecimiento óptima para ellos.

La gente exitosa practica las disciplinas diarias que indefectiblemente la llevará a su destino final. Hacen acto de presencia constantemente con una buena actitud durante un período largo, con un deseo ardiente respaldado por la fe. Están dispuestos a pagar el precio y a practicar la integridad de la ligera ventaja.

La gente exitosa se enfoca en tener una actitud positiva. Entienden que la nube depresiva les llega a todos, y cuando les llega, la aceptan sabiendo que está refinando y profundizando su apreciación por el ritmo de la vida. Dan pasitos de bebé para salir de la nube depresiva y retomar el curso a lo positivo.

La gente exitosa usa la inercia para cobrar impulso, con lo cual, el camino ascendente al éxito se torna más y más fácil. Saben cómo identificar hábitos que no les sirven y reemplazarlos por otros que sí. Entienden los poderes de la reflexión, la terminación y la celebración, y los aprovechan constantemente, utilizando el radar que detecta cosas sin hacer para propulsarlos hacia adelante en lugar de dejarse arrastrar hacia atrás y hacia abajo.

La gente exitosa adquiere tres tipos de conocimiento necesarios para triunfar. Crean un sistema de apoyo constante de agudeza proveniente de los libros y de viveza callejera, aprendiendo al estudiar y al hacer, y catalizan y aceleran ese conocimiento buscando mentores y modelando el comportamiento exitoso de éstos.

La gente exitosa siempre se pregunta: "¿Con quién estoy pasando tiempo? ¿Son personas que representan mejor adonde deseo dirigirme?" Forjan fuertes relaciones con personas positivas; forman cuidadosamente grupos de mente maestra, trabajan con esos grupos frecuentemente y los toman seriamente; no dudan en desvincularse, cuando sea necesario, de aquellos que son permanentemente negativos y que amenazan con arrastrarlos hacia abajo.

La gente exitosa lee al menos diez páginas de un libro elocuente y capaz de transformarles la vida o escuchan al menos quince minutos de audio educativo e inspirador todos los días.

La gente exitosa se dedica con empeño a su filosofía primero porque sabe que es la fuente de su actitud, sus acciones, sus resultados y la calidad de su vida.

Entienden que pueden aumentar su éxito *duplicando su índice de fracasos.*

Entienden la actividad y porque *hacen las cosas, tienen el poder.*

Entienden el poder de las cosas simples.

Entienden el poder de las disciplinas diarias.

Entienden el poder del jacinto de agua, y saben cómo usarlo.

Saben cómo seguir nadando cuando otros se dan por vencidos y se hunden.

Saben cuándo les están ofreciendo la elección de la sabiduría.

La gente exitosa entiende la ligera ventaja, y la pone a trabajar a su favor.

Entonces, ¿de aquí a dónde va?

Encuentre su centavo.

Y luego comience a duplicarlo.

Una invitación personal

Bien, ha llegado al final. Felicitaciones. ¡Ha leído el libro! A menos que haya hecho como mucha gente, que antes de comprarlo, ojea las últimas páginas para ver cómo termina.

De todas maneras, de ahí surge una buena pregunta: ¿Cómo *termina*? Porque no es una novela en la que el autor le brinda un final gratificante en las últimas diez páginas. Esta no es una obra de ficción, significa que se trata de la vida real y esto, a su vez, quiere decir que el final todavía no se ha escrito. Y el único que puede escribirlo es usted.

Permítame preguntarle: ¿cómo termina?

Podría terminar así:

> … y luego [su nombre aquí] cerró el libro, asintió un par de veces, pensó *Qué buen libro, tengo que acordarme de todo eso*, puso el libro en un estante donde lentamente pasaría al olvido y luego siguió con su vida, tal como era el día antes y el día anterior a ese.

La Ligera Ventaja podría terminar aquí para usted en este preciso instante. O para citar la frase inmortal del famoso Stephen Covey, que ya no está entre nosotros, *empiece con un fin en mente* y decida hoy dar el paso en el camino que cambiará su vida por siempre.

Usted puede cerrar este libro y olvidarse de él. O puede ser parte de un movimiento. Un movimiento de cosas que son fáciles de hacer, fáciles de no hacer, pero que significan toda la diferencia del mundo.

A lo largo de todo este libro hablamos del efecto de la onda expansiva; es decir, el impacto a largo plazo que sus decisiones y acciones diarias tienen sobre otras personas. En las siete áreas de la vida que analizamos donde la ligera ventaja puede crear una diferencia transformacional —salud, felicidad, relaciones, desarrollo personal, finanzas, carrera, impacto— la última y más grande de todas es el *impacto*, es decir la diferencia que usted hace en el mundo que lo rodea. Su efecto mariposa personal, por así decirlo. En muchas formas, ese efecto de onda expansiva es donde la ligera ventaja más importa.

No solo para el mundo que lo rodea, sino para usted también.

Por este motivo que no mencionamos antes, una vez que toma conciencia de su propio efecto de onda expansiva, una vez que comienza a ver, escuchar y sentir el impacto positivo y capaz de cambiar la vida que surge de compartir sus propias experiencias de la ligera ventaja con otros, ese mismo acto de compartir también tendrá un impacto transformacional sobre usted. En realidad, su vida jamás será igual.

Le animamos a participar con nosotros por Internet para mantenerse encaminado con sus hábitos diarios y descubrir un foro donde vivir el poder de la asociación al integrar un grupo positivo de gente de ideas afines. Un lugar donde pueda interactuar y tocar la vida de otros, y mantener la experiencia de la ligera ventaja viva en su vida. Comunidad de la Ligera Ventaja:

twitter.com/yourslightedge   **facebook.com/yourslightedge**   **slightedge.org**

¡Espero con agrado verlo por ahí!

Libros capaces de cambiar la vida

La felicidad como ventaja, Shawn Achor
Before Happiness, Shawn Achor
Como un hombre piensa, James Allen
Múltiples fuentes de ingreso, Robert G. Allen
El millonario automático, David Bach
Start Over, Finish Rich, David Bach
Dar para recibir, Bob Burg y John David Mann
Go-Givers Sell More, Bob Burg y John David Mann
Lo más importante, Bob Burg y John David Mann
El factor aladino, Jack Canfield y Mark Victor Hansen
Cómo ganar amigos e influir sobre las personas, Dale Carnegie
Acres de diamantes, Russell H. Conwell
El hombre más rico de Babilonia, George S. Clason
Los siete hábitos de la gente altamente efectiva, Stephen R. Covey
El poder de los hábitos — Por qué hacemos lo que hacemos en la vida
   y en la empresa, Charles Duhigg
Vida positiva, Barbara Fredrickson
Fuera de serie (Outliers), Malcolm Gladwell
Salir del abismo, Seth Godin
Piense y hágase rico, Napoleon Hill
Delivering Happiness. ¿Cómo hacer felices a tus empleados
   y duplicar tus beneficios?, Tony Hsieh
Conversaciones con millonarios, Mike Litman, Jason Oman y otros.
La ciencia de la felicidad, Sonja Lyubomirsky
Los mitos de la felicidad, Sonja Lyubomirsky
El vendedor más grande del mundo, Og Mandino
El lado positivo del fracaso, John C. Maxwell
El poder del pensamiento positivo, Norman Vincent Peale

La sorprendente verdad sobre qué nos motiva, Daniel Pink
Cultivando un carácter inquebrantable, Jim Rohn
Siete estrategias para alcanzar riqueza y felicidad, Jim Rohn
El arte de vivir de modo excepcional, Jim Rohn
El desafío de tener éxito, Jim Rohn
Las cinco piezas más importantes del rompecabezas de la vida, Jim Rohn
Las estaciones de la vida, Jim Rohn
Objetivo: felicidad, Gretchen Rubin
La magia de pensar en grande, David Schwartz
La auténtica felicidad, Martin Seligman
La vida que florece, Martin Seligman
Little Things Matter, Todd Smith
El millonario de al lado, Thomas J. Stanley y William D. Danko
SUCCESS for Teens: Real Teens Talk about Using the Slight Edge, The Success Foundation
Los 21 secretos para hacerse millonario, Brian Tracy
La economía de la gratitud, Gary Vaynerchuk
La ciencia de hacerse rico, Wallace D. Wattles

Muchos de estos libros también se ofrecen en audio.

Agradecimientos

A John David Mann, mi coautor, quien aportó su arte, pasión, magia literaria y animación al proyecto y logró que nuestro libro brille. A John Milton Fogg por sus sagaces observaciones y apoyo, y por dar el puntapié inicial. A Todd Eliason, quien incorporó su brillantez a la edición de 2011 y a Al Desetta, Keith Hafner y el personal de Youth Communication por su asistencia en adaptar el material de la ligera ventaja al libro para adolescentes *SUCCESS for Teens: Real Teens Talk about Using the Slight Edge*. A Reed Bilbray, quien representó una fuerza fundamental para lograr que *La Ligera Ventaja*, en todas sus versiones y ediciones, evolucionara de una idea a una realización. A mi gran amigo Stuart Johnson por colaborar para que este libro, que fue un sueño mío de muchos años, finalmente se concretara.

Un gran agradecimiento a mi madre, Rosemary, quien siempre creyó en mí. A mi querida hija, Amber Olson Rourke, quien contribuyó en el capítulo 8 ("La onda expansiva") y es la fuerza que impulsa la iniciativa del mismo nombre en nuestra compañía, es quien sigue llenándome de orgullo al vivir la ligera ventaja en cada aspecto de su vida. Y a Renée Olson, una gran amiga y ex esposa, quien siempre estuvo de mi lado.

Y a todos aquellos que saben que tienen una grandeza en lo profundo de su alma que está a tan solo una ligera ventaja de distancia.

Acerca del autor

JEFF OLSON se ha dirigido a grandes audiencias en los Estados Unidos y el mundo entero. En los últimos treinta años, ha ayudado a cientos de miles de personas a alcanzar mejores niveles de libertad financiera y excelencia personal.

Jeff nació y se crió en Albuquerque, Nuevo México, cursó una licenciatura en marketing en la Universidad de Nuevo México y se graduó entre los primeros de su clase. Cuando cursaba un posgrado, fue contratado por el Aeropuerto de Albuquerque convirtiéndose en uno de los gerentes más jóvenes de este sector. Posteriormente entró a trabajar en Texas Instruments, donde ascendió de diversos puestos de ventas al cargo de gerente de sistemas de inteligencia en menos de cinco años. Dejó el ámbito de la tecnología informática para fundar Sun Aire of America, una compañía dedicada a todos los aspectos de la energía solar, incluyendo diseño, fabricación, marketing y distribución. A través de esas experiencias Jeff adquirió "viveza callejera" extensa y formación empresarial formal en cada ámbito de los campos de ventas, marketing y distribución, y en cuatro años, Sun Aire se había convertido en una de las empresas de energía solar más grandes de los Estados Unidos. En el año 2012 Jeff fundó una compañía de ventas directas que creció a $100 millones de dólares en un solo año, convirtiéndose en la primera empresa de ese sector en lograrlo. Actualmente se prevé que crecerá a varios cientos de millones en menos de dos años.

Tras haber adquirido experiencia en tecnología informática y con Sun Aire, Jeff trabajó con una serie de empresas de ventas, marketing y distribución, y de la nada, armó tres planteles distintos de ventas y distribución que luego convirtió en organizaciones multimillonarias. Hoy en día ocupa el cargo de director general (CEO) de una de ellas. A principios de los años noventa, creó un programa de capacitación nacional para un plantel de ventas independiente instalando 30,000 discos de satélite en hogares de todo el país. En función de esa experiencia, lanzó The People's Network, una de las compañías de capacitación en desarrollo personal más grandes del país, en donde trabajó con figuras legendarias de la autosuperación como Tony Alessandra, Les Brown, Nido Qubein, Jim Rohn y Brian Tracy, entre muchos otros, produciendo casi 1,000 programas televisivos y presentando seminarios en cada ciudad importante de los Estados Unidos. Jeff apareció en la portada de las publicaciones *The Wall Street Journal*, *Entrepreneur* y *SUCCESS*.

La edición original de *La Ligera Ventaja* se publicó en el año 2005, e inmediatamente se convirtió en un best seller. Tres años más tarde, Jeff se asoció con SUCCESS Foundation para producir una versión del libro dirigida a adolescentes titulada *SUCCESS for Teens: Real Teens Talk About Using the Slight Edge* (*ÉXITO para adolescentes: Charlas de adolescentes reales sobre cómo usan la Ligera ventaja*).

Jeff se autodescribe como un "estudiante perpetuo del desarrollo personal" y se dedica igualmente a la salud y la felicidad como a su éxito personal y financiero. En la actualidad, pasa parte de su tiempo en Dallas, Texas para encargarse de su negocio y en su hogar en Fort Lauderdale, Florida.

twitter.com/yourslightedge

facebook.com/yourslightedge

slightedge.org